COMMENTAIRE

THÉORIQUE ET PRATIQUE

DES DISPOSITIONS QUI RÉGISSENT ACTUELLEMENT

NOS

CONSEILS GÉNÉRAUX

ET

CONSEILS D'ARRONDISSEMENT

PRÉCÉDÉ

D'un résumé historique des INSTITUTIONS DÉPARTEMENTALES
depuis 1789 et des INSTITUTIONS PROVINCIALES correspondantes de l'ancienne France, et d'une étude

SUR LES

GOUVERNEURS ROMAINS

AUX DIVERSES ÉPOQUES

PAR

F. GOANVIC

Docteur en droit

RENNES

ALPHONSE LEROY FILS, IMPRIMEUR DE LA COUR IMPÉRIALE & DE LA MAIRIE,

RUE LOUIS-PHILIPPE.

A PRENDRE CHEZ L'IMPRIMEUR.

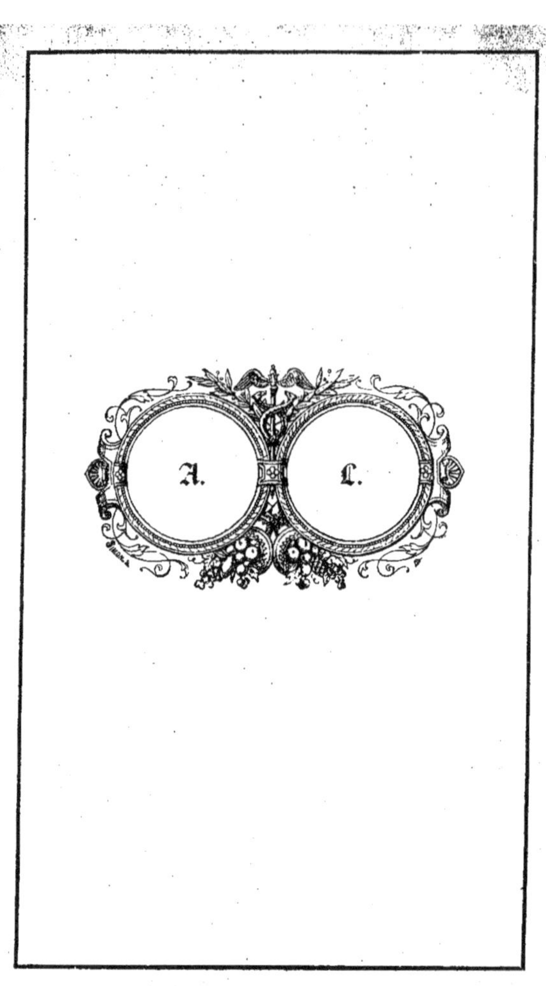
A.
L.

COMMENTAIRE

THÉORIQUE ET PRATIQUE

DES DISPOSITIONS QUI RÉGISSENT ACTUELLEMENT

NOS

CONSEILS GÉNÉRAUX

ET

CONSEILS D'ARRONDISSEMENT

PRÉCÉDÉ

D'un résumé historique des INSTITUTIONS DÉPARTEMENTALES
depuis 1789 et des INSTITUTIONS PROVINCIALES correspondantes de l'ancienne France, et d'une Etude

SUR LES

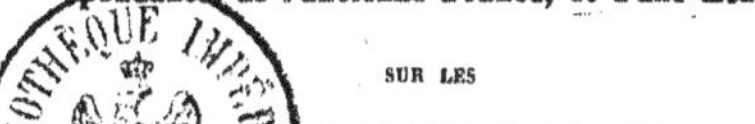

GOUVERNEURS ROMAINS

AUX DIVERSES ÉPOQUES

PAR

F. GOANVIC

Docteur en droit.

RENNES

ALPHONSE LEROY FILS, IMPRIMEUR DE LA COUR IMPÉRIALE & DE LA MAIRIE,

RUE LOUIS-PHILIPPE.

1868

INTRODUCTION GÉNÉRALE.

Dans une société petite ou grande, pour que les dépositaires du pouvoir public ne puissent en abuser, « il faut, — observe judicieusement Montesquieu, — que par la nature des choses le pouvoir arrête le pouvoir (1). » ·

En règle, cette garantie n'existe pas chez les peuples où les éléments de la puissance souveraine ne sont pas séparés. « Lorsque, dit encore Montesquieu, dans la même personne ou dans le même corps de magistrature, la puissance *législative* est réunie à la puissance *exécutrice,* il n'y a point de liberté, parce qu'on peut craindre que le même monarque ou le même sénat ne fasse des lois tyranniques pour les exécuter tyranniquement. — Il n'y a point encore de liberté, si la puissance de *juger* n'est pas séparée de la puissance législative et de l'exécutrice. Si elle était jointe à la puissance législative, le pouvoir sur la vie et la liberté des citoyens serait arbitraire; car le juge serait le législateur. Si elle était jointe à la puissance exécutrice, le juge pourrait avoir la force d'un oppresseur. Tout serait

(1) Montesquieu, *Esprit des lois,* liv. XI, ch. 4.

perdu si le *même homme,* ou le même corps des nobles ou des principaux ou du peuple exerçait ces trois pouvoirs : celui de faire des lois, celui d'exécuter les résolutions publiques, et celui de juger les crimes ou les difficultés des particuliers (1). »

Cette division du grand publiciste, qu'il est excellent d'établir en pratique pour les motifs énoncés, n'a point paru d'une exactitude rigoureuse. La raison, en effet, ne peut attribuer au souverain que deux fonctions principales : *faire des lois* et *les appliquer;* encore l'une de ces fonctions est-elle nécessairement subordonnée à l'autre. Il n'y a donc essentiellement que deux pouvoirs : le pouvoir *législatif* qui ordonne, dispose, et le pouvoir *exécutif* qui obéit, exécute ce que l'autre a décrété.

Toutefois, ce dernier doit immédiatement se diviser lui-même en deux branches, selon qu'il s'exerce dans l'intérêt privé et individuel, auquel cas on l'appelle pouvoir *judiciaire,* ou dans l'intérêt collectif et général, et alors on l'appelle pouvoir *exécutif* proprement dit ou pouvoir *administratif.* Qu'un *citoyen* soit troublé dans sa liberté, dans sa propriété, dans son honneur, il demandera le secours du *juge;* que la *cité* ou la société éprouve un besoin réclamant le concours d'un pouvoir investi du droit de prescrire les mesures nécessaires, l'*administration* intervient et lève les obstacles.

Dès lors, la mission des pouvoirs subordonnés

(1) Montesquieu, *Esprit des lois,* liv. XI, ch. 6.

étant différente, les moyens pour l'accomplir doivent nécessairement différer; ainsi :

L'autorité judiciaire, du moins en matière civile, pour agir a besoin d'être provoquée, et provoquée elle doit agir sous les peines attachées au déni de justice (1).

L'autorité administrative agit spontanément et en principe elle reste libre de son action.

— L'autorité judiciaire applique avec une impassibilité absolue les lois aux faits individuels préexistants; elle *réprime* les violations de la loi, sans pouvoir statuer par voie de décision générale et réglementaire.

L'administration se détermine par des vues d'utilité publique et doit s'inspirer des sentiments de la nation; elle s'occupe de l'avenir, prend des mesures et fait des réglements propres à *prévenir* le mal (2).

— L'autorité judiciaire reconnaît et déclare le droit, elle ne peut jamais lui donner naissance.

Le pouvoir administratif non-seulement applique les lois existantes et en étend les dispositions aux cas non prévus, au moyen des réglements généraux, mais, de plus, et dans de certaines limites, il fait lui-même des réglements donnant naissance à des droits (3).

---

(1) Art. 4, Code Nap.

(2) Il ne faut pas oublier, d'ailleurs, que l'abus des mesures préventives tue la liberté.

(3) Voir en outre l'art. 471 du Code pénal.

Les deux branches du pouvoir exécutif apparaissent donc avec des caractères bien distincts.

D'autre part, il est aisé, d'après ce qui précède, de ne pas confondre le pouvoir judiciaire avec le pouvoir législatif. Mais la difficulté se présente quand il s'agit de déterminer avec précision le domaine respectif de la loi et de l'administration (1). — Dira-t-on, en effet, que le pouvoir de disposer appartient à l'*autorité législative* quand il présente un caractère de permanence ou de généralité, et comme appartenant à la *puissance administrative*, quand il a un caractère temporaire ou qu'il s'applique seulement à certaines localités ou à certaines classes d'individus?

—Mais on sait que les lois de finance ne sont valables que pour un an, que le législateur intervient parfois pour autoriser un département et même une ville à contracter un emprunt ou pour fixer l'état d'une catégorie de fonctionnaires,... et qu'à l'inverse certains décrets du pouvoir exécutif revêtent un caractère de généralité et de permanence (2).

Le seul critérium qui s'applique d'une manière nette et constante, c'est, dit M. Bonjean, « que le pouvoir législatif est un pouvoir supérieur qui agit avec une liberté et une spontanéité pleines et entières ; tandis que le pouvoir exécutif (administratif) apparaît, au contraire, comme un pouvoir subordonné,

(1) Nous nous plaçons sous l'empire de notre droit public actuel.

(2) Par exemple, le décret du 31 mai 1862 sur la comptabilité publique.

dont la mission principale est de procurer l'exécution des volontés du pouvoir législatif. Le pouvoir exécutif jouit, il est vrai, d'une certaine spontanéité, mais dans un cercle beaucoup plus restreint que le pouvoir législatif, *puisque tous ses actes doivent tendre à l'exécution des lois.* »

La séparation des pouvoirs sociaux, à laquelle les modernes attachent un si grand prix (1), n'est pas restée tout à fait à l'état de théorie, et, pour ne parler que de notre pays, toutes les constitutions qui ont régi la France depuis 1789 l'ont proclamé explicitement ou implicitement, sauf à appliquer d'une façon plus ou moins complète suivant l'esprit plus ou moins libéral qui a présidé à leur rédaction.

D'ailleurs, l'harmonie des pouvoirs n'étant pas moins désirable que leur séparation, il est indispensable qu'ils aient entre eux des points de contact, des relations qui seront sagement déterminées, si elles sont de nature à maintenir un juste équilibre dans le corps social sans pouvoir devenir un obstacle à sa marche régulière vers le progrès, c'est-à-dire, vers la justice, la liberté et le bien-être. La mobilité progressive de la loi est, en effet, un principe de politique contre l'application duquel, sous peine d'usurpation, aucun *veto* des organes subordonnés ne doit prévaloir définitivement.

(1) « Toute société dans laquelle la garantie des droits n'est pas assurée ni la séparation des pouvoirs déterminée, n'a point de Constitution. » (Constitution du 14 septembre 1791. *Déclaration des droits*, art. 16.)

La séparation des pouvoirs est considérée généralement comme la première condition du gouvernement libre, non-seulement dans un Etat centralisé comme la France, mais même dans une fédération républicaine comme les Etats-Unis ou la Suisse (1).

Rome, cependant, sous la République, fut libre sans avoir jamais appliqué notre principe que d'une manière très-imparfaite. C'est vrai, mais d'abord l'époque de la liberté romaine fut aussi celle où par la force des choses la séparation des éléments de la souveraineté fut poussée le plus loin; d'autre part, cette liberté tenait à un ensemble d'institutions qu'il serait difficile de rétablir dans leur intégralité dans nos Etats modernes. — Au surplus, si de Rome on passe dans les provinces, et de la Rome républicaine à la Rome impériale, si l'on jette un coup-d'œil sur notre propre histoire, on ne tardera pas à reconnaître l'exactitude des idées émises par Montesquieu et généralement suivies de nos jours.

Nous avons pensé qu'il n'était pas hors de propos de rappeler ces notions sur un point fondamental de droit public, avant d'aborder l'étude sommaire que nous osons entreprendre sur les *gouverneurs de province* du droit romain et les *conseils généraux* de notre droit actuel.

(1) Cependant, avec une responsabilité effective des magistrats, des élections fréquentes et une grande liberté de presse, une certaine concentration des pouvoirs dans les mêmes mains offre beaucoup moins de dangers.

DROIT ROMAIN

DES GOUVERNEURS DE PROVINCE

La *province romaine* était une division territoriale de l'empire, placée sous l'autorité d'un gouverneur.

D'après Festus, *provincia* vient de *pro vincere* : « provinciæ appellantur quod populus romanus eas *provicit,* id est, ante vicit (1). »

Niebuhr propose une autre étymologie et fait venir le mot de *proventus,* à cause du revenu tiré des provinces (2).

Chacune de ces explications semble reposer sur une équivoque, mais les souvenirs que toutes deux réveillent sont ceux de l'histoire. Il est certain, en effet, que Rome étendit par la victoire sa domination sur les provinces et qu'elle fit payer ses succès aux vaincus.

Nous nous proposons de rappeler le mode d'organisation adopté pour le gouvernement des provinces romaines et d'indiquer les principales attributions des gouverneurs.

(1) Festus, v° *Provinciæ.*
(2) Niebuhr, *Histoire romaine,* t. III.

Ce sujet nous paraît devoir être envisagé sous trois périodes : la première finissant avec la République, la seconde allant d'Auguste à Dioclétien et Constantin, et la troisième, de ces empereurs à Justinien (du IVe au VIe siècle de notre ère). — Nous nous arrêterons particulièrement sur cette troisième période, qui est celle où le régime impérial a pris tous ses développements et où le dernier état du droit a été recueilli dans les monuments législatifs.

PREMIÈRE PÉRIODE

RÉPUBLIQUE

CHAPITRE I

ORGANISATION DU GOUVERNEMENT PROVINCIAL

Généralités. — Le système de gouvernement établi dans les provinces n'étant pas indépendant de celui qui dominait à Rome, nous commencerons par donner une idée sommaire du droit public de la grande cité.

A Rome, le peuple était souverain, non-seulement en droit, mais aussi en fait. Convoqué, suivant les cas, en comices par *centuries* ou par *tribus*, il manifestait sa puissance de trois façons principales (1) :

1° Il votait les lois et les plébiscites ;

(1) Les comices par *curies* où dominait la caste patricienne avaient fini par s'éteindre après une longue agonie, ou n'existaient plus que fictivement,

2° Il élisait les magistrats, à savoir : les deux *consuls*, qui commandaient à Rome et à l'armée (1) ; — les deux *préteurs (prætor urbanus et prætor peregrinus)*, qui indépendamment de leurs fonctions judiciaires, pouvaient suppléer les consuls à Rome, et être réciproquement suppléés par eux (2) ; — les deux *censeurs*, qui dressaient les tables du cens servant de base à l'organisation des centuries et à la répartition de l'impôt, distribuaient les citoyens dans les tribus, puis dans les classes et centuries, d'après leur fortune, créaient et éliminaient les sénateurs et les chevaliers, etc. (3) ; — les *édiles*, qui exerçaient les fonctions du domaine de la police (4) ; — les *questeurs*, qui étaient préposés à la garde du trésor et à la comptabilité publique, et exécutaient les paiements mandatés par le sénat (5) ; — les *tribuns*, investis d'un pouvoir protecteur *(auxilium plebis, contra vim auxilium)*, plutôt que d'une magistrature proprement dite (6) ; — les magistrats qui devaient gouverner les provinces (7) ; enfin, d'autres ma-

---

pour certains actes solennels, par exemple, pour la collation de l'*imperium* aux magistrats élus par les centuries (Cic., *in Rullum*, II, 12.— Tit.-Liv., V, 52. — Dio Cass., XXXIX, 19). — Aulu-Gelle (XV, 27) caractérise en ces termes les trois assemblées ou comices du peuple romain :

« Cum ex *generibus* hominum suffragium feratur, *curiata* comitia esse; cum ex *censu* et *ætate, centuriata*; cum ex *regionibus* et *locis, tributa.* »

(1) Tit.-Liv., I, 60 ; II, 55 ; id., *passim*. — Festus, V° *consules.*

(2) Aulu-Gelle, *Noct. att.*, XIII, 15.— Tit.-Liv., III, 33, 55, VII, 1. — *Lex servilia*, c. 6. — Ortolan, *Expl. hist. des Inst.*, t. I.

(3) Cic., *de Legib.*, III, 3,— Bonjean, *Traité des actions*, t. I.

(4) Cic., *de Legib.*, III, 3 ; *in Verrem*, V, 14.—Tit.-Liv., XXX, 26 ; id., *passim*.

(5) Dig., 2, §§ 22 et 23, *de orig. jur.* — Polyb., VI, 13.

(6) Cic., *de Leg.*, III, 3 ; — Cic., *in Verrem*, I, 15. — Tit.-Liv., *passim*.

(7) Vid. *infra*.

gistrats moins importants, dont nous ne ferons pas mention (1).

Toutes les magistratures républicaines étaient annuelles, à l'exception de la censure; mais les censeurs eux-mêmes, bien qu'ils fussent élus tous les cinq ans, ne restaient en fonctions que dix-huit mois (2).

Le *sénat*, recruté généralement parmi les magistrats sortant de charge et soumis tous les cinq ans à la révision des censeurs élus, avait aussi une origine élective (3).

On sait quelle influence ce grand corps exerça sur la haute administration de la République et avec quelle constance et quelle habileté il travailla à étendre sur le monde la domination de Rome. — Les projets de lois étaient ordinairement préparés et discutés dans son sein avant d'être présentés au vote des centuries, par un des principaux magistrats, consul, préteur (4).... — Il est même incontestable qu'en certaines matières, comme celles relatives à l'organisation des provinces, etc., le sénat rendait des décisions ayant force législative (5).

Les résolutions de l'assemblée devenaient exécutoires sous le nom de *sénatus-consultes*, quand elles avaient reçu l'approbation des tribuns de la plèbe (6).

(1) V. Bonjean, *Traité des actions*, t. I ; Ortolan, *Expl. hist. des Inst.*, t. I.

(2) Tit.-Liv., IV, 24 ; IX, 33. — Cic., *de Legib.*, III. — Nous ne parlons pas de la *dictature*, magistrature extraordinaire, qui ne devait pas durer au-delà de *six* mois. (Polyb., III, 87. — Cic., *de Legib.*, III, 3. — Tit.-Liv., II, 18 ; VII, 3 ; id., *passim*.)

(3) On conférait surtout la dignité sénatoriale aux ex-questeurs du Trésor. (Tit.-Liv., XXII, 49 ; XXXIII, 23. — Tacit., *Ann.*, XI, 22.) — Cic., *in Verrem*, IV, 11 : « ... populo romano cujus beneficio nos in hunc ordinem venimus. »

(4) Tit.-Liv., VIII, 28 ; id., *passim*. — V. Ortolan, *l. cit.*

(5) Cic., *in Verrem*, II, 13. — Tit.-Liv., XLV, 29. — Cic., *Topica*, 5.— Denys d'Halic., VII, 18.

(6) Val. Maxim., II, c. 3, § 7.

C'est aussi à ces derniers qu'appartenait l'initiative des plébiscites dont le vote avait lieu dans les comices par tribus (1).

3° Le peuple connaissait des procès *criminels* contre les citoyens (2). Mais, parfois, il déléguait ses pouvoirs à ses *quæstores* spéciaux (3) et au sénat (4). Ce corps possédait, d'ailleurs, indépendamment de toute loi écrite, une juridiction propre qu'il exerçait aussi directement ou par des délégués (magistrats et autres citoyens) (5). — En principe, les comices par centuries avaient seuls le droit de prononcer des peines capitales contre un citoyen (6), et il y avait droit d'appel au peuple de toute sentence pénale (7).

Rome était le siége réel et unique de tous les pouvoirs, le seul lieu où pussent se décider souverainement toutes les affaires de la République, le seul lieu où un citoyen pût jouir de *toutes* les prérogatives attachées au droit de cité romaine, à ce *jus civitatis* dont les éléments constitutifs étaient, dans l'ordre politique : 1° le *jus suffragii*, droit de suffrage pour les cas ci-dessus indiqués ; 2° le *jus honorum*, aptitude aux dignités et aux magistratures ro-

(1) Tit.-Liv., III, 69 ; IV, 1 et seq. — Cic., *de Legib.*, III. — Aulu-Gelle, XV, 27. — Ortolan, *l. cit.* — Chaque citoyen avait un suffrage égal dans sa tribu.

(2) Polyb., IV, 14. — Cic., *de Legib.*, III, 19 ; *de Repub.*, II, 36 ; *pro Sextio*, 30. — Denys d'Halic., VI, 13, 14 ; id., *passim.*

(3) Tit.-Liv., I, 26 ; — Dig., II, § 23, *de orig. jur.* — Cic., *de Repub.*, II, 35.

(4) Tit.-Liv., XXVI, 33 ; XXXIX, 6, 38.

(5) Cette juridiction lui appartenait particulièrement à l'égard des *perigrini* (Tit.-Liv., XXXVII, 51 ; XXXIX, 8). — V. Ortolan, *Expl. hist. des Inst.*, t. I.

(6) Cic., *de Repub.*, II, 36 ; *de Legib.*, III ; *Catilin.*, IV, 5.

(7) Cic., *de Repub.*, II, 34. — Conf. Festus, v° *Parricidii quæstores.*

maines; — dans l'ordre privé : 1° le *jus connubii*, capacité de contracter de justes noces, produisant tous les effets du droit civil romain; le *jus commercii*, emportant, — pour les *personnes*, capacité de faire avec les citoyens des contrats, etc., selon le droit civil et avec les effets du droit civil, de disposer et de recevoir par testament, selon la loi romaine (*factio testamenti*), — et pour le *sol*, aptitude à faire l'objet de la propriété quiritaire et des actes du droit civil (1).

Les peuples vaincus ne participaient pas, en principe, à ces avantages réservés aux hommes et aux choses de l'*ager romanus* (2). Mais il y avait de nombreuses exceptions : les cités d'Italie, et d'abord celles du Latium, qui, sous le nom de villes libres ou fédérées (*civitates liberæ, fœderatæ*), ou de municipes (*municipia*), reconnaissaient la suprématie politique ou l'hégémonie de Rome, avaient obtenu pour leurs habitants et leur territoire des démembrements plus ou moins importants du *jus civitatis* (3). Il existait, en outre, sur divers points, des *colonies romaines* établies par des citoyens romains, qui ne perdaient pas leur qualité (4); de même, des *colonies latines*, fondées par des Latins, jouissaient des droits du Latium, *jus Latii* (5). Dans quelques cités, municipes ou colonies..., la

(1) V. Savigny, *System des Rœm. Rechts.*, t. II.—Bonjean et Ortolan, *loc. cit.* — Ulpian., V, 4 ; XIX, 4 ; XX, 14 ; id., *passim.* — Cic., *ad famil.*, VII, 2. — Gaius, I, 55, 56 ; II, 218 ; id., *passim.*

(2) *Loc. cit.* — Denys d'Halic., IV, 13.

(3) Tit.-Liv., VIII, 4 ; id., *passim.* — Festus, v° *municipium* ; v° *municeps.* — Arg. Cic., *in Verrem*, II, 3, 6...; *ad famil.*, III, 8. — Pline, *Hist. nat.*, III, 3, 4. — Ortolan, *loc. cit.*

(4) Tit.-Liv., VI, 17; id., *passim.* — Aulu-Gelle, XVI, 13.

(5) Festus, v° *priscæ latinæ coloniæ.*—Cic., *pro Cæcin.*, 25; arg. Ascon., *in Pison.*, c. 1. — Arg. Ulpian., XIX, 4 ; id., *passim.*

justice était administrée par un préfet envoyé de Rome;
on leur donnait le nom de préfectures (*præfecturæ*) (1).

D'ailleurs, sauf quelques restrictions, les petites répu-
bliques qui couvraient le sol de la péninsule, et dont
l'organisation intérieure ressemblait plus ou moins à celle
de Rome, possédaient les libertés locales les plus étendues;
elles s'administraient elles-mêmes par des magistrats de
leur choix et, en général, suivant leurs propres lois (2).
Toutefois, ces législations particulières, par suite des faveurs mêmes que les cités avaient recherchées, subissaient
de plus en plus l'influence de l'élément romain (3).

Plus tard, les Italiens qui avaient combattu à côté des
citoyens pour conquérir l'empire du monde au profit de
Rome, ne devaient pas se contenter de ce qu'on leur
avait laissé ou accordé pour des services rendus; ils réclamèrent, et c'était justice, un droit qui leur avait été
généralement refusé, celui de voter dans les comices de
la cité souveraine, et ils l'obtinrent après une lutte
acharnée connue sous le nom de guerre sociale (4); ils
obtinrent de plus, pour leur sol, l'aptitude complète au
dominium ex jure quiritium (4), ce qui entraînait l'exemp-

<hr>

(1) Tit.-Liv., IX, 20; XVI, 16. — Arg. *Lex de Gallia Cisalpina*, c. 19.
— Bonjean, *Traité des actions*, t. I.

(2) Aulu-Gelle, XVI, 13. — Arg. Cic., *in Verrem, passim*. — *Tabul.
Heracl.* — *Lex de Gallia Cisalp.* — V. Savigny, *Histoire du droit romain
au moyen-âge*, t. I.

(3) Les colonies romaines étaient soumises dès l'origine aux lois de la
mère-patrie (Aulu-Gelle, XVI, § 13). — Les autres cités qui, volontairement,
adoptaient le droit romain *pour leur propre usage*, s'appelaient *populi fundi,
civitates fundanæ*. (Cic., *pro Balbo*, 8. — Festus, v° *fundus*. — Aulu-Gelle,
V, 4.)

(4-4) En vertu des lois *Julia* et *Plautia*. Cic., *pro Archia*, 4. — Ortolan,
Explic. hist. des Inst., t. I. — Aggenus (Simplic.), éd. Goes., p. 76.

tion du *tributum* depuis la conquête de la Macédoine par Paul-Emile (1).

Ce privilége du sol qu'on appela *jus italicum* devait, dans la suite, être communiqué à quelques villes et territoires situés hors de l'Italie (2).

Depuis la guerre sociale il n'y eut plus aucune distinction à faire entre les diverses cités italiennes *au point de vue du jus civitatis*; mais les distinctions durent se perpétuer entre les cités des provinces qui, exceptionnellement, étaient reconnues cités libres ou fédérées, ou érigées en municipes, etc. (V. *infra*.)

§ 2.

L'établissement des provinces naquit de la lutte entre Rome et Carthage et suivit de ce moment tous les développements de la conquête romaine (3).

Lorsqu'un nouveau pays était tombé au pouvoir des Romains, le sénat envoyait au général vainqueur des commissaires, ordinairement au nombre de dix, pour établir les conditions de la soumission, et, de leur avis, ce général rendait un décret qui devenait la loi générale des vaincus (*formula*); le pays conquis était ensuite placé sous l'autorité d'un magistrat envoyé de Rome. C'est ce qui s'appelait réduire en province (*in provinciam redigere*) (4).

(1) Cic., *de Officiis*, II, 22.

(2) Plin., *Hist. nat.*, III, 4, 25. — Dig., tit. *de censibus*.

(3) La Sicile et la Sardaigne furent réduites en provinces en l'an 526 de Rome; les deux Espagnes en 555; la Macédoine en 586; l'Achaïe et l'Afrique en 607; l'Asie (ancien royaume de Pergame) en 624; les Gaules en 633 et 694; la Cilicie vers 675; la Bithynie en 680; la Syrie en 690, etc., etc.

(Bonjean, Traité des actions, t. I.)

(4) Tit.-Liv., XLV, 29; id., *passim*. — Cic., *in Verrem*, II, 13.

A l'origine et quand les provinces étaient encore peu nombreuses, le peuple romain nommait, chaque année, pour les gouverner des magistrats qui prenaient le nom primitif des magistrats romains, *prætores* (*præ ire*), préteurs : c'est ainsi qu'en 526 de Rome on avait créé deux préteurs, l'un pour la Sicile, l'autre pour la Sardaigne, et, en 555, deux autres pour les deux Espagnes, *Hispania Citerior, Hispania Ulterior* (1).

Mais au commencement du VIIe siècle, le nombre des provinces s'étant augmenté et les deux préteurs de Rome (*prætor urbanus* et *prætor peregrinus*) ne pouvant plus suffire à l'expédition des affaires de la cité, par suite de l'établissement des *quæstiones perpetuæ* (2), tribunaux permanents pour certaines catégories de crimes (crimes

(1) Tit.-Liv., XXX, 27.

(2) Les *quæstiones perpetuæ*, ainsi qualifiés par opposition aux *quæstiones* spéciales pour chaque affaire établie antérieurement, étaient des *jurys* dont l'organisation, émanée de divers actes législatifs, n'était pas complétement uniforme. Les membres d'un jury pouvaient être changés à chaque procès. Leur nombre variait suivant la *quæstio*; mais il était généralement au-dessus de trente. Ils étaient pris, en respectant le plus possible le choix des partis, sur une liste révisée annuellement par le préteur et comprenant d'abord les seuls sénateurs, puis les seuls chevaliers, puis les sénateurs, les chevaliers et les tribuns du trésor; puis, à partir d'Auguste, une quatrième catégorie de personnes (c'étaient les mêmes décuries de juges qu'en matière civile).

La *quæstio perpetua* était présidée par un préteur, appelé *quæstor*, qui dirigeait la procédure et prononçait la sentence, après le verdict rendu par le jury, à la majorité des voix. — Vers la fin de la République, les *quæstiones perpetuæ* formaient la juridiction ordinaire en matière criminelle (*ordo judiciorum publicorum*), et on appelait *extraordinaria judicia* les jugements qui se faisaient d'une autre façon, y compris ceux des comices par centuries. (Lex Calp., *repetund.* — Cic., *de Off.*, II, 21. — Leges Corneliæ (Syllæ), *de sicariis, de falsis...,* etc. — Dig., 2, § 32, *de orig. jur.* — Plut., *C. Gracchus*, 5. — Ascon., *in Cic. Corn.* — Suét., *Octav.*, 32. — Sigon., *de judic. publ.*, 12, 22.—Cic., *pro Cluentio*, 10, 20, 27, 33, 41; *pro Plancio*, 17; *in Verrem, passim.*—Faustin Hélie, *Instr. crim.*, t. I.—Maynz, *Elém. de droit rom.*, t. I.)

de concussion, de faux, de meurtre...), il devint nécessaire, pour ne pas ajouter de nouveaux préteurs aux six
que donnait l'élection annuelle (1), de modifier tant soit
peu le système suivi jusqu'alors.

Il fut donc arrêté que les préteurs élus passeraient
désormais l'année de leur préture à Rome, chargés des
affaires de la compétence prétorienne, et qu'ils ne se ren-
draient que l'année suivante dans les provinces, où ils
devaient gouverner en qualité de *propréteurs* (*pro prætore
fungebantur*) (2).

D'autre part, quelques-unes des provinces étaient
confiées, suivant les circonstances, aux consuls de l'année
ou aux consuls sortants (3), ceux-ci recevant alors une
prorogation de leur commandement, avec la désignation
de *proconsuls* (*pro consule fungebantur*) (4).

Ce titre, donné à l'origine aux consuls maintenus à la
tête des légions après l'année de leur consulat, devait ainsi
finir par désigner le gouverneur d'une province (5).

Les consuls ou proconsuls étaient envoyés dans les
provinces où le sénat jugeait la présence d'une armée

---

(1) Plus tard, le nombre des préteurs fut augmenté et porté à dix sous Sylla,
à douze sous Jules César... (Dig., 2, *de orig. jur.*)

(2) Tit.-Liv., LIII, 1, 2. — Tite-Live, qui place cette *réforme* en 608,
ajoute : « Sed hæc quidem quo maxime pacto quoque tempore sint intro-
ducta parum exploratum. » — On dut, sans doute, maintenir à leur poste
quelques-uns des préteurs provinciaux en fonctions. Au reste, depuis longtemps déjà, quand les consuls et préteurs de l'année ne pouvaient suffire au
commandement des légions et au gouvernement des provinces, on proro-
geait les pouvoirs des consuls et des préteurs sortants et ils continuaient
leurs fonctions avec les titres de *proprætores, proconsules.* (Tit.-Liv., VIII ;
XXIII, 30 ; XXVII ; XXX, 41 ; XXXI, 50 ; XLIX, 56 ; id., *passim.*)

(3) Tit.-Liv., LIII, 3, 35.

(4) Tit.-Liv., *ibid.*

(5) Tit.-Liv., *passim.*

nécessaire et qui étaient dites *consulaires* (1), les préteurs dans celles où quelques troupes suffisaient et qu'on appelait *prétoriennes*. Quelquefois, on réunissait deux provinces sous l'autorité d'un proconsul : c'est ce qui eut lieu pour César dans les Gaules (2).

Mais ce n'était que des causes variables comme l'état du pays, sa position par rapport au siége de la guerre, sa situation politique,.... qui déterminaient le sénat à considérer telle province comme consulaire ou prétorienne, d'où cette qualité pouvait changer d'une année à l'autre et même parfois dans le courant d'une année (3).

Il y avait, d'ailleurs, intérêt à distinguer la nature des départements; car, tandis que le sénat avait le droit exclusif de décerner le commandement des provinces consulaires, les décrets par lesquels il pourvoyait au gouvernement des provinces prétoriennes pouvaient, d'après la loi *Sempronia* (votée sur la *rogatio* de *C. Sempronius Gracchus*), être paralysés par le *veto* des tribuns de la plèbe (4).

Les provinces prétoriennes étaient donc placées plus directement sous l'autorité du peuple (5).

Nous trouvons là l'origine d'un partage que nous ver-

---

(1) Cic., *de prov. cons.*, 7.

(2) Cic., *de prov. cons.*

(3) Cic., *de prov. cons.*, 7. — Ortolan, *Explic. hist. des Inst.*, t. I. — Lemaire sur Cic., *de prov. cons.*

(4) Cic., *de prov. cons.*, 7. — Id., *pro domo* : « Tu provincias consulares quas C. Gracchus non modo non abstulit a senatu, sed etiam ut necesse esset quotannis constitui per senatum sanxit, eas lege Sempronia per senatum decretas rescidisti, extra ordinem sine sorte nominatim, dedisti consulibus. » — Lemaire sur Cic., *de prov. consul.*

(5) Indirectement tous les gouverneurs de province émanaient du peuple romain, puisque les comices nommaient les préteurs et les consuls.

rons se reproduire plus tard dans des conditions différentes.

Au demeurant, les propréteurs, comme les proconsuls,
étaient *annuels*, suivant la règle des magistratures romaines, et si nous trouvons un gouverneur maintenu à
la tête de sa province une seconde, une troisième année,
c'était par suite d'une prorogation annuelle de ses pouvoirs (1).

Cette prorogation avait même été considérée dans le
principe comme un fait *extra ordinem*, et devait être votée
par les comices (2), mais le sénat s'en passa à diverses
reprises en engageant sa responsabilité, et il finit par s'en
faire une habitude (3).

Cette usurpation fit, sans doute, naître des difficultés
que la loi Sempronia semble avoir eu pour objet de tran-
cher moyennant une transaction.

Les pouvoirs des gouverneurs pouvaient être prorogés
indéfiniment (4), et il parait même que la prorogation
avait fini par se faire tacitement, du moins dans les
provinces consulaires, les gouverneurs ayant dès lors la
faculté de rester en fonctions jusqu'à ce que le sénat leur
donnât des successeurs (5).

Les magistrats provinciaux n'en restaient pas moins
annuels, en ce sens qu'ils avaient le devoir de rester un an
dans leur province, et que le sénat ne pouvait sans motif
les rappeler avant ce délai.

Si, *extra ordinem*, une loi votée dans les comices avait

(1) Tit.-Liv., XXVI, 1 ; XXX, 41 ; LIII, 35.
(2) Tit.-Liv., VIII ; X ; XXIII, 30 ; XXX, 41. — Dio Cass., XXXVI.
(3) Tit.-Liv., XXVI, 1 ; XXXI; LIII, 3. — Plutarch., *in Gracchis*.
(4) Tit.-Liv., *passim*.
(5) Cic., *Epist.*, I, 9; V, 6 ; XIII, 29.

conféré des pouvoirs à un gouverneur pour un certain nombre d'années, comme l'avait fait la loi *Trebonia* à César, dans les Gaules, et à Pompée, en Espagne, le sénat ne pouvait remplacer ce gouverneur sans l'assentiment des tribuns (1).

Ces longues délégations de pouvoirs en faveur de chefs militaires devenaient dangereuses quand les vertus républicaines eurent perdu de leur énergie : la conduite du vainqueur des Gaules le prouva. Aussi, étant devenu dictateur et peu désireux de laisser à d'autres contre lui les armes dont il s'était servi lui-même pour renverser les lois, César porta une loi, *lex Julia de provinciis : « Ne prætoriæ provinciæ plus quam annum, neve consulares plus quam biennium obtinerentur* (2). »

D'autre part, un sénatus-consulte rendu sous le troisième consulat de Pompée avait décidé que les consuls et les préteurs ne pourraient se mettre à la tête des provinces que cinq ans après leur sortie de fonctions : « *Ne consules et prætores irent in provincias intra quinquennium* (3). »

Nous venons de dire dans quelles conditions le sénat décernait le gouvernement des provinces ; nous ajouterons que le décret qui nommait un gouverneur devait être accompagné d'une *loi curiate*, *lex de imperio*, sans laquelle le propréteur et le proconsul ne pouvaient exercer l'*imperium merum* (4), c'est-à-dire, le pouvoir de commandement dans toute sa plénitude. Cette loi n'était, du reste, qu'une vaine formalité, les trente curies n'étant plus re-

(1) Cic., *de prov. cons.* — Cal., V, *ad leg. Trebon.* — Ferrat., *de prov.*

(2) Cic., *Philipp.*, I.

(3) Dio Cass., XL.

(4) Cic., *in Sec. Agr.*; id., *ad Lent.*, I, 9; id., *Philipp.*, V, 16. — Cujas, *Quæst. Pap.*, l. 1.

présentées que par trente licteurs assistés des augures et des pontifes (1). .

Quand tout était arrêté relativement au gouvernement des provinces prétoriennes ou consulaires, les titulaires de chaque catégorie devaient tirer au sort la répartition des départements en vue desquels ils avaient été élus (2). Telle était la règle des magistratures romaines (3), mais cette règle comportait de nombreuses exceptions, résultant principalement de la prorogation des pouvoirs d'une partie des gouverneurs (4).

— Les propréteurs et les proconsuls étaient aidés dans leurs fonctions par des *legati*, lieutenants, auxquels ils pouvaient, dans une certaine mesure, déléguer leurs pouvoirs. Le nombre des *legati* variait suivant l'étendue de la province. Ils étaient nommés par le sénat ou choisis par le gouverneur lui-même, avec autorisation du sénat (5).

— Un questeur (6), *quæstor qui pecuniæ præesset*, élu à Rome, était chargé de l'administration du Trésor dans chaque département. Les provinces étaient distribuées aux questeurs par la voie du sort; cependant le sénat permettait quelquefois au gouverneur de choisir son questeur (7).

(1) Cic., *in Rullum*, II, 12; *id.*, *ad Att.*, IV, 18. — Aux termes de la loi *Cornelia*, les gouverneurs perdaient leur *imperium*, dès qu'ils rentraient dans Rome (Cic., *ad Lent.*, I, 9).

(2) Tit.-Liv., XXIII, 30; XXXII, 27; XL, 44; XLI; LIII, 2.... — P. Manuce, *ad Cic.*, *epist. famil.*, I, 7.

(3) Tit.-Liv., *passim.*

(4) Tit.-Liv., XXX, 44; XXXI, 50; LIII, 3, 35. — Cic., *passim.*

(5) Cic., *Vatin.*, 15. — Applan., I, *de Bello civ.* — Bonjean, *Traité des actions*, t. I.

(6) Il y en avait deux en Sicile. (Cic., *in Verrem*, II, 4, 8.)

(7) Cic., *ad Quint.*, I, 1; *ad Att.*, VI, 6; *ad famil.*, XIII, 9, 10; *in Verrem*, I, 15; *Divin.*, 18. — Tit.-Liv , XXX, 33.

Outre ses attributions financières, le questeur exerçait dans la province les fonctions dont les édiles étaient chargés à Rome, et il avait à ce titre le *jus edicendi* (1). Mais, quoique revêtu d'une juridiction propre, il subissait en fait l'influence et la direction du gouverneur, à l'égard duquel il était *loco filii*, dit Cicéron (2). Il pouvait, du reste, agir par délégation du gouverneur, et il le remplaçait ordinairement en cas de mort ou de rappel (3).

Le gouverneur amenait d'habitude dans sa province un certain nombre d'amis, de jurisconsultes aux lumières desquels il avait recours dans l'exercice de ses fonctions. Il avait, en outre, à sa disposition, un certain nombre d'employés civils et militaires (4).

Tout ce personnel formait la *cohors prætoria*, dont Cicéron parle si souvent dans les verrines.

§ 3.

Ici peuvent se placer utilement quelques mots sur la condition juridique des provinces.

De tous les peuples, qui avaient subi le joug de Rome, ceux des provinces furent incontestablement les plus mal partagés : ils perdaient leur existence politique, et même, en principe, leurs lois et leurs magistrats. Sans doute, le vainqueur n'usait pas, à l'égard des vaincus, de toutes les rigueurs permises par le droit de guerre des sociétés antiques ; mais ceux qui avaient survécu à la défaite ou

(1) Gaius, I, 6.
(2) Cic., *in Q. Cæc. divinat.*, 19.
(3) Cic., *loc. cit.*
(4) Cic., *in Rullum*, II, 12. — Dio Cass., LXXIV, 4, *et passim.*

échappé à l'esclavage (1) devenaient sujets de la République (2), et ils restaient complétement étrangers au *jus civitatis*; c'étaient des *peregrini* placés tout à fait en dehors de la protection du droit civil de Rome et ne pouvant prétendre, dans leurs relations avec les Romains, qu'à celle fondée sur l'équité naturelle ou le droit des gens (*jus gentium*) (3).

Quant à la propriété de leur territoire, elle était dévolue au peuple romain, d'après le droit international (4).

Toutefois, on n'appliquait pas le principe dans toute sa brutalité, du moins aux propriétés particulières, et on en laissait généralement aux détenteurs la possession et la jouissance (5). Mais, aux yeux des Romains, ce droit sur le *solum provinciale*, cette propriété de fait, n'avait pas, même aux mains des citoyens, le caractère absolu de la propriété romaine (*dominium ex jure quiritium*), ni de ses démembrements; les modes d'acquisition et de transmission du *jus civile* (*mancipatio, usucapio, cessio in jure*), ne lui étaient pas applicables (6), et partant une protection aussi efficace ne lui était pas assurée.

D'ailleurs, les Romains se basant sur ce principe que le *dominium* des fonds provinciaux appartenait à la République, imposaient à ces fonds, comme prix de la jouissance laissée aux particuliers, une redevance annuelle,

(1) Inst., 3, *de jure pers.*

(2) « *In arbitratu, ditione, potestate populi romani,* » dit la *lex Servilia.* —Tit.-Liv., I, 38; VII, 31; XXXVI, 28; id., *passim.*

(3) Gaius, III, 93, 132. — D., 17, § 1, *de pœnis;* ibid., §§ 1, 4, *de adult.*

(4) Gaius, II, 69. — Dig., 5, § 7, *de acq. rerum dom.*

(5) Gaius, II, 7... : « In provinciali solo dominium populi romani est vel Cæsaris; nos autem possessionem tantum et usumfructum habere videmur...» — Cic., *ad Att.*, VI, 1, 12; — *in Rullum*, II, 4.

(6) Gaius, II, 31, 46; 20, 21.

vectigal, qui prit à la longue le caractère d'une contribution publique (1).

Cet impôt consistait tantôt dans une somme fixe, *stipendiarium, vectigal certum* (2), tantôt dans une quotité des fruits de la terre, ordinairement le dixième (3). Les habitants des provinces supportaient d'autres charges dont nous ne parlerons pas ici (4).

Nous venons d'indiquer la condition faite, en général, aux pays conquis; mais il y avait, entre les provinces, des différences suivant la loi accordée à chacune d'elles (5). Il y en avait aussi, toujours suivant les concessions plus ou moins favorables, entre les villes et localités d'une même province. En effet, à côté des cités provinciales proprement dites, des villes libres ou alliées, *civitates liberæ, fœderatæ,* furent reconnues ou érigées en municipes; des colonies soit romaines, soit latines, furent fondées, des préfectures établies (6). Or, tout sol qui recevait ainsi communication du *jus commercii,* échappait à la condition de *sol provincial,* et tout habitant qui devenait citoyen ou quasi-citoyen cessait d'être *sujet* de la République. Que si l'on veut se faire une idée du prix attaché au titre de citoyen, même loin de Rome, qu'on se rappelle que Gavius (*municeps Cosanus*), mis en croix par

(1) Sic. Flaccus, *de cond. Agr.* — Aggenus, *in Front.* (éd. Goes., p. 46.)

(2) Cic., *in Verrem,* III, 5, 6.

(3) Cic., *in Verrem,* III, 7 : « decumas vini et olei et frugum minutarum... »

(4) Cic., *in Verrem,* II, 53, 55, 56; id., *in Verrem, passim.*

(5) Les peuples d'origine grecque paraissent avoir été les plus favorisés. (Cic., *in verrem,* II, 1, 2; III, 6; *ad Attic.,* VI.—Tit.-Liv., *passim.*)

(6) Cic., *in Verrem, passim*; id., *ad Quintum fratrem, passim.* — Ortolan, *Explic. hist. des Inst.,* t. I.

ordre de Verrès, se contentait, pour flétrir son juge, de répéter le cri : *Civis sum Romanus!* (1)

CHAPITRE II

ATTRIBUTIONS DU GOUVERNEUR

Le gouverneur romain, dans les provinces, cumulait les fonctions *administratives* et *judiciaires*, et nous allons voir que par le *jus edicendi* il faisait même invasion sur le domaine *législatif*.

SECTION I.

JUS EDICENDI DU GOUVERNEUR

On appelait édit, *edictum* (*e-dicere*) toute ordonnance, tout avis publié par un magistrat (2).

En entrant en charge, les magistrats romains avaient l'habitude d'exposer les principes d'après lesquels ils apprécieraient et résoudraient les affaires de leur compétence et particulièrement les cas non prévus d'une manière spéciale par la loi (3) : ils atteignaient ce but en publiant des édits, lesquels étaient appelés *edicta perpetua*, en opposition à ceux qui étaient rendus pour un cas accidentel, *pro ut res incidit*, et qui étaient dits *edicta repentina* (4).

(1) Cic., *in Verrem*, V, 62 et 63.
(2) Cic., *in Pison.*, 8. — Tit.-Liv., XXVIII, 25.
(3) Dig., 2, § 10, *de orig. jur.* — Cic., *de finibus*, II, 22.
(4) Asc. *ad Cic.*, *or. Corn.* — Dig., 7, pr., *de jurisdict.*

Nous trouvons mentionnés, dans différents textes, les édits des consuls (1), des censeurs (2), des tribuns (3), des édiles (4) ; mais les plus importants étaient, sans contredit, ceux des magistrats chargés plus spécialement de l'administration de la justice, c'est-à-dire ceux des préteurs.

La loi *Cornelia*, de l'an 687 de Rome, avait prescrit aux préteurs de se conformer religieusement à leurs édits perpétuels (5) ; mais le caractère obligatoire de ces édits cessait avec la magistrature de ceux qui les avaient portés, et l'on sait que toute magistrature était annuelle (6). Il est probable, toutefois, que dès l'origine la plupart des règles posées par un préteur dans son édit reparurent dans l'édit de ses successeurs. On appelait *translatitium* ce qui s'était aussi perpétué d'édit en édit, et avait acquis le caractère de droit coutumier. C'est de cette manière que s'est constitué, à côté du droit civil, ce qu'on appelle le *droit prétorien* (7). Sans doute, le préteur ne s'est pas posé brutalement en législateur : il a d'abord indiqué comment il entendait procurer l'application du droit civil, et c'est en se plaçant à ce point de vue qu'on a pu dire du droit prétorien : *viva vox est juris civilis* (8). Mais bientôt il a vu des lacunes à combler dans cette législation si brève des XII Tables ; puis des réformes à

(1) Aulu-Gelle, *Nuits att.*, III, 18 ; XIII, 15.
(2) Tit.-Liv., XXXIX, 44. — Corn. Nep., *Cato*, 2.
(3) Cic., *in Verrem*, II, 41.
(4) Dig., tit. *de ædilitio edicto*.
(5) Asc., *in argum. Corn.* — Dio. Cass., XXXVI, 29.
(6) De là : « Edictum annuum, lex annua, » ce qui est synonyme de *edictum perpetuum*. (Cic., *in Verrem*, II, 1, 41.)
(7) Cic., *in Verrem*, II, 44 ; *de invent.*, II, 22.
(8) Marcian., Dig., 8, *de justitia et jure.*

introduire pour satisfaire à de nouveaux besoins ou pour rapprocher du droit naturel et philosophique le droit exclusif et rigoureux des Quirites. Il a usé hardiment, mais avec prudence, de l'instrument qu'il possédait, du *jus edicendi*, et il a fini par atteindre ce triple but, si bien déterminé par le plus grand des jurisconsultes romains : « Jus prætorium prætores introduxerunt *adjuvandi*, vel *supplendi* vel *corrigendi* juris civilis gratia, propter utilitatem publicam (1). »

Vraisemblablement, les premiers pas dans cette voie ont été faits par le *prætor peregrinus*, obligé par ses fonctions de tenir compte du droit des gens. Son collègue, le *prætor urbanus*, n'aura fait que suivre son impulsion (2).

Que si l'on trouve exorbitant que des hommes non investis du pouvoir législatif aient pu exercer une pareille autorité,—nous répondrons que l'élection populaire déléguait au magistrat romain une sorte de toute-puissance dans le cercle de ses attributions; que, d'ailleurs, ce pouvoir contenu déjà par sa courte durée, trouvait un contrepoids dans l'*intercessio collegæ*, dans le droit de *veto* appartenant aux tribuns, dans une responsabilité effective et toujours imminente; qu'au surplus, cette responsabilité n'était guère à craindre pour le magistrat lui-même, quand il se laissait guider par l'équité et l'opinion publique appelée à juger ses actes (V. *infra*).

C'est ainsi, « *voluntaie omnium sine lege*, » que le préteur a adouci les rigueurs du vieux droit civil, en le modifiant suivant des règles fondées sur l'équité ou établies chez les autres nations (*jus gentium*) (3).

(1) Dig., 7, § 1, *de justitia et jure.*
(2) Ortolan, *Explic. hist. des Inst.*, t. I.
(3) Cic., *de invent.*, II, 22.

L'introduction du système formulaire, due encore selon toute apparence au préteur des étrangers, avait aidé singulièrement au développement du droit prétorien.

En effet, si par l'édit le préteur pouvait déclarer le droit d'une manière générale, *edicere*, par la formule d'action qu'il délivrait aux plaideurs, il le déclarait pour chaque affaire qui lui avait paru mériter la protection de la justice, *jus dicere* (1) ; — si par l'édit il développait les principes de la loi et en comblait les lacunes,—par la formule il appliquait les règles et comblait les lacunes de l'édit; enfin, par la formule comme par l'édit, le plus souvent de biais, quelquefois de front, il parvenait à faire brèche au vieux droit civil, et, sur ses ruines, à édifier un ordre de choses plus humain et moins romain : qu'il nous suffise, en renvoyant au quatrième commentaire de

(1) Par la formule délivrée après débats contradictoires, le préteur instituait le juge du différend ; — indiquait l'objet du litige ; — précisait les prétentions et les moyens réciproques des parties qui devaient être vérifiées *en droit* ou *en fait*, d'après les principes déterminés par lui ; — enfin, donnait ordre de condamner ou d'absoudre, suivant les résultats de la vérification, tantôt indiquant strictement la condamnation à prononcer, tantôt laissant plus ou moins de latitude au juge ; et dans trois cas particuliers joignant au pouvoir de condamner ou d'absoudre, celui d'*adjuger*, c'est-à-dire d'attribuer la propriété à l'une ou à l'autre des parties.

Après avoir obtenu la formule d'action, *in jure*, les parties allaient demander le jugement du différend devant le tribunal institué, *in judicio*, c'est-à-dire suivant les cas, — devant un juge unique (*unus judex, arbiter*) choisi par les parties sur les listes ou *décuries* de juges (dont nous avons indiqué la composition ci-dessus, — note), ou agréé par elles, à défaut déterminé par le sort (Cic., *pro Cluent.*, 43 ; *pro Flacco*, 21 ; *in Verrem*, II, 12 ; III, 3, 11); — ou devant des récupérateurs (*recuperatores*), au nombre de trois ou de cinq, pris instantanément parmi les assistants (Cic., *pro Tullio*, 2 ; *Divinat. in Cæcil.*, 17. — Gaius, *Inst.*, IV, 185. — Plin., *Epist.*, III, 20) ; — ou, quand il s'agissait de questions d'état, de propriété quiritaire et de succession, devant le tribunal des centumvirs, dont les membres étaient élus annuellement par les comices dans chaque tribu (Cic., *de Orat.*, I, 38. — Festus, v° *Centumviralia judicia*).

Gaius et aux traités spéciaux, de citer les actions *fictices* et *in factum*, l'exception *doli mali*, l'exception *metus causa*, etc.

Rappelons, d'autre part, qu'en vertu de l'*imperium* attaché à sa juridiction, le magistrat pouvait lancer des interdits (*inter duos edictum, interdicere*), par lesquels il prohibait les violences, protégeait la possession, garantissait la liberté des citoyens (1) ; — ordonner des envois en possession de biens (*missio in possessionem bonorum*), moyen dont il se servait pour appliquer le droit prétorien, par exemple, en matière de succession ; — prononcer des restitutions en entier (*in integrum restitutiones*), par lesquelles il relevait extraordinairement un citoyen, à cause de circonstances particulières, *des conséquences légales* d'un acte préjudiciable, et le remettait au même point que si cet acte n'avait pas eu lieu.

Tout préteur disposant des moyens que nous venons d'analyser, le gouverneur de province, magistrat administratif et judiciaire, qui réunissait en sa personne les attributions des consuls, des préteurs..., pouvait *a fortiori* et devait en user ; car, toutes les causes qui avaient déterminé le *prætor peregrinus* de Rome à s'aventurer sur le terrain de la loi et le *prætor urbanus* à le suivre, se retrouvaient dans les provinces encore plus nombreuses et plus pressantes : c'étaient de grandes lacunes législatives à combler, c'était le *jus civile* des Quirites à fusionner avec le *jus gentium*, le droit des nations vaincues, c'était la procédure à organiser ; aussi, le magistrat ne pouvait se dispenser de faire connaître les règles d'après lesquelles il entendait gouverner.

(1) Le *writ habeas corpus* de l'Angleterre et des Etats-Unis n'est pas autre chose que l'*interdictum de homine libero exhibendo*. (Ortolan, *Expl. hist. des Inst.*, t. I.)

L'édit portait le nom de la province où il avait été rendu, *edictum siciliense*, *edictum asiaticum...* Il contenait des dispositions empruntées aux édits précédents (1) et qui formaient le droit traditionnel, *translatitium*; des dispositions qui maintenaient sur certaines matières les coutumes et les lois anciennes du pays (2); — des dispositions nouvelles introduites par le nouveau propréteur ou le nouveau proconsul et ordinairement conformes à l'édit du préteur de Rome. Cet emprunt au droit prétorien de la cité souveraine est attesté par Cicéron, notamment dans sa lettre à Atticus, où il parle de l'édit qu'il rendit, comme gouverneur de Cilicie : « *De reliquo jure dicundo... Dixi me de eo genere mea decreta ad edicta urbana accommodaturum* (3). » Le même Cicéron nous apprend par ses verrines que les usages des provinces étaient maintenus sur beaucoup de points : « *multa enim in provinciis aliter edicenda* (4). »

Il y avait aussi dans les édits une partie qui était spécialement appelée *provinciale*, et qui était relative aux comptes des cités, à leurs dettes, à leurs obligations, aux traités avec les publicains (5). C'était la partie administrative de l'édit.

Ces simples indications peuvent donner une idée de la puissance que le *jus edicendi* mettait aux mains du gouverneur au point de vue législatif et réglementaire.

Si, d'ailleurs, on veut remarquer que cette puissance ne se heurtait immédiatement dans la province à aucun

(1) Cic., *ad Att.*, VI, I.
(2) Cic., *ibid.*
(3) Cic., *ad Att.*, VI, I.; id., *ad Appium*, III, 8.
(4) Cic., *in Verrem*, I, 46.
(5) Cic., *ad Att.*, VI, I.

obstacle organisé (1), on comprendra sans peine qu'un Verrès ait pu en abuser (renvoi *infra*).

Quelques notes maintenant sur les fonctions administratives et judiciaires des propréteurs et proconsuls.

SECTION II.

POUVOIR ADMINISTRATIF DU GOUVERNEUR.

§ I. — *Finances*. — Le gouverneur surveillait les mesures ayant pour objet l'assiette et le recouvrement de l'impôt (2).

Les déclarations qui devaient servir de base à la répartition d'une partie des charges publiques étaient faites, suivant les cas, au magistrat romain lui-même, ou aux censeurs des cités, et transmises ensuite aux censeurs de Rome (3).

Quant au recouvrement des impôts, quels qu'ils fussent, il était opéré par le système du bail à ferme : les revenus de l'Etat s'adjugeaient publiquement à des fermiers généraux, réunis en sociétés, aux *publicani* (4). Parfois, néanmoins, les cités envoyaient des députés (*legati*) soumissionner, pour leur propre compte, la partie des charges qui leur incombait (5) ; c'était un moyen d'échapper aux vexations des publicains.

(1) Cic., *in Verrem*, II, 12.

(2) Cic., *passim*.

(3) Cic., *de Legib.*, III, 3 ; id., *in Verrem*, II, 53. — Tit.-Liv., XXIX, 15. — Bonjean, *Traité des actions*, t. I.

(4) Cic., *in Verrem*, II, 3, 5, 8 ; — *ad Att.*, I, 17 ; — *ad Quintum fratrem*, I, 1, 10. — Les sociétés de publicains étaient composées de chevaliers romains qui trouvèrent dans l'exploitation des revenus publics la source de leur immense fortune.

(5) Cic., *in Verrem*, III, 11, 33, 39.

L'adjudication des impôts avait lieu, à Rome, devant les censeurs (1), sauf une exception pour la Sicile. Dans cette province, en effet, la location, au moins pour les dîmes (*decumæ*) de l'ancien royaume d'Hiéron, avait lieu à Syracuse, en présence du gouverneur ou du questeur, et suivant l'ancienne loi du pays, *Hieronica lege* (2). Comme la révision des tables du cens avait lieu tous les cinq ans, les baux étaient passés pour une durée correspondante, pour un lustre (*lustrum*) (3). Les adjudicataires devaient fournir caution (4).

On sait que certaines provinces agricoles, comme la Sardaigne et la Sicile, fournissaient des denrées *(annona)* pour les besoins du peuple romain et des légions. Si le produit habituel de l'impôt payé en nature devenait insuffisant, le sénat ordonnait le prélèvement d'une dîme extraordinaire; mais cette dîme était remboursée aux habitants à un taux établi par le sénat (5).

Cicéron nous apprend, d'ailleurs, qu'en Sicile, les cités libres et exemptes du *vectigal*, *immunes*, de même que les cités stipendiaires, qui payaient le *stipendium* en argent (6), devaient elles-mêmes fournir, à un prix fixé d'une manière générale, une quantité déterminée de blé, dont la répartition se faisait entre elles proportionnellement (7).

Ces achats étaient payés sur les sommes versées par les publicains en exécution de leurs baux (8).

(1) Cic., *in Verrem*, III, 6. — Walter, *Geschichte des Rœmischen Rechts*, t. I. — Laferrière, *Histoire du droit*.

(2) Cic., *in Verrem*, III, 7, 64.

(3) Cic., *de Legib.*, III, 3. — Varro, *de Lingua lat.*, V.

(4) Festus, v° *præs.*

(5) Cic., *in Verrem*, III, 16, 70. — Tit.-Liv., XXXVI, 2; XXXVII, 2.

(6) Cic., *in Verrem*, III.

(7) Cic., *in Verrem*, III, 70, 73, 75; IV, 9.

(8) Cic., *in Verrem*, III, 70-72.

En réduisant un pays conquis en province romaine, le sénat déterminait les charges qui devaient peser sur les vaincus : tantôt il maintenait purement et simplement les anciens impôts, comme dans l'ancien royaume d'Hiéron (1); plus souvent il les augmentait, parfois aussi il les diminuait comme en Macédoine (2).

Dans tous les cas, l'état de choses ainsi établi ne pouvait être modifié sans son autorisation : aucune nouvelle charge ne devait être imposée par les gouverneurs à leurs administrés (3). Malheureusement, si parmi les proconsuls et propréteurs, il y eut des Marcellus, des Caton, des Cicéron, qui respectèrent la loi, il y eut aussi des Verrès et des Pison (4), qui la foulèrent aux pieds.

§ 2. — *Force publique.* — Sous la République, tout citoyen était assujetti *personnellement* au service militaire, et l'on sait que les alliés ou les vaincus pouvaient euxmêmes être appelés à combattre dans les rangs de l'armée romaine (5).

Le gouverneur, investi du pouvoir militaire par une loi curiate (6), commandait dans la province la force publique de terre et de mer, et devait s'en servir pour protéger son département contre les incursions des peuples voisins, contre les pirates... Mais les cités, de leur côté, devaient, suivant les traités consentis ou imposés, suivant les lois et sénatus-consultes rendus à Rome, supporter les frais de cette protection, et fournir, s'il y avait lieu, au propré-

(1) Cic., *in Verrem, passim.*
(2) Tit.-Liv., XLV.
(3) Cic., *in Verrem, passim.*
(4) Cic., *in Pison.*; id., *in Verrem, passim.*
(5) Polyb., VI, 4. — Veg., I, 4. — Tit.-Liv., XXIII, 45; id., *passim.*
(6) Cic., *in Sec. Agr.*; id., *Epist. ad. Lent.*

teur ou au proconsul des hommes, des vivres, des vais-
seaux, etc. (1).

§ 3. — *Police.* — Il serait difficile de préciser quels
étaient, en matière de police administrative, les pouvoirs
respectifs du gouverneur et du questeur; mais il est permis
d'affirmer qu'en général celui-ci agissait sous la haute
direction de celui-là. Il paraît, d'ailleurs, hors de doute
que c'est au proconsul ou propréteur, chef de la force
armée dans la province, qu'appartenait particulièrement
le soin de *prévenir* et de *réprimer* les séditions, de maintenir la liberté de la circulation, etc. (2).

Nous trouvons ici, comme partout en droit romain, la
confusion de l'administratif et du judiciaire, deux choses
que les modernes ont jugé utile de séparer (3).

§ 4. — *Travaux publics.* — Le soin de décréter des
travaux neufs, aux frais de la République, appartenait au
pouvoir législatif; l'obligation de les faire exécuter incombait, dans les provinces, au gouverneur, et c'était là une
branche très-importante de ses attributions dans l'ordre
administratif (4).

(1) Cic., *in Verrem*, V, 21, 24; id., *in Verrem, passim.*

(2) Cic., *in Verrem, passim.* — Tit.-Liv., *passim.* — Arg. Dig., tit. *ne
quid in loco publico vel itinere fiat*; ibid., *ne quid in flum. publ....* et tit.
seq.; ibid., 11, *de off. præsid.*

(3) La police, chez nous, se divise en police administrative et en police
judiciaire. La police administrative a pour objet le maintien habituel de
l'ordre public dans chaque lieu et dans chaque partie de l'administration générale. Elle tend principalement à *prévenir* les délits. — La police judiciaire
recherche les délits que la police administrative n'a pu empêcher de commettre, en rassemble les preuves et en livre les auteurs aux tribunaux chargés
de les *punir.* (Code des délits et des peines du 3 brumaire an IV, art. 18, 19
et 20.)

(4) Appian., *de Bello civ.*, II. — Arg. Dig., 8, *de operib. publ.* et Cod. J.,
h. t. — Serrigny, *Droit public et administratif romain.*

§ 5. — *Cités.* — Quant à l'autorité dont le gouverneur était investi à l'égard des cités de son département, une distinction doit être faite. A la vérité, toute la province était placée sous la surveillance du magistrat romain ; mais tandis que les colonies et municipes, les villes libres et fédérées jouissaient de libertés locales très-étendues, que l'action du gouverneur ne s'exerçait guère sur elles que pour les maintenir dans la limite des statuts, pour faire exécuter les traités consentis ou les lois et sénatus-consultes rendus à Rome (1), — les cités provinciales proprement dites, dont les habitants ne possédaient à aucun degré le *jus civitatis*, étaient placées vis-à-vis de lui dans une dépendance plus étroite. Elles conservaient bien, en général, une *forma reipublicæ* plus ou moins modifiée par les vainqueurs ; elles avaient toujours leur sénat, leurs comices et des magistrats électifs (2) ; mais, d'une part, tous les propréteurs et proconsuls ne respectaient pas la liberté électorale, ainsi que le témoignent les griefs invoqués par Cicéron contre Verrès (3), et, d'autre part, les délibérations par lesquelles le sénat de chaque cité réglait les affaires locales pouvaient être paralysées par l'*intercessio* du magistrat romain (4).

(1) Cic., *de Legib.* III, 16.—Tit.-Liv., *passim.*— Cic., *in Verrem*, V, 62.— Walter, *Geschichte des Rœmischen Rechts.*— Plebiscitum de Thermensibus : *Legibus sueis... utei liceto quod advorsus hanc legem non fiat.*

(2) Cic., *in Verrem*, II, 19, 36, 43, 49, 53, 67...; III, 45; IV, 62. — Pausan., VII, 6, 16. — Les Romains avaient coutume de laisser aux vaincus toutes les libertés administratives et judiciaires qui ne leur paraissaient pas incompatibles avec les intérêts supérieurs de le République, mais c'est surtout dans les pays où les Grecs avaient porté leurs mœurs et leur civilisation avancée qu'on trouvait ces restes de l'ancienne indépendance. (Cic., *passim.*)

(3) Cic., *in Verrem*, II, 51-54.

(4) Cic., *in Verrem*, IV, 65.

SECTION III.

POUVOIR JUDICIAIRE DU GOUVERNEUR.

Le gouverneur était investi de la plénitude de la juridiction : « *Cum plenissimam juridictionem proconsul habeat...* (1) » Il avait la juridiction contentieuse et volontaire,
civile et criminelle. — Nous en dirons un mót tout à
l'heure.

— Pour faciliter l'administration de la justice, la province était divisée en un certain nombre d'arrondissements
judiciaires appelés *conventus* (2). Ce nombre devait varier
suivant l'importance et l'étendue de la province : il y en
avait quatre en Sicile du temps de Cicéron (3).

Tous les ans, le gouverneur parcourait son département,
à des époques déterminées, et tenait des assises (*sessiones*)
dans l'une des principales villes de chaque district. Là se
rendaient ceux qui devaient participer à quelque titre aux
fonctions judiciaires ét les plaideurs citoyens romains ou
provinciaux, sans compter les curieux que ces solennités
devaient attirer. La réunion ainsi formée portait encore
le nom de *conventus* (*conventum facere*) (4).

Ces assises périodiques, que rappelle une institution
analogue de la loi anglaise (5), formaient en dehors de

(1) Ulpian., *Dig.*, 7, § 2, *de off. procons.*

(2) Plin., *Hist. nat.*, III, IV et V. — Festus, v° *conventus.*

(3) Cic., *in Verrem*, II, 25.

(4) Cic., *in Verrem*, II, 29 ; *ad Att.*, V, 14, 20. — Cæsar, *de bello gall.*,
I, 54. — Festus, v° *conventus.* — On disait aussi *forum agere* (Festus,
v° *forum*).

(5) Les douze grands-juges qui composent les trois cours supérieures de
Westminster quittent, deux fois par an, leurs fonctions ordinaires pour faire
une tournée dans les comtés et y tenir des assises civiles et criminelles. L'Angleterre est divisée à cet égard en six arrondissements séparés. Il y a donc
deux magistrats pour chaque arrondissement. (Joseph Rey, *des Inst. jud.
de l'Ang.*, t. II, p. 90. — Bonjean, *Traité des actions*, t. I.)

Rome la grande institution judiciaire de la République.

§ 1. — *Juridiction civile* (contentieuse). — Sous cette expression nous comprenons, non-seulement le contentieux ordinaire, mais aussi ce que nous appelons le contentieux administratif; car la même règle leur était applicable en droit romain : le propréteur ou le proconsul et leurs lieutenants délivraient, s'il y avait lieu, aux parties la formule d'action (*formula*), qu'on appelait aussi *judicium* ou faculté de faire juger le procès; ils disaient le droit comme le préteur de Rome et renvoyaient devant un *judex* ou des *recuperatores*, pour l'examen des autres questions et la sentence à rendre (1).

Il existait, en effet, dans les arrondissements judiciaires de chaque département, des listes annuelles de *juges* que Cicéron (2) appelle *judices*, comme les juges de Rome (*judices selecti*, — *judices jurati*, ainsi appelés à cause du serment qu'ils prêtaient), mais qu'on désignait plus particulièrement, dans les provinces, sous le nom de *recuperatores* (3). La liste de chaque *conventus* était formée de citoyens romains habitant le district, sans qu'on s'occupât de savoir s'ils étaient sénateurs, chevaliers, simples trafiquants ou simples cultivateurs..... (4). Nous croyons, d'ailleurs, que le propréteur ou proconsul pouvait, dans certains cas, comme le préteur de Rome, désigner des récupérateurs instantanés (*quasi repente apprehensi*) (5) parmi les assistants, qu'ils fussent citoyens romains ou pérégrins (6).

(1) Cic., *in Verrem, passim.*
(2) Cic., *in Verrem*, II, 13; id., *de Off.*, III, 10.
(3) Bonjean, *Traité des actions*, t. I.
(4) Cic., *in Verrem*, II, 13; id., *in Verrem, passim.*
(5) Festus, v° *reciperatio*. — Cic., *Pro Tullio*, 2, 10. — Plin., III, 20.
(6) Bonjean, *Traité des actions*, t. I.

On sait, au surplus, que sur bien des points les vaincus obtenaient d'être régis par leurs lois et d'être jugés par leurs nationaux. Cet avantage était particulièrement maintenu en faveur des peuples d'origine grecque : « Multa sum secutus Scævolæ, disait Cicéron en parlant de son édit de Cicilie, in iis illud in quo sibi libertatem censent Græci datam, ut *inter se disceptent suis legibus*. Græci vero exsultant *quod peregrinis judicibus utuntur* (1).

En Sicile, d'après la loi rendue pour cette province (*lex Rupilia*) (2), quand un Sicilien formait une demande contre un Sicilien de la même cité, ils étaient jugés d'après leurs lois et par des concitoyens; — quand un Sicilien actionnait un Sicilien d'une autre cité, les juges étaient tirés au sort, en vertu de la Rupilia; — quand un particulier était demandeur contre une cité ou une cité contre un particulier, on devait choisir pour les juger le sénat d'une ville tierce, si les sénats des deux parties étaient récusés; — quand un citoyen romain se portait demandeur contre un Sicilien ou un Sicilien contre un citoyen romain, le juge était de la nation du défendeur. Les débats entre les cultivateurs et les décimateurs (adjudicataires des dîmes), étaient jugés d'après la loi d'Hiéron sur les céréales, sans doute, par des récupéra-

---

(1) Cic., *ad Att.*, VI, 1. — Cicéron fut proconsul en Cilicie.

(2) Cicéron nous fait connaître ce fragment de la loi *Rupilia* : « Siculi hoc jure usi sunt ut quod civis cum cive agat domi certet suis legibus; quod Siculus cum Siculo non ejusdem civitatis, ut de eo prætor judices ex P. Rupilii decreto... sortiatur. Quod privatus a populo petit aut populus a privato, senatus ex aliqua civitate qui judicet datur, quum alternæ civitates rejectæ sunt. Quod civis romanus a siculo petit, siculus judex datur ; quod siculus a cive romano, civis romanus datur. Ceterarum rerum *selecti judices* ex civium romanorum conventu proponi solent. Inter aratores et decumanos, lege frumentaria, quam Hieronicam appellant, judicia fiunt. » (Cic., *in Verrem*, II, 13.)

teurs, cultivateurs eux-mêmes. Pour les cas non prévus, pour les affaires d'un autre ordre (*ceterarum rerum*), on *proposait* ordinairement pour juges des citoyens romains du *conventus*.

Cicéron reproche éloquemment à Verrès d'avoir, directement ou par des voies détournées, renversé toutes ces règles tutélaires.

Prenons un seul des points de vue envisagés par le grand orateur romain (1).

Le propréteur de Sicile avait inséré ces dispositions dans son édit : «... *Quantum decumanus edidisset ut tantum arator decumano dare cogeretur... Si plura sustulerit quam debitum sit in* octuplum *judicium daturum esse...* »

On le voit, le décimateur était menacé d'une condamnation très-sévère, puisqu'elle devait être de huit fois la somme indûment perçue. Oui, mais le contribuable avait dû commencer par se dessaisir aux termes de l'édit. Son rôle devenait nécessairement celui de demandeur; c'est à lui qu'incombait le fardeau de la preuve, il devait suivre le forum du défendeur, venir à Syracuse, où Verrès avait à sa disposition des juges que ses compères ne récusaient pas, et sur lesquels le demandeur devait choisir. « *Si uter velit, se recuperatores daturum,* » ajoutait l'édit de Verrès. Si l'une des parties le désire, ou ce qui revient au même, si le décimateur le désire, Verrès donnera des récupérateurs. Il en donnait en effet; mais il ne les prenait parmi les citoyens honnêtes du *conventus*, que quand il n'avait aucun intérêt en jeu (2).

Au reste, par surcroît de précaution, l'édit du propréteur faisait peser la menace sur la tête de quiconque

(1) Vid. Cic., *in Verrem*, III, 10-15.

(2) Cic., *loc. cit.*

était appelé à juger : « *Si qui perperam judicasset se cogni-
turum ; quum cognosset animadversurum* (1). » — Verrès ré-
visera les jugements, et si quelqu'un a mal jugé, il sévira ! —
On devine ce qu'un pareil homme devait entendre par
mal juger.

Qu'arrivait-il, en fait? C'est que les cultivateurs ai-
maient mieux se résigner que s'exposer d'une manière
trop certaine à-subir une seconde injustice en poursuivant la réparation de la première.

— Il parait que, déjà sous la République, le magistrat
romain pouvait, dans certains cas, retenir une affaire et
statuer lui-même sans le cours des juges; c'est ce qu'on
appela *cognitio extraordinaria, extra ordinem cognoscere.*
On ne trouve dans aucun texte ni les règles, ni les
limites de cette juridiction exceptionnelle. Le magistrat
avait-il la faculté de se réserver toutes les causes qu'il
voulait? jouissait-il à cet égard d'une sorte de droit de
préemption? On serait tenté de le croire. Mais les mœurs
étaient plus fortes que l'arbitraire, et tant que le pa-
triotisme resta au milieu des citoyens, de pareilles usur-
pations durent être fort rares (2).

§ 2. — *Juridiction criminelle.* — La juridiction criminelle *(judicia publica)* était comprise dans les attributions
du gouverneur en vertu d'une délégation spéciale. Le
gouverneur, en cette matière, n'était pas seulement
chargé de dire le droit; c'est encore à lui qu'il appartenait de prononcer la sentence. Toutefois il ne siégeait
pas seul, même quand la poursuite n'était dirigée que
contre un provincial. Il avait à ses côtés des citoyens pris

(1) Cic., *in Verrem*, II, 13.
(2) Faustin Hélie, *Inst. cr* *....*, t. I.

sur la liste du *conventus*, et il rendait la sentence *de consilii sententia*, de l'avis de ce conseil; en sorte qu'en réalité, sinon en droit, le gouverneur n'était que le président d'un jury. C'est, d'ailleurs, ce qui paraît résulter d'un passage de Cicéron relatif à la poursuite intentée contre un certain Sopater, syracusain. L'avocat de l'accusé lui conseillait de refuser la somme exorbitante demandée par les agents de Verrès... « *Atque eo etiam magis quod iste* (Verrès) *quoquo modo se in ea quæstione præbebat, tamen in consilio habebat homines honestos de conventu syracusano...* (1). » Mais Verrès fit en sorte que les honnêtes citoyens sur lesquels l'accusé avait compté fussent occupés ailleurs, le jour où Sopater devait être jugé, et il procéda brutalement avec des hommes corrompus de sa suite (2).

Le *jus gladii*, conféré au gouverneur par une loi curiate, à son entrée en fonctions, donnait à ce magistrat le droit de condamner à mort un provincial; mais ce droit n'existait pas à l'égard des citoyens romains (3), à moins qu'il ne s'agît de citoyens servant à l'armée, auquel cas le conseil du propréteur ou du proconsul était composé de militaires (4).

La juridiction criminelle et le *jus gladii* n'apparte-

(1) Cic., *in Verrem*, II, 29 et seq. — Voir, d'ailleurs, ci-dessus la note relative aux *quæstiones perpetuæ* de Rome.

(2) Cic., *loc. cit.*

(3) Cic., *in Verrem,* V, 63. — A propos de la mort de Gavius, Cicéron fait allusion aux garanties qui existaient en faveur des citoyens romains : « *O dulce nomen libertatis! Opus eximium nostræ civitatis! O lex Porcia legesque Semproniæ!... O graviter desiderata et aliquando reddita plebi romanæ tribunitia potestas!...* »

(4) Sallust., *jug.*, 62. — Tit-Liv., XXVIII, 25. — Cic., *in Verrem, passim.*

naient pas au magistrat romain d'après l'ancien droit
civil. Ces pouvoirs avaient été compris dans les attributions du gouverneur en vertu d'actes législatifs spéciaux, d'où ce magistrat ne pouvait les déléguer ni à ses
lieutenants, ni au questeur de son département (1).

Rappelons, d'ailleurs, qu'il n'y avait pas à Rome ou
dans les provinces de ministère public institué pour la
poursuite des crimes et délits ; ou plutôt tout citoyen pouvait exercer ce ministère, et il n'était même pas besoin
d'être citoyen romain pour avoir le droit de se porter
accusateur (2).

— Enfin, nous devons constater qu'en matière criminelle,
comme en matière civile, le proconsul et le propréteur
exerçaient leur juridiction d'une manière souveraine, et
sans qu'il existât contre leurs actes des voix de recours
semblables à celles usitées à Rome ou dans les cités libres :
impossible, en effet, de solliciter l'*intercessio* d'un magistrat égal ou supérieur (3), puisqu'il n'y en avait point
dans la province ; — impossible de provoquer le *veto* des
tribuns, ce dont Asconius nous fournit un témoignage
positif : « *In provincia scilicet* (dit-il à l'occasion du passage où Cicéron représente les magistrats qui donnent
les actions comme souverain, maître, de la fortune des
particuliers), *nam Romæ appellari tribuni possunt contra
omnem potestatem* (4). »

Toutefois, il y avait un moyen de restitution contre

____

(1) Dig., 70, *de regul. jur.*; 1, 2, § 1, *de off. ejus cui mand.* ; 6, *de off.
procons.*

(2) Cic., *pro Roscio*, 20 ; *in Verrem, passim*. — *Lex Servil. repetund.*,
c. 23. — Cic., *pro Balbo*, 24.

(3) « Par majorve potestas plus valeto. » (Cic., *de Legib.*, III, 4.)

(4) Ascon., *in Cic.*, verr., II, 12.

une injustice commise, c'était d'en appeler du magistrat
actuel à son successeur. C'est ainsi que Métellus, à son
arrivée en Sicile, eut à rescinder la plupart des actions
délivrées par Verrès (1). Mais il ne pouvait pas rendre
la vie à ceux que le propréteur avait fait exécuter!

Au reste, s'il n'existait aucun recours *immédiat* contre
les actes du gouverneur, il était naturel qu'on pût invoquer l'*intercessio* de ce magistrat contre les actes des
magistrats inférieurs (2).

§ 3. — *Juridiction civile* (volontaire). — En tant
qu'investi de cette juridiction, le propréteur et le proconsul statuaient sur les objets suivants : adoption,
émancipation, affranchissement des esclaves, nomination
du tuteurs datifs, *cessio in jure...* etc. (3).

C'étaient là des actes solennels *(legis actiones)* sur
lesquels le législateur avait étendue spécialement l'autorité du gouverneur; d'où résultait la même impossibilité
de délégation qu'en matière criminelle (4).

Cette réserve au profit du magistrat le plus élevé donnait plus d'éclat soit à la suprême justice, soit aux actes
légitimes qui changeaient ou modifiaient gravement l'état
des personnes.

— En somme, et malgré quelques imperfections, l'organisation du pouvoir judiciaire dans les provinces présentait
des garanties sérieuses de bonne justice. Si ces garanties
demeurèrent vaines parfois, c'est que le gouverneur avait

(1) Cic. *in Verrem*, II, 25.

(2) Cic., *in Verrem*, IV, 65. — Bonjean, *Traité des actions*. — On sait
que le questeur avait une juridiction propre.

(3) Gaius, c. I, 185 ; 104, 102 ; — id., lib. I, *Rerum quot. sive aureor.*

(4) Dig., 1 et 2, § 1, *de off. ejus cui mand.;* — 2, § 1, et 3, *de offic. procons.* — Bonjean, *Traité des actions*, t. I.

le pouvoir, sinon le droit, de poser des règles tyranniques
pour les appliquer tyranniquement ; c'est que l'autorité
exécutive unie en sa personne à l'autorité judiciaire lui
donnait, comme dit Montesquieu, la force d'un oppresseur.

A la vérité, en mettant une telle puissance aux mains
des gouverneurs, la prudence romaine avait pris des précautions. Sans parler des nombreuses prohibitions qui
devaient assurer leur impartialité, ces magistrats, en sortant de charge, étaient tenus, ainsi que les questeurs, de
rendre compte de leur administration. La loi *Calpurnia
repetundarum* (603) avait établi un tribunal permanent
pour les accusations de concussion, et la loi *Servilia*
promettait le droit de cité à quiconque accuserait avec
succès un gouverneur (1). On sait, d'ailleurs, que du
sein même de Rome des voix éloquentes et libres s'éle-
vaient pour flétrir les oppresseurs et venger les opprimés
(c'était, en effet, un moyen de mériter les honneurs).
Mais si, dans les beaux temps de la République, peu de
coupables échappèrent à la répression, il en fut autrement quand une oligarchie sans scrupule eut accaparé, en
fait, la distribution des pouvoirs publics, et que la corruption eut gagné le sanctuaire de la justice.

A quelles causes tenait cette décadence des institutions
et des mœurs romaines? — C'est ce que nous n'avons
pas à rechercher. Toutefois, nous croyons pouvoir signaler
parmi ces causes la concentration démesurée de la fortune
territoriale, par suite de l'usurpation du domaine public
et du butin fait sur les provinces (2), — la disparition

(1) Cic., *pro Balbo*, 24. — *Lex Servilia*, c. 23.

(2) La concentration des fortunes devint prodigieuse sous les premiers
empereurs. Pallas, affranchi de Claude, était riche de cent millions! (V. Du-

de la propriété moyenne et de la petite propriété, — la substitution du travail esclave au travail libre, — le nombre toujours croissant des citoyens pauvres et oisifs, — l'absence de toute industrie, hors l'agriculture, qu'un Romain pût exercer honorablement (d'après les préjugés du temps) pour acquérir de l'aisance, — le débordement des affranchis, qu'un maître corrompu conduisait au scrutin comme un vil troupeau, — le développement des armées permanentes, fruit fatal des guerres de conquête...

Il est évident qu'avec de pareils éléments de dissolution, la liberté romaine, concentrée sur un point (1), allait courir de grands dangers, le jour où un soldat de fortune joindrait à l'audace et à l'ambition le mépris des lois (2). On eut, en effet, César après Sylla, et la bataille d'Actium livra la République aux mains d'Octave.

reau de la Malle, *Econ. polit. des Rom.*, t. I.) — « Latifundia perdidere Italiam jam et provincias ; sex domini semissem Africæ possidebant, cum interfecit eos Nero princeps. » (Plin., *Hist. nat.*, XVIII. — V. Tacit., *Ann.*, XIV, 65 ; *Hist.*, I, 37.)

(1) On sait que les droits politiques ne pouvaient s'exercer qu'à Rome.

(2) Le mal était grand, sans doute ; néanmoins, il est permis de croire que si le vainqueur des Gaules, si Octave et ses habiles conseillers avaient mis au service de la liberté une partie des ressources employées à la détruire, ils auraient pu obtenir un résultat différent de celui que l'histoire a enregistré. L'argent ne manquait point, puisque l'*ærarium publicum* contenait près de deux milliards de notre monnaie, quand César s'en empara (Dureau de la Malle, *Econ. polit. des Rom.*). Il y avait d'immenses domaines publics à défricher. Les libertés municipales étaient vivaces sur presque tous les points de l'Empire. N'était-il pas possible de former une grande fédération basée sur la liberté et l'égalité, dont Rome fût naturellement demeurée le centre ? Quelle province n'eût accepté avec empressement pour ses habitants le droit de cité romaine et le droit de participer, par des délégués élus, au gouvernement de la République ?

DEUXIÈME PÉRIODE

EMPIRE DEPUIS AUGUSTE JUSQU'A DIOCLÉTIEN

CHAPITRE I

ORGANISATION DU GOUVERNEMENT PROVINCIAL

§ 1.

Généralités. — Cependant Octave, de retour à Rome, se garda bien de prendre le titre de *roi,* si odieux aux Romains. Mais il se fit conférer celui d'*imperator,* non de la manière dont il se donnait autrefois à un général victorieux, mais d'une façon qui marquait un pouvoir souverain sur tout l'Empire : « Sed hoc quo significatur summum orbis terrarum imperium... (1). » La flatterie ne tarda pas à y ajouter celui d'*auguste,* mot qui exprime l'idée de chose très-sainte, celui de *pater...,* etc. D'autre part, Octave se fit conférer par le sénat et par le peuple les facultés différentes tenant à l'exercice des magistratures républicaines, partie intégrante de cette grande puissance, *potestas,* que le peuple possédait, et dont il accordait aux magistrats par l'*imperium* des délégations limitées. On comprit même dans les concessions faites au prince la capacité de faire des lois (2).

(1) Dio Cass., lib. LII, Interp. Rob Steph., edit. 1551. — Conf. Xiph.

(2) Gaius, 1, 5 : « Constitutio principis est quod imperator decreto, vel

A ces différents titres, l'empereur pouvait lever des soldats et des impôts, déclarer la guerre, faire la paix, exercer la juridiction et condamner à mort même les sénateurs, faire le recensement du peuple, nommer les sénateurs ou les expulser du sénat, élever aux fonctions du sacerdoce et présider aux sacrifices. La puissance tribunitienne le rendait inviolable, et si quelqu'un paraissait lui faire violence ou l'injurier, il était mis à mort sans jugement (1)! Ainsi, ce qui était autrefois le bouclier de la liberté allait devenir un instrument de despotisme!

Ce n'est pas tout, les empereurs avaient usurpé un privilége qui n'avait jamais été accordé à aucun citoyen romain, celui d'être au-dessus des lois, de sorte qu'en réalité, et sauf l'odieux du nom, ils avaient obtenu la plénitude du pouvoir royal : « Id vero sibi usurpaverunt quod antea civium romanorum datum est nemini ut *soluti legibus esse dicantur...* Itaque dempta nominis acerbitate, regiam obtinent potestatem (2). »

Toutefois, les premiers empereurs, et surtout Auguste, avaient feint de respecter la souveraineté du peuple. Le neveu de César avait même simulé le projet de quitter l'Empire (3). Le sénat y répondit en faisant doubler le

edicto, vel epistola constituit ; *nec unquam dubitatum est quin id legis vicem obtineat, cum ipse imperator per legem imperium accipiat.* — Ulpian., *Instit. :* « Quod principi placuit legis habet vigorem. » De même dans notre ancien droit : « Que veut le roy si veut la loi. »

(1) Dio Cass., lib. LIII, 17, 18 et *passim.* — *Varro, de lingua lat.,* IV.

(2) Dio Cass., LIII, edit. Rob. Steph. — Tacit., *Ann.,* III, 56. — Voir, sur les pouvoirs des empereurs, la *lex imperii Vespas.,* reproduite par M. Ortolan, *Explic. hist. des Inst.,* t. I.

(3) Dio Cass., *loc. cit.* « ... Nam qui per vim et injuriam regnum occupaverunt cupiunt id videri sibi de voluntate civium esse delatum, ob eamque causam ad hanc delinitionem et simulationem procedunt. »

nombre de ses gardes, *pour qu'il fût mieux défendu* (1).

Au reste, ce corps avait conservé les apparences du pouvoir; il continuait à juger, à répondre aux ambassadeurs des nations et des rois, à rendre des sénatus-consultes.

Le peuple, lui-même, avait encore ses comices et l'élection d'une partie des magistrats; mais rien ne s'y faisait contre la volonté d'Auguste qui avait ses candidats : « *Nam partim proponebat eos qui essent magistratus futuri, partim*..... (2). »

Ajoutons qu'avec la puissance tribunitienne il pouvait empêcher tout ce qu'on eût été tenté de faire contrairement à ses vues au sénat ou dans les assemblées du peuple (3).

Depuis Auguste, les comices n'intervinrent plus dans les jugements criminels. Tous les délits politiques étaient portés devant le sénat qui connaissait aussi des accusations capitales dirigées contre les sénateurs (4). L'empereur lui-même évoquait des affaires criminelles, ou les soumettait à la juridiction du sénat (5). — Quant aux jurys établis sous le nom de *quæstiones perpetuæ* et dont le nombre s'était considérablement multiplié dans les derniers temps

(1) Dio Cass., *ibid.*—Cette détestable oligarchie, héritière de celle qui avait accusé hypocritement Tib. Gracchus d'aspirer à la royauté, et l'avait assassiné pour prévenir l'exécution d'une loi de réparation et de justice, était la première maintenant à courber la tête et à donner au peuple l'exemple de la lâcheté et de la servilité : c'était, sans doute, pour obtenir une plus grande sécurité pour les personnes et pour les biens !

(2) Dio Cass., *loc. cit.*

(3) Dio Cass., LIII, 17. — Tit.-Liv., XXXVIII, 45. — Polyb., VI, 3.

(4) Dio Cass., LII, 31, 32; LVI, 40. — Tacit., *Ann.*, III, 66-70; IV, 15.

(5) Suet., *Claud.*, 14, 15; *Nero*, 15. — Dio Cass., LIX, 18; LX, 4; id., *passim*.

de la République, ils subsistèrent encore quelque temps sous l'Empire; mais ils finirent par disparaître sous l'influence du nouveau régime (1).

Le pouvoir électoral fut enlevé au peuple sous Tibère, et bientôt les comices ne furent plus réunis pour voter aucune loi (2).

Dans cette situation, les magistratures républicaines devaient elles-mêmes tomber d'autant plus rapidement que leurs principales attributions leur étaient enlevées une à une par des fonctionnaires impériaux. Parmi ces derniers, nous citerons : le préfet de la ville, *præfectus urbi*, qui, chargé d'abord seulement de la police de la cité, avait conquis, vers la fin du deuxième siècle, la juridiction générale des crimes commis à Rome et dans les cent milles autour de Rome (3); — les *præfecti prætorio*, chefs de la garde prétorienne, qui devinrent, en outre, des ministres de l'administration générale (4); — les deux *præfecti ærarii*, qui, à partir de Trajan, remplacèrent définitivement à Rome les *quæstores populi romani* pour l'administration et la garde du trésor public... (5).

§ 2.

Tous ces changements dans le droit public de la cité

(1) Tacit., *Ann.*, VI, 16. — Paul., Dig., 8, *de publ. jud.*

(2) Tacit., *Ann.*, I, 15. « Tum primum e campo comitia ad patres translata sunt. » — La dernière loi dont il soit fait mention est une loi *Vcètibulici* sous Trajan (Cod. 3, *de serv. reipubl. manum*).

(3) Velleius Paterc., II, 88. — Dio Cass., LII, 21.— *Collat. leg. mosaic. et rom.*, XIV, 3. — Dig., *de jurisd.*

(4) Dio Cass., LII, 24; LV, 10, LXII, 9; LXXV, 15.. — Lydus, *de Magistr.*, I, 14.

(5) Dio Cass., LIII, 2, 32; LX, 4, 10, 24.— Suet., *Claud.*, 24.— Maynz, *Elém. de droit romain*, t. I.

souveraine ne devaient pas s'opérer sans contre-coup sur l'organisation des provinces.

Octave comprenant les embarras que pouvait lui susciter l'hostilité de gouverneurs trop puissants, divisa les grands départements en plusieurs parties, et à chacune des nouvelles provinces ainsi formées il attribua une administration particulière où il s'appliqua à faire régner, le plus possible, la subordination et l'uniformité.

Dans des vues semblables de domination, Auguste partagea les provinces en deux catégories : 1° les *provinciæ populi romani vel senatus;* 2° les *provinciæ Cæsaris* (1). — Il eut soin d'abandonner au peuple et au sénat les provinces paisibles et à l'abri des guerres et conserva pour lui celles qui étaient, sur les frontières, exposées aux attaques des barbares, ou, comme l'Egypte, sujettes aux séditions : «... *Ut quam plurimos labores susciperet adiretque pericula* PROPTER OTIUM SENATUS (quelle touchante sollicitude!). *Vere autem id fuit ut illi inermes et imbecilles essent, atque ut* IPSE ARMATUS SECUM MILITES HABERET (2)! »

En se donnant l'apparence du dévouement, l'empereur se réservait ainsi la libre disposition de toutes les forces de l'Etat.

Les *provinciæ populi vel senatus* continuèrent à être distribuées par la voie du sort, et pour un an, à ceux qui avaient exercé à Rome le consulat ou la préture. Ces gouverneurs, nommés par le sénat, et le plus souvent parmi les sénateurs, étaient décorés du titre de *proconsuls,* alors même qu'ils n'eussent jamais été investis du consulat (3).

(1) Gaius, II, 7, 21. — Suet., *in Aug.,* 47. — Dio Cass., lib. LIII, 12-15. — Bonjean, *Traité des actions,* t. I.
(2) Dio Cass., lib. LIII. — Suet., *in Aug.,* 47. — Strabo, XVII, 3, 25.
(3) Dio Cass., LII; LIII, 13, 14. — Suet., *in Aug.,* 47 — Strabo, XVII.

Les *provinciæ Cæsaris* étaient gouvernées par des *legati*,
des lieutenants du prince, qui se réservait le pouvoir
proconsulaire sur toutes les provinces à lui échues. Les
legati, choisis par l'empereur parmi les ex-préteurs, les
ex-consuls, ou même parmi les sénateurs d'un rang inférieur..., portèrent d'abord le nom de *prætores* ou *proprætores,* comme les anciens chefs militaires de Rome et
les premiers gouverneurs de province; plus tard, on les
appela *præfecti, præsides, correctores,* et le nom *præses*
devint un titre générique applicable à tout gouverneur.
Quant à celui de *proconsul,* il resta toujours un titre spécial (1).

Les *legati Cæsaris* recevaient l'*imperium* du décret de
nomination, et ils gardaient leur poste tant qu'il plaisait
au prince de les y maintenir (2).

Dans les provinces sénatoriales il n'y avait pas d'armée,
et les proconsuls n'y exerçaient que des fonctions civiles.
Au contraire, les lieutenants impériaux joignaient à l'autorité civile des proconsuls le commandement des soldats;
ils exerçaient par délégation souveraine le pouvoir appartenant à l'empereur. Aussi, bien qu'inférieurs en dignité aux proconsuls, ils étaient en réalité très-supérieurs
en pouvoir (3). Les proconsuls, qui tenaient leur autorité
du sénat, ne dépendaient pas directement de l'empereur;
mais cette assemblée était trop dans la dépendance du
prince, pour que les gouverneurs des provinces sénatoriales ne le fussent pas eux-mêmes (4).

(1) Spartian., *Hadrian.*, 3. — Suet., *Tiber.*, 41. — Dio Cass., LIII, 42-
43. — Strabo, XVII. — Dig., 4 et 20, *de off. præsid.*

(2) Dio Cass., LIII, 43. — Suet., *in Aug.*, 23. — Tac., *Ann.*, 1, 80.

(3) Dio Cass., LIII. — Bonjean, *Traité des actions*, t. I.

(4) Tacit., *Ann.*, XII, 7.

Au surplus, la division des provinces, déjà modifiée sous Auguste et remaniée depuis, à diverses reprises, ne tarda pas à devenir purement nominale. D'abord, les empereurs s'arrogèrent le droit de désigner les candidats entre lesquels le sort devait décider, et un peu plus tard, ils s'attribuèrent tout simplement la nomination des proconsuls (1).

Dès lors, il n'y eut plus de raison pour que le *proconsul* ne pût pas comme le *præses* réunir le commandement militaire à l'autorité civile. C'est, en effet, ce qui eut lieu (2).

Toutefois, quelques empereurs restituèrent au sénat la nomination des proconsuls; mais les transports de joie des sénateurs démontrent clairement qu'une pareille concession était regardée comme un acte de munificence de la part du prince (3).

Les proconsuls étaient, comme sous la République, secondés dans leurs fonctions par des *legati*, qui continuèrent apparemment d'être nommés par le sénat aussi longtemps que les proconsuls eux-mêmes, ou choisis par ces derniers avec l'approbation du sénat (4).

Quant aux gouverneurs des provinces impériales, ils choisissaient leurs lieutenants sauf l'approbation du prince (5). Ceux-ci n'avaient de rapport direct qu'avec le *præses*, jamais avec l'empereur (6).

(1) Dio Cass., LIII, 14 ; LV, 28 ; LVIII, 23. — Suet., *in Aug.*, 47.

(2) Capitol., *Max et Balb.*, p. 468. — Bonjean, *Traité des actions*, t. I.

(3) Lamprid., *in Alex. Sev.* — Vopisc., *in Prob.* ; *in Flor.* — Bonjean, *loc. cit.*

(4) *Loc. cit.* — Gros sur Dion Cass., LIII.

(5) Camp., p. 344. — Bonjean, *Traité des actions*, t. I.

(6) Ulpian., Dig., 6, § 2, *de Off. procons.*

— Au point de vue financier, la division des provinces ne fut pas non plus sans intérêt dans les premiers temps; ainsi, l'impôt des provinces sénatoriales, *stipendium*, d'où leur nom de *provinciæ stipendiariæ*, était versé dans le trésor public, *ærarium publicum;* tandis que le revenu des provinces de César, *tributum*, d'où *provinciæ tributariæ*, se versait dans la caisse du prince, *fiscus* (1). C'est aussi le *fiscus* impérial qui recevait le produit des confiscations si fréquentes sous les empereurs, et bien d'autres produits (2).

L'administration du trésor dans les provinces du sénat était, comme sous la République, confiée à un *quæstor populi romani* (3). Dans celles de César, les fonctions correspondantes étaient exercées par un fonctionnaire spécial nommé par l'empereur, par un *procurator Cæsaris* (4). Mais, à la différence du *quæstor*, le *procurator* n'avait pas le *jus edicendi* (5).

Il paraît qu'il y avait aussi un *procurator Cæsaris* dans les provinces du sénat. Pour expliquer qu'il ne faisait pas double emploi avec le questeur, il faut se rappeler que les empereurs s'étaient attribué une grande partie du domaine public dans les provinces et que le procureur y remplissait le rôle d'intendant du prince (6).

(1) Gaius, II, 21. — Une troisième caisse, *ærarium militare*, caisse de la dotation de l'armée, fut fondée par Auguste, avec le produit d'un impôt qu'il mit sur les successions et legs échus aux citoyens et avec d'autres produits. C'était un des expédients qu'il imagina pour établir son despotisme. (Dio Cass., LV, 25 ; LVI, 28 ; LXXVII, 9, 12.—Tacit., *Ann.*, XII, 31.)

(2) Dig., tit. *de jure fisci;* 16, *de publicanis;* 96, *de legatis*.

(3) Gaius, I, 6.

(4) Dio Cass., LII, 25 ; LIII, 15. — Tac., *Ann.*, XII, 60. — Suet., *Claud.*, 12.

(5) Arg. Gaius, I, 6.

(6) Dio Cass., LIII, 15 ; LV, 27. — Aggenus, *de controv. agr*, éd. Goes., p. 72.

La distinction établie primitivement entre l'*ærarium*
et le *fiscus* devint bientôt plus apparente que réelle : l'un et
l'autre, affirme Dion Cassius, qui vivait sous Alexandre-
Sévère, dépendaient en réalité de la volonté du prince (1).
Au siècle suivant, le *fiscus* ayant complétement envahi les
attributions de l'ancien *ærarium*, toute apparence de distinction devait s'évanouir, et les deux mots se prendre
l'un pour l'autre dans les textes des codes romains.

§ 3.

Quant à la condition juridique des provinciaux et du
sol provincial, elle resta encore longtemps la même que
sous la République (2) ; toutefois, la propriété de fait
laissée aux habitants tendait de plus en plus à être assi-
milée à une véritable propriété, et déjà du temps de
Dioclétien elle était désignée par les mots de *proprietas*
ou *dominium* (3).

. En même temps, le paiement du *vectigal* en argent se
généralisait (4), et le système du bail à ferme pour lè
recouvrement des revenus publics allait se restreignant,
du moins en matière de contributions directes (5).

D'autre part, les droits de cité, de latinité, d'immunité...
pour les personnes, pour les villes ou pour les territoires,
étaient répandus dans les provinces et concédés par les
empereurs au gré de leur politique, de leurs affections
ou de leurs faiblesses. Claude, né à Lyon, Trajan près

(1) Dio Cass., LIII, 16.
(2) Gaius, II, 7.
(3) *Frag. Vat.*, 283, 316.
(4) Hyginus, *de limit. constit.*, p. 198, éd. Goes.
(5) Cod. Th., 20, 30 et 32, *de suscept.* — Dig., tit. *de publican. et vectig.*
— Serrigny, *Droit public et administratif romain*, t. II.

de Séville, furent favorables, l'un à la Gaule, l'autre à l'Espagne ; Néron, couronné en Achaïe, aux jeux olympiques, bien qu'il n'eût pas gagné le prix, fit don à cette province de la liberté et à ses juges du droit de cité (1).

— Le *jus italicum*, privilége purement territorial, fut aussi concédé à quelques villes et localités des provinces. Mais sur ce point les empereurs ne se montrèrent pas très-prodigues (2).

Enfin, une constitution d'Antonin Caracalla accorda universellement la qualité de citoyen romain à tous les habitants de l'Empire : « In orbe romano qui sunt, ex constitutione imperatoris Antonini cives romani effecti sunt (3). »

Il est vrai que cette libéralité cachait un intérêt fiscal. D'ailleurs, on n'était plus au temps où l'on préférait le titre de citoyen romain à celui de roi. En réalité, il n'y avait que des sujets dans l'Empire (3).

— On sait que les Italiens, à la suite de la guerre sociale, avaient obtenu, en sus des libertés locales dont ils jouissaient, le droit de voter dans les comices de Rome, et, pour leur sol, l'exemption du *tributum*.

Sous l'Empire, l'Italie, sans être réduite au régime provincial proprement dit, finit par être ramenée à une direction centrale plus marquée. Adrien la divisa en quatre juridictions confiées à des *consulares* (4) ; sous

(1) Suet., *Nero*, 24. — Plin., *Hist. nat.*, IV, *passim*. — Ortolan, *Expl. hist. des Inst.*

(2) Plin., *l. cit.* — Ortolan, *Expl. hist. des Inst.*, t. I.

(3-3) Ulpian., Dig., 17, *de statu hominum*. — On controverse la question de savoir quelle est la véritable portée des mots : « In orbe romano qui sunt. » (Renvoi aux positions.) — L'impôt des successions ne frappait que les citoyens (Dio Cass., LXXVII, 9.)

(4) Spartian., *Hadrian.*, 21.

Marc-Aurèle, des *juridici* remplacèrent les *consulares* avec la même puissance, mais avec un rang moins élevé (1); enfin, Macrin fit administrer les districts italiens par des *correctores* ou *præsides*, comme les autres provinces impériales (2).

Ces changements eurent nécessairement pour effet de diminuer l'autorité des magistrats municipaux.

D'ailleurs, sous l'influence du régime impérial, il s'opérait peu à peu dans les cités d'Italie, dans le sens monarchique, la même révolution qui s'était opérée à Rome : le pouvoir passait du peuple au sénat ou à la curie, en attendant que l'oligarchie curiale ne tombât elle-même dans une dépendance toujours plus étroite vis-à-vis des lieutenants impériaux (3).

Un phénomène analogue se reproduisait dans les provinces : l'oppression tendait à se généraliser dans le monde romain (3) ; ce qui ne veut pas dire que l'égalité allait régner entre les sujets du prince. On n'arrive pas à l'égalité en perdant la liberté et en laissant s'établir le plus monstrueux de tous les priviléges, celui d'un despote ou d'un oppresseur.

(1) Capit., *Marc.*, 11. — *Frag. Vatic.*, 232.

(2) Treb Pollio, *Trig. tyran.*, 24. — Dio Cass., LII, 22; LXXVIII, 22. — Bonjean, *Traité des actions*, t. I.

(3-3) Conf. Cic., *passim*, — *Tabul. Heracl.*, — *l. Gall. Cisalp.*, — *Tabul. Salp.* et *Malag.*, Dio Cass., LII et LIII, — Dig., *ad Municip.* et tit. Cod. Th. et J., *de decur.* — V. Savigny, *Hist. du droit rom. au moyen-âge*, t. I. — Maynz, *Elém. de droit rom.*, t. I.

CHAPITRE II

ATTRIBUTIONS DU GOUVERNEUR

SECTION I.

JUS EDICENDI DU GOUVERNEUR.

Le gouverneur pouvait toujours publier des édits, mais ce pouvoir perdit beaucoup de son importance après le travail de compilation et de révision auquel donna lieu, sous Adrien, l'édit perpétuel, *edictum perpetuum*, de Salvius Julien (1).

D'après l'opinion généralement accréditée jusqu'à la fin du dernier siècle, cette qualification aurait été donnée à l'édit de Julien pour indiquer qu'il devait être observé à *perpétuité* dans toute l'étendue de l'Empire, au lieu des édits annuels que les préteurs avaient faits jusqu'alors. Cette opinion, en tant qu'absolue, nous paraît inadmissible ; car, d'une part, il est établi par des preuves irrécusables que les mots « *édit perpétuel* » et « *édit annuel* » sont synonymes, et signifient tous deux les édits généraux ayant force obligatoire pour toute la durée de la magistrature, en opposition à ceux rendus pour un cas particulier (2) ; d'autre part, il résulte de plusieurs passages très-explicites de nos sources que, postérieurement à Julien, les préteurs de Rome et les magistrats des provinces conservèrent le droit de publier des édits et que

(1) Gaius I, 6. — Serrigny, *Droit publ. et admin. rom.*, t. I.

(2) Asc., *ad Cic. Or. Corn.*; id., *in argum. Corn.* — Cic., *in Verrem*, II, 1, 42. — Dig., 7, *de jurisd.*

le droit prétorien subit encore quelques modifications (1).

Au reste, l'édit de Julien, qui semble avoir été rédigé sous les auspices de l'empereur et qui fut même approuvé par un sénatus-consulte, dut acquérir une autorité d'autant plus grande que les magistratures républicaines étaient en complète décadence, et les édits postérieurs ne firent guère que le compléter (2).

SECTION II.

POUVOIR ADMINISTRATIF DU GOUVERNEUR.

Pour éviter des redites, nous nous abstiendrons de parler ici des fonctions administratives du gouverneur. Rappelons seulement que tant que dura le partage des provinces établi par Auguste, les proconsuls ou gouverneurs des provinces sénatoriales furent privés du commandement militaire.

SECTION III.

Dans cette seconde période, comme dans la République, le *legatus Cæsaris* ou *præses* et le *proconsul* parcouraient annuellement la province pour y présider des assises et rendre la justice (3).

§ 1. — *Juridiction civile* (contentieuse). — La séparation du *jus* et du *judicium* était toujours la règle en

(1) Gaius, I, 6. — Ulpian., Dig., 7-9, *de jurisd.* — Marcellus, Dig., 3, *de conjung. cum emancip.* — Ulpian., Dig., 1, § 13, *de ventre in poss. mittendo.*

(2) Cod., 2, § 18; 3, § 18, *de Vetere jure enucleando.* — V. Hugo, *Geschichte des Rœm. Rechts.* — Maynz, *Elem. de droit rom.*

(3) Plin., *Hist. nat.*, III, 3; IV et V.

droit; mais le nombre des cas où le gouverneur cumulait la juridiction et le jugement (*cognitiones extraordinariæ*) augmentait de jour en jour. — L'indifférence des citoyens pour la chose publique suivant les progrès du régime impérial, favorisait, du reste, l'usurpation des magistrats à Rome, dans les cités et les *conventus* (1). Le mouvement centralisateur s'accentuait de toutes parts : les particuliers cédaient à des magistrats élus par un suffrage moins étendu ou à des lieutenants impériaux, et les représentants directs de l'empereur tendaient eux-mêmes à se substituer à tous. Déjà les magistrats des *municipes, colonies...*, avaient perdu, au profit du gouverneur, une partie de leur juridiction civile; leur pouvoir était restreint à des sommes déterminées (2) et on leur défendait de faire les actes émanant plutôt de l'*imperium* que de la juridiction (3).

§ 2. — *Juridiction criminelle.* — Mais, c'est en matière criminelle que la centralisation avait fait les progrès les plus rapides; les *cognitiones extraodinariæ* étaient devenues la règle générale, et les magistrats des cités libres avaient été dépouillés eux-mêmes de leur juridiction criminelle. Cette juridiction était exercée maintenant par le préfet de la ville à Rome et dans les 100 milles autour de Rome (4),

---

(1) Dig., tit. *de extraord. cognit.* — Faustin Hélie, *Inst. crim.*, t. I (hist.). — Laferrière, *Hist. du droit*, t. I.

(2) Des restrictions quant au taux de la compétence avaient déjà lieu, au moins dans certaines cités, quelque temps avant Auguste (*Lex de Gallia Cisalp.*, c. 21-22). — Mais il y avait, même sous l'Empire, des *juridici ab infinito* (Gruter, *Inscrip.*, p. 1090, n° 13. — Savigny, *Histoire du droit rom. au moyen-âge*). — Au reste, les parties pouvaient proroger la juridiction des magistrats municipaux (Dig., 28, *ad municip.*).

(3) Dig., 26, *ad municip.*; 4, *de jurisd.*

(4) Dig., 1, *de off. præf. urb.* — *Coll. leg. Mosaic. et Rom*, XIV, 3.

par les *correctores* dans le reste de l'Italie (1) et par les gouverneurs dans les autres provinces (2).

D'ailleurs, le droit d'accusation s'était maintenu entre les mains des citoyens (3). Mais la législation eut deux tendances différentes : elle sembla vouloir restreindre la limite de ce droit, lorsqu'il s'agissait des seuls intérêts des particuliers (4); — elle l'étendit, au contraire, dans l'intérêt du prince. Toutes les entraves étaient levées, quand il s'agissait des crimes de lèse-majesté : la *lex Julia majestatis* (d'Auguste) était, en effet, une odieuse et perpétuelle exception à toutes les règles du droit : *Majestatis autem crimen excipimus* (5). Tacite nous donne une idée du désordre effroyable que produisit sous l'Empire l'accusation politique livrée aux êtres les plus méprisables, vils instruments d'un despotisme corrupteur : « ... Delatores genus hominum publico exitio repertum et pœnis quidem nunquam satis coercitum, *per prœmia eliciebantur* (6). »

— La hiérarchie s'était introduite avec la centralisation administrative et judiciaire. Le droit d'appel s'était généralisé, et il se manifestait, non plus par un acte purement négatif émanant soit d'un tribun, soit d'un magistrat égal ou supérieur *en dignité* (7), mais par un acte de réfor-

(1) *Collat. leg. Mosaic. et Rom.*, XIV, 3. — Dig., *l. c.* et **12**, *de jurisd.*

(2) Dio Cass., LIII, 14. — Dig., 6, 11, *de off. proc.*; 6, § 8, *de off. præsid.*

(3) Dig , tit. *de accusat.*

(4) Dig., 3, 12, § 2, *h. t.*; 4, *de testib.*

(5) Cod., 20, *de his qui accus. non possunt.* — Dig., 7, 8, *ad leg. Jul. majest.*

(6) Tacit., *Ann.*, IV, 30. — Montesquieu, *Esprit des lois*, VI, ch. 8.

(7) Les magistrats républicains n'étaient pas entre eux dans les relations de supérieurs à subordonnés; ils dépendaient directement de la loi et du peuple qui les avait élus (Bonjean, *Traité des actions*, t. I).

mation ou de confirmation émanant d'un magistrat supérieur *hiérarchiquement*. Ainsi, dans les provinces, il y
avait, suivant les cas, appel du gouverneur à l'empereur,
ou d'abord appel au gouverneur, puis un dernier recours
à l'empereur, qui statuait *in sacro auditorio* (1).

Le droit d'appel, si on le fait reposer sur cette simple
présomption qu'un second juge sera mieux éclairé que le
premier, ne nous paraît pas incompatible avec le principe
de la souveraineté du peuple, bien qu'il se manifeste par
un acte de réformation. Néanmoins, le grave changement
que nous venons de constater semble s'être produit par
suite de l'usurpation graduelle de cette souveraineté par
les empereurs.

Ce point important est parfaitement expliqué dans la
cinquième lettre de M. Charles Giraud à M. Ed. Laboulaye,
sur les *Tables de Salpensa et de Malaga*. En voici des
extraits que nous empruntons à M. Serrigny :

« Tant que les consuls restent en charge et dans la
ville, ils sont maîtres de l'Etat. Ils ont la plénitude du
pouvoir exécutif, l'*imperium* par excellence. Hors de Rome
et à la guerre, leur autorité est souveraine. En toute chose,
leur pouvoir semble n'avoir d'autre limite que celle du salut
public; mais il est contenu par sa courte durée, par une
responsabilité formidable et surtout par l'élément modé-
rateur de la dualité. Arrêtons-nous à ce dernier caractère,
qui est commun à la plupart des magistrateurs romains.

» La dualité donnait naissance, non pas à deux pouvoirs qui se détruisent, mais à l'exercice d'un pouvoir
unique par deux personnes réunies, et par chacune
d'elles en particulier dans sa plénitude, de telle sorte que

(1) Dio Cass., LII, 33; LIII, 21. — Spartian., *Adrian.*, 8, 18, 22. —
Dig., *quis a quo appel.* — Maynz, *Elém. de droit rom.*, t. I.

l'opposition de l'un paralysait complétement l'action de l'autre. Ainsi les magistratures avaient des attributions illimitées; mais leur puissance absolue, qui ne laissait jamais le magistrat désarmé, avait son *contre-poids dans une responsabilité, laquelle était illimitée,* comme le pouvoir lui-même du magistrat.

» De plus, et avant de se traduire en acte, cette puissance offrait la garantie de la dualité, laquelle obligeait naturellement les magistrats à se concerter, sous peine de se neutraliser eux-mêmes et de voir se produire un *veto* du collègue opposant. L'exercice de ce *veto* tout-puissant, et qui arrêtait tout, avait même plusieurs organes; et d'abord, c'était le collègue du magistrat trop entreprenant, puis le magistrat supérieur, s'il y en avait; et en dernier lieu, l'intervention possible d'une magistrature *auxiliaire,* mais **toute-puissante** aussi, dont la fonction principale était de défendre et d'empêcher, plutôt que d'agir et de commander : *le tribunat du peuple.* Tel était le mécanisme organique par lequel la prudence romaine avait essayé de tempérer l'action des pouvoirs divers, et l'influence des classes rivales de la société.

» Lorsque la préture fut détachée du consulat, les préteurs eurent aussi un pouvoir presque sans limite dans sa sphère, et le *veto.* L'on conçoit que joint à la vieille coutume d'après laquelle les causes civiles étaient ordinairement jugées par des arbitres choisis par les parties, ou à défaut des parties, désignés par le magistrat, de la main duquel ils recevaient la formule qui fixait leur mandat; on conçoit que, dans ce système d'organisation judiciaire, il n'y eût pas de place régulière pour un *appel hiérarchique,* pour le recours légal qui occupe un rang si considérable dans l'organisation moderne de la justice en

Europe. Cette institution, qui répond cependant à une
nécessité judiciaire, avait son équivalent dans l'*intercessio*,
c'est-à-dire, dans l'intervention du collègue, du supérieur ou du tribun, qui interposait son *veto*.

» On ne pouvait donc jadis, à Rome, empêcher l'effet
de la *sententia* ou du *judicatum*, que par le moyen extraordinaire ou detourné de l'opposition, *intercessio*, d'un magistrat d'ordre égal ou supérieur, ou d'un tribun, dont on
invoquait l'intervention, ce qui s'appelait *implorare auxilium, magistratum appellare*. Cette *appellatio* n'avait rien
de commun avec la *provocatio*, l'appel au peuple, l'appel
au souverain. Mais lorsque sous l'Empire, le prince eut
pris ou reçu la souveraineté déléguée, en même temps que
les hautes magistratures, l'ancienne *intercessio*, après avoir
subsisté en sa forme originale, se confondit facilement
avec la *provocatio*, puisque le prince *intercessor* était en
même temps le souverain lui-même, et de cette confusion
naquit le système de l'appel, car le nom d'*appellatio* sur-
vécut avec une acception nouvelle. »

§ 3. — *Juridiction civile* (volontaire). — Sur cette
partie des attributions judiciaires du gouverneur, nous
ferons seulement remarquer qu'en exécution de la loi
Ælia sentia, rendue sous Auguste, un conseil de vingt
récupérateurs, citoyens romains, devait assister le gouverneur pour statuer sur les affranchissements proposés
par des mineurs de 20 ans et sur les affranchissements
des esclaves âgés de moins de 30 ans. Ce conseil tenait
lieu de celui qui siégeait à Rome près du préteur et qui
était composé de cinq sénateurs et de cinq chevaliers (1).

— Les gouverneurs devaient se rendre à Rome dans

(1) Gaius, I, 18, 20 et 38.

les trois mois de leur sortie de fonctions, afin qu'il fût
possible de les poursuivre devant le sénat du chef de
malversations ou de concussions (1).

TROISIÈME PÉRIODE

EMPIRE DEPUIS DIOCLÉTIEN ET CONSTANTIN JUSQU'A JUSTINIEN

CHAPITRE I

ORGANISATION DU GOUVERNEMENT PROVINCIAL

§ 1.

Généralités. — Sous Dioclétien et Constantin, l'Empire
devint franchement monarchique et absolu : la cour impériale emprunta aux cours asiatiques leur pompe, leur
luxe fastueux et leur étiquette; tout ce qui se rapportait
à la personne du prince revêtit un caractère plus que
jamais sacré, auguste, divin! Les formes républicaines
avaient disparu. Il y avait bien encore un sénat; mais
il était aussi impuissant que vil. Les anciennes magis-

(1) Dio Cass., LIII, 15; LX, 25. — Tacit., *Ann.*, III, 66; IV, 15.

tratures n'existaient plus ou étaient frappées de nullité (1). On comptait toujours deux consuls et des préteurs qui avaient conservé quelques attributions en matière de juridiction volontaire (2); mais leurs principales fonctions consistaient à donner, *à leurs frais*, des spectacles et des jeux publics (3). Enfin, le tribun, qui, sous la République, était le défenseur des libertés du peuple, n'était plus que le *tribunus voluptatum*. On ne dit pas s'il déploya quelque énergie à défendre la liberté des théâtres dont il était une sorte d'intendant avec le titre et la dignité de *clarissime* (4)!

Au reste, sous d'anciens noms chers au peuple, les consuls, les préteurs... n'étaient plus en réalité que des fonctionnaires impériaux (5).

Tous les pouvoirs avaient donc passé à l'empereur; il n'existait plus aucune autorité que par la sienne; seul il pouvait faire la loi, sauf la faculté de consulter son conseil d'Etat (*sacrum consistorium*), et le sénat (6); seul il était investi du droit d'en procurer l'exécution par les

(1) Cassiod., *Variar.*, VI, 4, met dans la bouche de l'empereur, s'adressant aux nouveaux consuls, cette phrase qui caractérise la situation : « Sed nunc sumitis illa felicius : quando nos habemus labores consulum et vos gaudia dignitatum... Sellam curulem pro sua magnitudine multis gradibus enisus ascende, UT IN OTIO SUBJECTUS MEREARIS, quod nos per maximos labores assumimus imperantes ! »

(2) Dig., tit. *de off. consul. et de off. prætor.*

(3) Cod. Th., 2, *de spect.*; ibid., *passim, de prætorib.*

(4) Cod. Th., 13, *de scenicis.*

(5) *Nov.* 105, c. 1. — Cod., 2, *de off. prætor.* — La Novelle 67, de Léon-le-Philosophe, abolit le simulacre d'élection qui avait encore lieu au sénat pour la nomination des préteurs.

(6) C'est en ce sens qu'il eut encore des sénatus-consultes. Justinien, par une constitution qui est au Code, l. 8, *de legibus*, détermina les formes des sénatus-consultes, dont il se réserva l'initiative et la sanction. Mais Léon-le-Philosophe supprima cette complication comme inepte et superflue, « *ineptum et supervacuum.* » (*Nov.* Léon., 78.)

voies administratives et judiciaires, sans qu'il y eût aucune résistance organisée pour contre-balancer son autorité; c'était l'usurpation complète de la souveraineté populaire entraînant comme conséquence la complète substitution du *fiscus* du prince à l'*ærarium publicum;* c'était la révolution monarchique parvenue à son dernier terme, où l'empereur disposant avec la liberté la plus entière de l'Empire, de la puissance et de ce qui constitue le nerf de la puissance ! Toutefois, cette monstrueuse liberté d'un seul, fondée sur la dégradante sujétion de tous, avait pour limite l'intérêt bien ou mal compris du prince, et il est clair que cet intérêt ne pouvait aller jusqu'à dépouiller entièrement les services publics auxquels étaient exclusivement consacrés du temps de la République les ressources de l'*ærarium*. Par la force des choses il était donc fait deux parts des produits du fisc, et la garde en était confiée à deux administrations parallèles, l'une ayant à sa tête le *comes sacrarum largitionum* (ministre du trésor public); l'autre le *comes rerum privatarum* (ministre du domaine du prince ou *domaine de la couronne,* comme l'on dirait chez nous) (1).

Parmi les autres fonctionnaires du gouvernement central, nous citerons : le *magister officiorum* (ministre de la police) (2), le *quæstor sacri palatii* (3), ayant quelque rapport avec notre président du conseil d'Etat, le *primis-*

______

(1) Pancir., *Not. dignit. imp. Or.*, LXXIII; LXXIV et s.; ibid., LXXXVII; LXXXVIII et s. — J. God., *Not. dignit.*, t. VI. — Bocking, *Not. imp. Occ.*, p. 378 et suiv. — Serrigny, *Droit public et administratif romain* (du IVe au VIe siècle), t. I.

(2) Pancir., *Imp. Or.*, LXII et s. — Bocking, *Not. Or.*, X, t. I. — Serrigny, *loc. cit.*

(3) Pancir., *Not. imp. Or.*, LXXII. — Dig., *de off. quæst.* — Serrigny, *loc. cit.*

cerius notariorum (premier secrétaire d'Etat) (1); les préfets du prétoire (*præfecti prætorio*) (2), etc., etc.

Constantin doubla le nombre des préfets du prétoire (3),
et acheva une autre réforme entreprise par Dioclétien :
l'exercice du commandement militaire, confondu aux
mains des préfets du prétoire et des gouverneurs avec
celui de l'autorité civile, fut transféré à des officiers spéciaux, les *magistri militum* (espèce de maréchaux), lesquels eurent pour subordonnés des chefs (4) portant le
nom de *duces, comites*. Le nombre des provinces fut,
d'ailleurs, considérablement augmenté sous Dioclétien et
Constantin, par la division des anciennes (5). Toutes ces
mesures devaient rendre les séditions militaires moins
praticables et alléger le despotisme du sabre; mais elles
consolidaient le despotisme de cour, ce qui donnait plus
libre carrière à l'intrigue et à la corruption; de sorte qu'il
serait difficile d'indiquer ce que la dignité humaine pouvait
gagner à un pareil changement.

Au reste, le principe de la séparation des pouvoirs
civils et militaires ne fut pas toujours rigoureusement
suivi, et ces pouvoirs se trouvèrent quelquefois réunis
dans les mêmes mains (6).

Au point de vue de l'organisation administrative judiciaire, l'Empire, dont le siége était maintenant sur le
Bosphore, à Constantinople, *Roma nova*, fut divisé par

(1) Cod. Th., *de primis. et notar., et ibi Godef.*

(2) Dig., *de off. præf. præt.* — Cassiod, *Var.*, VI. — Lydus, *de Magist.*, II. — Pancir., *Imp. Or.*, V.

(3) V. Zosim., II; — *Not. imp. Or. et Occ.*, I et s., Id Bocking.

(4) V. Zosim., II.

(5) Bonjean, *Traité des actions*, t. I.

(6) Maffei, *Verona illust.*, t. I., lib. 8, p. 340, 348, éd. in-8. — Ammian.,
XXVI, 8. — Cassiod., VI, 12, 21; VII, 1.

Constantin en quatre *grandes préfectures prétoriennes* (1) :
l'*Orient*, l'*Illyrie*, l'*Italie* et les *Gaules*. Chaque préfecture
fut subdivisée en *diocèses* et chaque diocèse se composa
de la réunion d'un certain nombre de *provinces*.

A l'époque de la publication de la *Notitia dignitatum*,
vers 427, la préfecture d'Orient comprenait les diocèses
de Thrace, d'Asie, de Pont, d'Orient, d'Egypte et 49 provinces; — la préfecture d'Illyrie, les diocèses de Dacie,
de Macédoine et 11 provinces ; — la préfecture d'Italie,
les diocèses d'Illyrie (occidentale), d'Italie, d'Afrique et
29 provinces; — la préfecture des Gaules, les diocèses
de Bretagne, des Gaules, d'Espagne et aussi 29 provinces (2).

Chaque préfecture était placée sous l'autorité d'un
préfet du prétoire (3) ; chaque diocèse sous l'autorité
d'un vicaire du préfet, *vicarius, qui vicem alterius gerit* (4).
Toutefois, le diocèse d'Italie avait deux vicaires (5); dans
celui d'Egypte, le premier magistrat était un *præfectus
augustalis* (6), et dans celui d'Orient un *comes* (*comes
Orientis*) (7). Enfin, chaque province avait un gouverneur
dont le titre et le rang variaient, *proconsul, consularis,
corrector, præses* (8)...

Cet échaffaudage de la centralisation reposait sur une

(1) Zosim., 11, 33.

(2) Pancir., *Not. imp. Or.*, VII et XXIII; id., *Imp. Occ.*, II et III.

(3) Pancir., *loc. cit.* — Zosim.

(4) Pancir., *Not. imp. Occ.*, LVII à LXIX; id., *Imp Or.*, CXXII à
CXXXVIII.

(5) Pancir., *Imp. Occ.*, XLVIII; LVII. — Bonjean, *loc. cit.*

(6) Dig., *de off. præf. aug.* — Pancir., *Imp. Or.*, CXVII.

(7) Cod., 82, *de appell. et consult.* — Pancir., *Imp. Or.*, CIV.

(8) Dig., tit. *de offic. proc.*; tit. *de off. præsid.* — Cod. Th. et Just.,
passim.

base moins arbitrairement déterminée, celle des associations locales (*civilates, urbes, municipia...*, les communes comme nous dirions aujourd'hui), administrées par des magistrats municipaux (1).

Les fonctionnaires, placés à la tête des divisions administratives de l'Empire, étaient entre eux dans les relations de supérieurs à subordonnés, suivant l'ordre que nous venons d'indiquer. Mais il y avait des exceptions : ainsi dans les deux capitales, Rome et Constantinople, le premier magistrat, le *præfectus urbi*, relevait directement de l'empereur (2).

D'ailleurs, la hiérarchie était organisée avec un soin tout particulier. On avait établi des classes ou rangs avec des titres et des dispositions pénales pour en prévenir l'usurpation.

Les préfets du prétoire, les comtes du trésor public et du domaine du prince, le questeur impérial (*quæstor* S. P.), le maître des offices, les maîtres de la milice, le grand chambellan (*præpositus sacri cubiculi*), le préfet de Rome et celui de Constantinople avaient le rang et le titre d'*illustres*; — les vicaires des diocèses, le préfet augustal d'Egypte, le comte d'Orient, les proconsuls, plusieurs chefs militaires (*duces* ou *comites*), étaient *spectabiles ;* — puis venaient les *clarissimi :* c'étaient en général les gouverneurs des provinces (*consulares, correctores, præsides...*), les sénateurs; — ensuite, les *perfectissimi* de trois degrés : ce titre s'appliquait aux administrateurs des revenus du fisc dans les provinces et même à quelques gouverneurs, à des fonctionnaires retraités, aux duumviris des cités,

---

(1) Cod. Just., tit. *de decur.* — Cod. Th., *eod. tit.* — Dig., *ad municip.*

(2) Cod. Th., *de præf. præt. sive urbi.* — Cod. Just., *de off. præf. præt.* — Cassiod., *Var.*, VI, 4. — Serrigny, *l. cit.*

etc. ; — enfin, au dernier échelon de la hiérarchie nobiliaire se trouvaient les *egregii*. — En dehors et au-dessus de ces classes étaient placés les *illustrissimi* ou *nobilissimi*, c'est-à-dire, les membres de la famille impériale et les personnes à qui l'empereur avait conféré cette dignité. Entre les *nobilissimi* et les *illustres*, l'étiquette donnait place aux *patricii*, patrices (1).

Le génie byzantin avait inventé bien d'autres dénominations qu'il serait aussi inutile que fastidieux d'énumérer ici (2).

.L'empereur était placé au sommet de l'édifice hiérarchique, et, comme il avait à sa libre disposition tout le vocabulaire, il ne se ménageait pas les titres pompeux : il était *pius*, *felix*, *victor*, *triomphator*, *augustus*, *semper adorandus*, etc., etc. (3).

Cette organisation, dont nous avons essayé de donner une idée sommaire, ne variait pas dans son ensemble, quand l'Empire était partagé entre plusieurs Augustes (ce qui eut lieu fréquemment depuis Constantin) ; elle ne fut même pas changée quand, à la mort de Théodose Ier (394), le monde romain fut divisé en deux empires distincts d'*Orient* et d'*Occident*, pour ne plus être placé sous le même

(1) V. Pancir. et Bocking, *Not. dignit.* — Bonjean et Serrigny, *l. cit.* — Ces notions sont nécessaires pour l'intelligence des textes et de ce qui va suivre.

(2) Cependant il ne paraît pas que l'idée soit venue aux empereurs de Constantinople d'établir, pour leurs sujets, un système de décorations analogue à celui qui a fleuri depuis dans les monarchies européennes : c'eût été une bonne fortune que Justinien, par exemple, n'eût pas laissé échapper. Nous tenons pour certain qu'il aurait eu son ordre d'un volatile, d'un quadrupède, d'un saint quelconque..., *Ordo Justinianeus...* etc.! (V. ci-après.)

(3) Voir au *Corpus juris*, en tête de certaines constitutions, les titres de Justinien.

sceptre (1) : ces empires restèrent soumis aux mêmes lois et les constitutions impériales continuèrent à porter le nom des deux empereurs (2).

On sait que l'empire d'Occident succomba, en 476, sous les coups redoublés des Barbares; quant à l'empire d'Orient, il traîna encore pendant de longues années sa misérable existence. Toutefois, sous Justinien, les travaux législatifs et les victoires de Bélisaire et de Narsès, qui enlevèrent momentanément l'Afrique et l'Italie aux Barbares, parurent lui redonner quelque vigueur; mais cet éclat éphémère n'a servi qu'à mieux éclairer la rapide décadence de ce qui restait encore de la grandeur romaine.

Justinien, tout en maintenant dans son ensemble le régime antérieur, introduisit des changements graves dans l'organisation de certaines provinces, notamment par des dérogations nombreuses au principe du non cumul des fonctions civiles et militaires (*vid. infra*) (3).

§ 2.

Maintenant occupons-nous plus spécialement de l'organisation provinciale.

Les provinces étaient divisées en trois classes d'après leur degré d'importance, grandes, moyennes et petites (*majores, mediæ, minores*). Les premières étaient gouvernées par des magistrats ayant rang de *spectabiles*, tels que les proconsuls; les moyennes par des *consulares* ou

(1) L'empire d'Orient comprenait les deux préfectures d'Orient et d'Illyrie ; celui d'Occident les deux autres préfectures.

(2) V. au Cod. Just. les constitutions des empereurs postér. à Théod.

(3) *Nov.* 24 à 31, 102; 103. — Edict. XIII.

des *correctores*, et enfin les petites par des *præsides* (1).
Le nom de *præses* était une dénomination générique applicable à tout gouverneur : « *nomen præsidis generale
est* (2).... » Le mot *rector provinciæ* (3) paraît avoir été
employé dans le même sens, et l'on trouve très-fréquem-
ment dans les textes le gouverneur désigné sous les titres
de *judex, judex ordinarius, præfectus,* etc.

— Jusqu'ici l'organisation provinciale, par les édits des
gouverneurs, les lois, les sénatus-consultes ou les constitutions des empereurs, avait marché sans cesse vers l'uniformité (4). Toutefois, même à l'époque où nous sommes
parvenus, il y avait encore des diversités et des anomalies.

Ainsi, le proconsul d'Asie avait sous ses ordres le *consularis* de l'Hellespont et le *præses* des Iles ; il n'était pas
soumis au vicaire du diocèse d'Asie, et l'appel de ses
décisions se portait devant le préfet de la ville de Constantinople (5).

L'Egypte, qui depuis Auguste avait eu une organisation
spéciale, obéissait toujours à un *præfectus augustalis,* ayant
rang de *vicarius (spectabilis)* et comptant parmi ses subordonnés des *judices ordinarii* (6).

Il existait dans le régime provincial d'autres particularités dont il serait aussi téméraire que peu profitable de
vouloir faire un exposé complet.

(1) Cod. Just., 1, *ut omnes judic.* — Serrigny, *Droit public et administratif romain,* t. I.

(2) Dig., 1, *de off. præsid.*

(3) Cod., *de off. rect. prov.*

(4) Cic., *ad famil.,* III, 8; *ad Att.,* V, 21 ; VI, 1 ; *in Verrem,* III, 70. —
Inst. princ. de *Atil. tut.* — Ulpian., XI, 1, 20. — Marcian., Dig., 19, *de
ritu nupt.* — Plin., Epist., X, 77. — V. Cod. Th. et J.

(5) Pancir., *Imp. Or.,* C. L. — Cod., *l. unic. de off. comit. sacr. pa-
trim.;* Orelli, inscription 1080. — Bonjean, *Traité des actions,* t. I.

(6) Cod., 2, *de his qui per metum;* ibid., 13, *de adv. div. jud.;* ibid., 2,
de off. præf. aug.

Mais nous ne devons pas omettre de signaler quelques changements importants introduits par Justinien.

Cet empereur supprima le vicariat de Pont (1), et le rétablit dans la suite en conférant au *vicarius* le commandement des soldats (2) ; — du vicaire d'Asie, il fit le *comes Phrygiæ pacatianæ*, fonctionnaire civil, militaire et *spectabilis* (3). — Il remplaça le vicaire civil et le vicaire militaire de la Thrace par un *prætor* qui cumula leurs fonctions respectives ; il supprima le *præses Antiochiæ* et confondit ses attributions avec celles du *comes Orientis* ; il restreignit territorialement l'autorité du *præfectus Augustalis* d'Egypte, mais il la renforça en rendant à ce magistrat le pouvoir militaire et en l'assimilant de plus en plus à un *vice-roi* (4).

D'autre part, plusieurs gouvernements étant tombés dans l'abjection et l'impuissance, l'empereur entreprit de les relever (5), et, pour atteindre ce but, il en agrandit quelques-uns par des remaniements territoriaux (6), augmenta dans tous le pouvoir des magistrats et appliqua à ceux-ci soit des appellations empruntées aux magistratures républicaines, soit d'autres titres plus récents, mais qui n'étaient pas encore discrédités (7).

(1) *Nov.* 8, c. 2.

(2) Edict. VIII.

(3) *Nov.* 8, c. 2 ; 31, c. 3.

(4) Edict. XIII, *de Alex. et Ægypt. prov.*

(5) *Nov.* 102, *præfatio.*

(6) *Nov.* 28 ; 103.

(7) *Nov.* 24 à 32 ; 102 ; 103. — Nov. 102 : « Tum vero a nobis etiam *proconsules, et prætores* et *moderatores* et veterum horum nominum amplitudo inventa est. » Nov. 103 : « ... Alios honore *proconsulum,* alios *prætorum* exornavimus, alios (ut appellant) *comitum* alios denique *moderatorum* : et semper *præclaro aliquo adinveniendo* novum veluti florem nostræ addimus reipublicæ!... » — Mais Justinien se garda d'inventer ou plutôt de restituer l'élection des magistrats.

C'est ainsi qu'il confia à des *préteurs* les provinces de Pisidie, de Lycaonie, de Paphlagonie; qu'il mit des *proconsuls* à la tête de l'Arménie intérieure (l'une des quatre Arménies), de la Cappadoce et de la Palestine; qu'il préposa des comtes (*comites*) à l'administration des départements d'Isaurie et d'Arménie troisième; enfin qu'il soumit à des *moderatores* les provinces d'Hélénopont et d'Arabie (1), et à un *dux* les deux Thébaïdes (2).

Dans tous ces départements, les gouverneurs avaient rang de *spectabiles* et joignaient à la qualité de *juges ordinaires* celle de *magistrats d'appel* (3). Ils reçurent en outre le pouvoir de commander des soldats. Le plus grand nombre avait le pouvoir militaire, comme les *legati* du temps d'Auguste; d'autres, au moins le proconsul de la Palestine et le *moderator Arabiæ*, ne commandaient que le contingent qui leur était expressément assigné, le reste des troupes de la province demeurant sous les ordres d'un *dux spectabilis militum*, indépendant du gouverneur, mais n'ayant en revanche aucune autorité sur les *pagani*, civils (4).

Du reste, aux termes de la Novelle 17, c. 4, § 2, tout *rector provinciæ* avait à sa disposition les cohortes sédentaires dans son département pour ce qui concernait un emploi légitime de leurs services, *ad ministerium justum*.

Nous avons indiqué plus haut une division des provinces en trois classes. Cette division ne semble pas être

(1) *Nov.* 24 à 32 ; 102; 103.
(2) Edict. XIII, *de Alex. et Ægypt. prov.*
(3) Vid. *dict. Nov.*
(4) Vid. *dict. Nov.* — L'empereur trouva que toutes ces réformes étaient dignes de lui et il décida que chacun des nouveaux gouverneurs joindrait le nom de Justinien au titre de sa charge : *prætor Justinianeus Pisidiæ, proconsul Justinianeus Cappadociæ...*, etc..., ibid.

demeurée identiquement la même ; car, d'après la notice qui accompagne la Novelle 8, les *provinciæ correctoriæ* sont confondues avec les *præsidiales* et viennent après les *consulares*.

Nous ferons observer, d'un autre côté, qu'au point de vue judiciaire et par rapport au pouvoir central, les provinces qui ont à leur tête des *spectabiles* sont qualifiées par les Novelles de *mediæ administrationes*, et alors celles qui sont gouvernées par des *clarissimi* (*consulares* ou *præsides*) sont les *administrationes minores* ou *ordinariæ*, de droit commun (1).

Les *judices ordinarii* ne recevaient pas, du moins en général, la délégation impériale pour statuer *vice sacra*, sur les appels d'autres gouverneurs (2).

Quelquefois, les textes ne distinguent que deux classes de juges, *majores* et *minores*. Dans ce cas, les juges provinciaux sont compris d'une manière générale dans la dernière classe (3).

Bien que les provinces romaines eussent été successivement amoindries jusqu'à Justinien par la politique impériale, elles constituaient encore des circonscriptions très-importantes ; on s'en fera une idée, si l'on veut se rappeler qu'à l'époque de la publication de la *Notitia dignitatum*, en 427, toute la Gaule ne comprenait que 17 provinces dont 6 avaient à leur tête des *consulares* et 11 de simples *præsides* (4).

Tous les gouverneurs, quels que fussent, d'ailleurs, leurs titres et leurs pouvoirs, étaient nommés par l'em-

(1) *Nov.* 7, *epil.* ; 17, *præf.*; 20, c. 3 ; 103, *præf.*
(2) *Nov.*, 20 ; 24 à 31 ; 103.
(3) *Nov.*, 7 epil. ; 90, c. 9.
(4) Pancir., Not. *imp. Occid.*, p. 7 — Bock., c. III, § 1, t. II.

pereur, et le décret de nomination à lui seul remplaçait le vote des comices ou du sénat et la loi curiate qui conférait l'*imperium* aux magistrats républicains; c'était naturel : le peuple n'était plus souverain, et le prince l'était devenu!

Les fonctions de gouverneur, du moins en principe, n'étaient pas vénales, et l'empereur Alexandre en donnait cette excellente raison qu'il faut que celui qui achète revende : « *necesse est ut qui emit vendat* (1). »

Cette délicatesse ne fut pas commune à tous les empereurs, et Justinien reprocha hautement à ses augustes prédécesseurs de l'avoir méconnue : « *Cum ex aliquo tempore imperatores semper aliquid lucrari ex proventu judicum cogitarent, et merito hos sequerentur gloriosissimi præfecti...* (2).

Comprenant les funestes effets de cette vénalité, principalement au point de vue de l'intérêt fiscal (3), l'empereur voulut remettre en vigueur les anciennes prescriptions contre les trafiquants de pouvoirs (4). Chaque titulaire dut attester par serment, suivant une formule pompeusement amendée par lui et reproduite dans sa Novelle 8, qu'il n'avait rien donné ni promis, à aucun titre, à des personnes en crédit, en vue d'obtenir sa fonction. Les contrevenants à cette disposition étaient punis de la restitution du quadruple et de la perte de leur emploi.

Le nouveau gouverneur jurait, en outre, d'être fidèle à l'empereur, à son épouse (*sacratissimis dominis nostris Justiniano et Theódoræ*) et à la foi catholique; d'employer

(1) Lamprid., *in Alex. Sever.*
(2) *Nov.* 8, *præfatio.*
(3) *Loc. cit.*
(4) Théod. et Valent., Cod. J., 6, *ad legem Jul. repet.*

tout son zèle et toute sa vigilance en vue d'assurer le recouvrement des impôts, etc., etc. (1).

D'ailleurs, il était obligé de déposer un cautionnement *de tributorum inculpabili exactione* (2). Il devait aussi, en recevant son brevet (*codicillos*), payer, *occasione consuetudinum* (3), certains droits aux trois *chartularii sacri cubiculi;* au *primiscerius notariorum*, chargé de tenir le registre, *laterculum*, où étaient inscrits les fonctionnaires, leur traitement, etc.; à son *adjutor*, et enfin à la *cohors gloriosissimorum præfectorum, pro jussionibus*.

Le tarif des droits est compris dans la Novelle 8 et dans d'autres constitutions (4) : si l'on veut jeter un coup-d'œil sur ces documents, on verra qu'ils ne justifient pas complétement cette prétention du législateur : « *Sancimus... gratis quidem sumere administrationes* (5). »

Nous ne parlerons pas de l'édit par lequel le nouveau magistrat annonçait son arrivée aux provinciaux (6); ni de l'itinéraire qu'il devait suivre (7); ni de sa réception, qui était enthousiaste (8); ni de son costume, qui était éclatant (9); ni des insignes de sa dignité, qui variaient avec son titre et son rang, mais comprenaient toujours le *cingulum* (10); ni des tournées qu'il devait faire dans sa province (11); ni de la défense qui lui était faite de

(1) *Nov.* 8, tit. III.
(2) *Nov.* 8.
(3) *Nov.* 8, c. 7.
(4) *Nov.* 24 à 31 ; 102 ; 103 ; Cod., *de off. præf. prætor. Africæ.*
(5) *Nov.* 8, c. 1.
(6) Dig., 4, § 3, *de off. procons.*
(7) *Ibid.*, 4, § 5.
(8) *Nov.* 8, c. 10.
(9) Tertullian., *de Idolatria ;* Cassiod., *Variar.*, VI, 21.
(10) *Nov.* 8 ; 24 à 31.
(11) Cod. Th., 5, *de off. rect. prov.*

loger chez les particuliers, afin qu'il fût intéressé à tenir les édifices publics en bon état (1); ni de la mission donnée au métropolitain ou au patriarche de dénoncer au prince les agissements du gouverneur qui pourraient être contraires aux instructions impériales (2); ni, enfin, de la conduite que ce dernier devait tenir vis-à-vis des administrés à son arrivée ou pendant la durée de ses fonctions. Les titres du Digeste *de officio proconsulis* et *de officio præsidis* contiennent sur ces derniers points des règles très-intéressantes, et nos ministres, dit M. Bonjean, y trouveraient le texte d'excellentes mercuriales pour leurs subordonnés (3).

Au surplus, certaines prohibitions dont l'origine n'était pas nouvelle avaient pour but de prévenir l'abus de pouvoir si facile aux magistrats provinciaux. Ainsi il était défendu au gouverneur : 1º de prêter à intérêt ou de faire le commerce (4); 2º d'acquérir à titre gratuit ou onéreux dans les limites de la province autre chose que des vêtements et des aliments (5); 3º de se marier ou de marier leurs fils à une femme de la province (6); 4º de célébrer des fiançailles obligatoires dans leur intérêt, pour eux, leurs fils, petits-fils, assesseurs..., etc. (7). La raison qu'en donne le Code Théodosien est que le *rector provinciæ potest esse terribilis* (8).

(1) Cod. J., 14, *de off. rect. prov.*

(2) *Nov. 8, docum. adj.*

(3) Vid., *in primis* Dig., *frag. Ulpian.*, 6, § 3 et 7, *de off. procons.*; — Dig., 19, *de off. præsid.*, etc. — Bonjean, *Traité des actions*, t. I.

(4) Dig., 33, *de reb. cred.* — Cod. Just., 3, *si certum petat.*

(5) Dig., 62, *de contrah. empt.* — Cod., 1, § 2, *de contract. judic.*

(6) Dig., 38 et 57, *de ritu nupt.*

(7) Cod. Th., 1, *si rect. prov.* — *Nov. Léon.*, 23.

(8) Cod. Th., 1, *si rect. prov.*

L'autorité d'un gouverneur de province ne cessait pas
pour la seule désignation de son successeur, il fallait que
celui-ci fût arrivé dans la province (1). Bien plus, les
actes que le remplacé avait faits dans l'ignorance de l'arrivée du remplaçant demeuraient valides (2).

Remarquons, d'ailleurs, qu'un *rector provinciæ* ne per-
dait pas son pouvoir par l'abdication de la magistrature (3), ce pouvoir lui ayant été conféré dans l'intérêt public, lequel ne peut dépendre des caprices d'un
particulier. Il fallait donc que la démission fût acceptée
par le souverain, qui était maintenant l'empereur.

Ajoutons quelques mots sur les auxiliaires du premier
magistrat provincial.

Nos sources pour la période que nous étudions parlent
encore des lieutenants du *proconsul :* la *Notitia dignitatum*
mentionne les deux *legati* du proconsul d'Afrique (4) ;
le Digeste renferme un titre *de officio proconsulis et legati*,
et le Code reproduit sous le même intitulé une constitution
de Constantin. L'on voit, du reste, que les proconsuls
n'étant plus que des fonctionnaires impériaux, leurs lieu-
lieutenants devaient être à peu près dans les mêmes
conditions que ceux des *præsides* sous l'empire du partage établi par Auguste.

Quant aux *legati* des autres gouverneurs, nos textes
n'en font plus mention ; nous observerons même que les
Novelles de Justinien qui créèrent en Orient de nouveaux
spectabiles sous les titres de *prætores, proconsules...*, ne

(1) Dig., 10, *de off. procons.*
(2) Dig., 17, *de off. præsid.*
(3) Dig., 20, *de off. præsid.*
(4) Pancir., *Imp. Occ.*, XLVII. — Bonjean, *Traité des actions*, t. I.

comptent pas les *legati* parmi les auxiliaires de ces magistrats (1).

Mais, aux termes de la Novelle 128, c. 20, il était permis à tout gouverneur, *avant de partir pour sa province*, de nommer des *vices agentes : « * Antequam vero in provincias veniant judices, damus eis licentiam *vices agentes* suos instituere, qui debeant omnia usque ad sui præsentiam agere, quæ possunt ipsi judices facere, citra tamen novissimum supplicium aut membri incisionem. » — Dès que les magistrats étaient dans leur province et en possession de leur gouvernement, il leur était défendu, sous peine d'amende, d'instituer des *loci servatores* (remplaçants) dans les cités commises à leur administration, sauf le cas où ils auraient reçu une mission du prince nécessitant leur éloignement : «... *si quis secundum nostram jussionem in aliam regionem mittatur* (2). »

La Novelle 134 alla plus loin et défendit d'une manière absolue à tout gouverneur *d'avoir des loci servatores, vicarii* ou *vices agentes*, si ce n'est pour des causes déterminées et en vertu d'un décret de l'empereur (3).

La centralisation n'avait cessé de progresser avec le despotisme impérial, et les particuliers n'avaient presque plus à s'occuper des affaires publiques (4). Justinien traduit avec une pompeuse naïveté cette situation politique de son temps, quand il écrit dans la préface de sa Novelle 8 : «... Pernoctantes et noctibus sub æqualitate dierum utentes, *ut nostri subjecti omni quiete consistant sol-*

(1) *Nov.* 24 à 31, 102; 103.

(2) *Nov.* 128, c. 20. — Il s'agissait de *legati* sous d'autres noms.

(3) Tit. *Nov.* 134, « ut nulli judicum liceat *habere* loci servatorem nisi certis ex causis *divina concesserit jussio.* » — *Nov.* 134, c. 2.

(4) *Nov.* 82; 128; 134.

licitudine liberati : NOBIS IN NOSMET IPSOS PRO OMNIBUS COGITATIONEM SUSCIPIENTIBUS !...» L'empereur prenait sur lui de penser pour tous ses sujets !

De même que la personnalité du prince absorbait tout dans l'Etat, de même la personnalité du gouverneur devait logiquement tout absorber dans la province ; aussi les Novelles accusent-elles énergiquement cette tendance (1).

On s'explique dès lors que les assesseurs (*adsessores*) et les employés (*officiales*), placés près des magistrats provinciaux, soient devenus des fonctionnaires publics sans acquérir aucune autorité propre.

— Les assesseurs (*adsessores*, *consiliarii*), auxiliaires des magistrats dans l'ordre judiciaire, avaient acquis ce caractère public sous les empereurs Sévères (2). Néanmoins, les gouverneurs avaient conservé le droit de les choisir eux-mêmes (3), et ils exerçaient ordinairement ce choix parmi les jurisconsultes.

Les assesseurs instruisaient les demandes, préparaient les réponses, les édits, les décrets, les rapports à faire par le magistrat (4); ils siégeaient à ses côtés aux audiences ; mais ils n'avaient que *voix consultative* (5); ils ne pouvaient signer les actes (6), et il était défendu aux gouverneurs, du moins en principe, de leur déléguer leurs pouvoirs et de s'abstenir de siéger dans les procès (7). Cependant, comme ils exerçaient une influence réelle, et

(1) Vid. *dict. Nov.*

(2) Dig., 4, *de off. ads.*; — 2, § 8 ; 4, *de extraord. cognit.* — Cod., 7, *de off. ads.* — Bonjean, *Traité des actions*, t. I.

(3) Cod. Th., 1, *de ads.* — Cod. J., 1, *eod. tit.*

(4) Frag. Paul., Dig., 1, *de off. ads.*

(5) Arg., Cod. J., 1, 2, 3, 12, 13, *de ads.* — *Nov.* 60, c. 2.

(6) Cod., 2, *de ads.*

(7) *Nov.* 60, c. 2, § 1.

d'autant plus décisive que le premier magistrat provincial était plus inexpérimenté, ils étaient responsables (1)
et soumis généralement aux mêmes prohibitions que les
gouverneurs (2).

— Les employés du gouverneur, désignés sous le nom
générique d'*officiales*, formaient ensemble ce qu'on appelait *officium* (3). Les *officiales* se répartissaient en bureaux, *scrinia*, pour l'expédition et l'exécution des affaires
administratives et judiciaires : ils portaient d'autres dénominations, *scriniarii, cohors, cohortales, cohortalini, mi-
litia cohortalis*. Ils formaient, en effet, une espèce de
milice, organisée à l'instar de l'armée, et leurs membres,
surtout les chefs, portaient des titres empruntés aux
grades militaires (4).

Parmi les officiers du gouverneur, nous citerons : 1° le
princeps officii (5), chef de l'office entier, comme nos secrétaires généraux de préfecture ; — 2° le *cornicularius*,
espèce de greffier en chef (6) ; — 3° le *primipilaris*, officier
chargé de distribuer des rations en vivres ou en argent
dues aux *cohortales* et aux soldats, de visiter les postes
publics... (7) ; — 4° l'*adjutor*, aide, qui avait la haute main
sur tout ce qui concernait l'exécution (8) ; — 5° le *commentariensis*, chargé de l'instruction criminelle et de la

(1) Cod., 3, *de ads.*

(2) Cod. Th., 5, *de iis quæ administ.*; ibid., 1, *si rect. prov.*

(3) *Nov.* 134, c. 4. — Cod. Th. et J., *passim.*

(4) Cod. Th. et Cod. Just., *de cohort. princ. cornic. ac primip.* — Cod.
Just., 12, *de off. rect. prov.* — Lydus *de Magist.*, III, 57.

(5) Cod. Th., 1, *de off. rect. prov.* ; ibid., 2, *de lucris officii* ; ibid., 3 et
6, *de princ. agent.*

(6) J. Godef., ad l. 10, Cod. Th., *de cohort.* — Cod. J., l. ult., *de div.
off.* — Sym., *Epist.*, 42, 1.

(7) Cod. Th. et Just., tit. *de cohort.* — Cod. Th., l. 6, *de div. off.*

(8) Pancir., *Imp. Orient.*, XII — J. Godef., ad l. 10, *de cohort.*

garde des prisons (1); — 6° les *actuarii* (notaires) qui écrivaient les actes destinés à faire foi en justice, testaments, donations... D'après M. Bonjean (2), l'*ab actis* était distinct de l'*actuarius* et remplissait au civil un rôle analogue à celui du *commentariensis* au criminel. Il avait la surveillance des avocats inscrits près le tribunal (3); — 7° les *numerarii* ou *tabularii*, au nombre de deux pour chaque province (4), officiers préposés au contrôle financier pour les deux branches d'administration, dont l'une formait le département ministériel du *comes* S. L. (5) et l'autre celui du *comes* R. P. (6).

Les *officiales*, à raison de leur influence réelle, étaient responsables comme les assesseurs (7). Le nombre des *assessores* avait dû varier suivant les temps et l'importance des provinces; il parait qu'en général, du temps de Justinien, chaque gouverneur n'avait qu'un *assesseur;* — quant aux *officiales*, ils furent toujours très-nombreux, surtout sous le règne de Théodose Ier : le *præses Illyriæ* en avait 100 (8), le *proconsul d'Afrique* 400 (9), le *comes Orientis* 600 (10). Du temps de Justinien, le nombre des officiers semble avoir été bien réduit : les nouveaux *spectabiles* institués par cet empereur en Orient n'avaient que 100 officiers (11).

(1) Cod. Th., arg. l. 1, *de custod. reor ;* ibid., l. 6. — Cod. Just., 4 et 5, *de cust. reor.*

(2) Bonjean, *Traité des actions*, t. I.

(3) Cod., 7, § 3, *de adv. div. jud.*

(4) Cod., 4, *de numerariis.*

(5) Cod., 4, *de numerariis;* 13, *de susceptor.*

(6) Pancir., *Imp. Or.*, XV. — J. Godef., ad Cod. Th., *de numer.*

(7) *Nov.* 134, c. 2, 4.

(8) Cod., 9, *de cohort.*

(9) Cod. Th , 6, *de off. proc.*

(10) *Ibid.*, 1, *de off. comit. Or.*

(11) *Nov.* 24 à 31.

Les *officiales* étaient inscrits sur un registre matricule (1).
Leur nomination et leur avancement ne dépendaient pas
exclusivement des gouverneurs, mais de l'empereur, chef
de l'administration générale (2). En cela leur condition
devait être moins précaire que celle de nos employés de
préfecture.

A un autre point de vue, ils étaient moins libres; car
ils ne pouvaient, sans une permission spéciale du prince,
aspirer à une autre condition (3), à moins qu'ils n'eussent
vingt-cinq ans de service (4); et quant à leurs enfants,
ils étaient fatalement affectés à la même carrière (5).

Au reste, cette interdiction de changer d'état s'appliquait dans un si grand nombre de cas qu'elle formait,
suivant la remarque de M. Serrigny (6), un des points
fondamentaux des institutions sociales sous l'Empire romain.

— Nous savons que, dès l'origine des provinces, la
garde du trésor y avait été confiée à un magistrat spécial. Il en fut de même dans cette dernière période. Le
comes S. L. avait pour subordonnés, dans les départements, des *præfecti thesaurorum* ou *rationales*. Ces fonctionnaires étaient administrateurs-trésoriers des revenus
publics et payeurs des dépenses (7). Ils avaient juridiction, en premier ressort, sur des matières fiscales, et sous
un autre nom, ils ne différaient guère des *procuratores*

(1) Cod. Th., 20, *de cohort.*
(2) Cod. Th., 1, 7, 21, 22, 23, *de div. off.* — Cod. J., 2, *de cohort.*
(3) Cod. Th., tit. *de cohort.*; ibid., 2, 3, 4, *de div. off.*
(4) Cod. Th., 14, *de privil. eorum qui;* ibid., 30, *de cohort.*
(5) Cod. Th., l. ult. et Cod. J., 12, *de cohort.*
(6) Serrigny, *Droit public et administratif romain.*
(7) Pancir., *Imp. Or.*, LXXIII. — M. Serrigny, *l. cit.*

Cæsaris de l'époque précédente (1). — Le nombre des *rationales* en Orient, du temps de la *Notitia dignitatum*, correspondait à peu près à celui des provinces. Il paraît qu'il était moindre dans l'empire d'Occident (2).

Les *rationales rei privatæ* remplissaient, sous le *comes R. P.*, des fonctions analogues à celles des *rationales sacrarum largitionum* (3). Leur nombre n'est pas fixé dans la *Notitia*. On voit seulement qu'il était assez considérable et proportionné aux besoins du service.

<h2 style="text-align:center">§ 3.</h2>

Tout l'Empire, depuis Dioclétien, était soumis à l'impôt foncier. L'Italie avait donc perdu un privilége qui, à la vérité, n'avait plus de raison d'être (4). Néanmoins, le *jus italicum* pouvait encore être maintenu ou concédé par le prince aux villes et aux territoires : c'est ainsi que Rome garda son ancien privilége, que Constantinople en fut gratifié (5). Mais depuis Justinien, qui soumit aux mêmes règles la propriété romaine et la propriété provinciale, le *jus italicum* ne comporta plus d'autre avantage qu'une exemption d'impôt (6).

Quant à la condition des personnes, on distinguait les *hommes dits libres*, dont la vie et les biens dépendaient

____

(1) Cod. Th., 28, 39, 40, 41, *de appell.* — Cod. Just., 5, *ubi causæ fisc.*

(2) Pancir., *Imp. Occ.*, XXXIV. — Bock., *Imp. Occ.*, p. 47.

(3) Cod. Th., *de bonis vac.* — Pancir., *Imp. Or.*, LXXXVII. — Serrigny, *l. cit.*

(4) Aurel. Victor, *de Cæsar.*, 39. — Serrigny, *l. cit.*, t. II.

(5) C. Th., l. unic., *de jure ital. Urb. C.*; 45, *de episc.* — Amm. Marc., XXXI, 14. — V. Dig., 4, 6, 7, 8, *de censibus.*

(6) Cod., l. unic., *de nudo jure quir. toll.*; ibid., l. unic., *de usucap. transf.* — Maynz, *Élém. de droit rom.*, t. I.

de la volonté de l'empereur, et les *colons* (1), espèce de serfs de la glèbe, tenant une situation intermédiaire entre les hommes libres et les esclaves qui étaient des choses.

— Les institutions municipales, dont nous avons déjà constaté la décadence à l'époque précédente, finirent par perdre, sous Constantin, leur caractère primitif pour dégénérer en charges intolérables (2).

Les textes proclament sans cesse que les décurions sont les nerfs et la force de l'Etat. C'est, en effet, sur eux et sur les magistrats pris dans le sein des curies, *duumviri, principales* et autres, que reposait le pivot de l'administration entière des provinces. Aussi, toute la législation des codes romains semble n'avoir qu'un but : maintenir les curies au complet, empêcher les décurions d'en sortir et d'aliéner leurs biens, afin de pouvoir les pressurer à loisir (3).

Les décurions avaient donc leur part de cette inextricable réglementation qui, sous le Bas-Empire, s'étendait à la plupart des professions et étouffait partout la liberté individuelle.

Nous indiquerons plus loin les principales relations des gouverneurs avec les curies ou sénats locaux.

---

(1) *Nov.* Valent., 9. — Cod. J., I. unic., *de colon. Thrac.*

(2) J. Godef., *Paratitl.*, ad tit. 1, *de decur.* — Bonjean, *Traité des actions*, t. I. — Ortolan, *Expl. hist. des Inst.*, t. I, 3ᵉ ép.

(3) Cod. Th. et Just., tit. *de decur.* — Serrigny, *l. cit.*

CHAPITRE II

ATTRIBUTIONS DU GOUVERNEUR.

Nous exposerons les principales attributions du gouverneur de province, du IVe au VIe siècle, en suivant la marche que nous avons tracée précédemment.

SECTION I.

JUS EDICENDI DU GOUVERNEUR.

Le *jus edicendi* du gouverneur ne fut pas supprimé sous l'Empire (1); mais, ainsi que nous l'avons fait remarquer, il avait singulièrement perdu de son importance du moins dans les matières qui touchent à la puissance législative. Cela se conçoit, on n'avait plus besoin de réunir les comices ni même le sénat pour faire la loi, il suffisait d'une simple réponse de l'empereur, et, d'ailleurs, le pouvoir impérial devait être trop jaloux de ses prérogatives pour partager avec d'autres un élément si capital de la souveraineté.

Tout le *jus edicendi* des gouverneurs dans cette troisième époque devait donc se réduire à certaines mesures réglementaires ayant pour objet l'exécution de la loi dans l'étendue de leur province.

Cependant, nous ne voyons pas qu'en matière judiciaire ils aient jamais été astreints, du moins pour la durée de leurs fonctions, à procéder par voie de dispositions spéciales et individuelles.

(1) Gaius, I, 6. — Dig., 4, § 3, *de off. procons.*; 1, *de off. adsess.*

SECTION II.

POUVOIR ADMINISTRATIF DU GOUVERNEUR.

Le gouverneur de cette troisième époque avait, au point de vue administratif, beaucoup de rapport avec nos préfets actuels. Il était, suivant l'expression de M. Serrigny, la grosse artère du pouvoir dans la province qu'il administrait au nom de l'empereur. « *Nec quidquam est in provincia quod non per ipsum expediatur* (1). »

§ 1. — *Finances.* — Le premier devoir du gouverneur avait pour objet l'assiette et le recouvrement de l'impôt. C'est celui qui est mentionné en ces termes dans la formule du serment : «... *Et primum quidem omne habebo studium ut fiscalia vigilanter inspiciam* (2). »

C'est celui que Justinien, dans son instruction générale aux gouverneurs, rappelle avec le plus d'énergie... « *Et festinare primum quidem fiscalia tributa exigi vigilanter, nihil diminuens circa curam publicam requirere, ne forte fiscus inde minuatur, et salvare ei undique quæ propria sunt* (3). »

En même temps, l'empereur recommande aux magistrats de conserver les mains pures afin qu'à l'avenir les contribuables puissent se libérer plus facilement (4).

Le mode de libération en argent n'avait cessé de faire des progrès; toutefois, une partie des impôts se payait encore en nature (5).

(1) Dig., 9, *de off. procons.* — Est ideo majus imperium in ea provincia habet omnibus post principem. (Dig., l. 8, *h. t.* ; conf., 4, *de off. præsid.*)

(2) *Nov.* 8, tit. III.

(3) *Nov.* 17, c. 1.

(4) *Dict. Nov.*

(5) Cassiod., *Var.*, XII, 22. — *Nov.* 128, c. 1. — *Nov.* 17, c. 8.

C'est ainsi que certaines régions comme l'Egypte, la Sicile..., livraient du blé et autres denrées pour les distributions gratuites à Rome, à Constantinople (1) et, plus tard, à Alexandrie (2) ; que les provinciaux fournissaient, pour être réunis dans les greniers ou magasins publics, les vivres et fourrages nécessaires aux armées (3) ; que des provisions de toutes sortes étaient rassemblées dans les maisons de postes pour les besoins de ces établissements : c'était même là un des objets spécialement recommandés à l'attention des gouverneurs (4), etc...

Les impôts se divisaient, comme chez nous, en deux grandes classes : les *impôts directs* et les *impôts indirects*.

Les premiers, tels que l'impôt foncier *(vectigal, tributum, annona, jugatio, capitatio terrena...)* (5) et l'impôt personnel-mobilier *(capitatio, capitatio plebeia)* (6), étaient réclamés aux contribuables à l'aide d'un rôle nominatif.

Les seconds, tels que les droits de douane ou d'octroi *(portoria, telonia)* (7), l'impôt sur le sel (8), les droits proportionnels sur les ventes *(venalitium)* (9), etc....., étaient perçus sans rôle nominatif, à l'aide d'un tarif de taxation.

(1) Cod. Th., 8 et 30, *de annona,* et le titre entier : *Tributa in ipsis speciebus inferri.*

(2) Edic. Just., XIII, c. 6, *de Alexandr.*

(3) Cod. Th., 14, 21, *de erog. mil.*

(4) Ita enim *judices* mansiones instruere et instaurare nitentur. (Cod. Th., 4, *de off. rect. prov.*; 9, *de ann. et trib.*).

(5) Cod. Th. et J., tit. *ann. et trib.*— Cod. Th., 8, *de censu ;* 6, *de conlat. donat.* — Cod. J., l. unic., *de colon. Thrac.*

(6) Cod. Th., 2, *de censu.* — Cod. J., *de capit. civ.* — Cod. Th., 6, *de collat. donat.* — Cod. J., *de colon. Thrac.*

(7) Cod. Th., *Interp.,* 1, *de vectig. et com.* — Cod. J., 5, *et passim, de vectig.*

(8) Cod. J., 11, *de vectig.*

(9) Cod. J., 4, *de prox. sacr. scr.*

A un autre point de vue, les charges publiques se divisaient : en *impôts de répartition,* dont le chiffre pouvait être fixé d'avance, et en *impôts de quotité,* dont le total ne pouvait être connu que par l'addition des quotités recouvrées, d'après une base écrite dans la loi (1).

L'impôt foncier, qui grevait généralement tous les fonds non dotés du *jus italicum,* était un impôt de répartition (2); il en était de même de l'impôt personnel mobilier (3), qui frappait les personnes d'une condition inférieure, hommes libres ou colons, possesseurs ou non possesseurs de biens fonds (4).

Le montant des impôts à percevoir était fixé, chaque année, par une délégation de l'empereur (5). La délégation, appelée aussi *indictio* (6), était adressée au mois de juillet ou d'août aux préfets du prétoire, pour les diocèses contenus dans leur gouvernement (7).

Le préfet du prétoire faisait opérer dans ses bureaux une répartition entre les provinces confiées à son administration (8).

Cette répartition avait lieu d'après les bases adoptées

(1) Serrigny, *Droit public et administratif romain,* t. II.

(2) Dig., tit. *de censibus.*

(3) Arg. Dig., 3, 4, § 5, *de censibus.*

(4) Cod. Th., 3, *de protost.;* 36, *de decur.;* 6, *de censu.* — Cod. J., 4, *et passim, de agric. et censit.; l. unic., de capit. civ.* — Serrigny, *l. cit.*

(5) Cod. Th., 1., *de ann.* — Cod. J., 4, *h. t.*

(6) Cod. Th., 3, *de ann.* — Le mot *indictio* désignait également l'année financière (Cod. Th. et Cod. J., *de indict.*).

(7) Cod. Th., 8, *de extraord.* — *Nov.* 128, c. 1.

(8) « ..... Declarantes (les préfets du prétoire) quantum unicuique provinciæ sive civitati pro unoquoque *jugo,* aut *villis,* aut *centuriis,* aut *alio quolibet,* tam in specie quam in auro, fiscalium causa imminet : indicantes quoque specierum æstimationem secundum numerum in unoquoque loco tenentem, et quicquid ex his in arcam inferri aut in unaquaque dari aut expendi opportet... » (*Nov.* 128, c. I.)

par le cens ou cadastre (1). Les unités cadastrales, qui
servaient de bases à la fixation des contingents, variaient
de nom, de contenance et de valeur suivant les diverses
provinces (2); ce qui n'empêchait pas d'observer l'égalité
proportionnelle, en tenant compte de cette diversité de
valeur. On voit, d'ailleurs, par le texte de la Novelle 128,
que les contingents indiquaient les impôts payables en
argent et ceux payables en nature, et que l'on désignait
les quantités qui devaient être versées dans le trésor
public et celles qui devaient être laissées et employées
dans les provinces.

Chaque préfet du prétoire faisait parvenir aux gouverneurs sous ses ordres le mandement du contingent afférent
à la province, et ceux-ci devaient en faire opérer la répartition entre les cités de chaque province dans les mois
de septembre et d'octobre (3). Ces délégations particulières étaient publiées et affichées pour les porter à la
connaissance des contribuables de chaque cité (4).

Entre ces derniers, l'assiette et la répartition des impôts ordinaires étaient faites, toujours en observant l'é-

(1) Le cens était dressé, sur les déclarations estimatives des contribuables
eux-mêmes, par des fonctionnaires impériaux, *censitores*, sous le contrôle
d'autres agents, appelés *péréquateurs* et *inspecteurs* (Dig., tit. *de censibus.*
— Cod. Th., tit. *de censitorib., peræquat. et inspector.*). — Les opérations
du cens, qui sous la République étaient révisées tous les cinq ans, ne le furent
sous l'Empire que tous les dix ans, puis tous les quinze ans. La période entre
chaque révision était appelée *cycle des indictions* (Dig., 4, *de censib.* —
Cod. Th., 2, *de leg. et decr.*, et ibid. J. God.). — Une constitution d'Honorius déclara perpétuelle la péréquation faite par l'inspecteur Agapius (Cod.
Th., 13, *de censitor.*).

(2) Vid. *Nov. cit.*

(3) *Nov.* 128, c. 1

(4) Cod. Th., 3 et 4, *de indict.*

galité proportionnelle, par les principaux décurions de la localité (1).

Outre les impôts ordinaires, *indictiones*, il y avait les impôts extraordinaires, *superindictiones, extraordinaria munera* (2).

En principe, l'empereur seul avait le droit d'établir des impôts ordinaires et extraordinaires (3).

Toutefois, dans les cas d'urgence et de nécessité absolue, le préfet du prétoire pouvait imposer une indiction extraordinaire, à charge d'en rendre compte à l'empereur pour obtenir son approbation (4).

Les impôts extraordinaires n'étaient pas, comme les contributions ordinaires, assis et répartis entre les contribuables par les décurions, mais par les gouverneurs ou par des commissaires délégués par eux, dans la crainte, disent les textes, que les faibles ne fussent écrasés par les puissants (5).

Il y avait un grand nombre de personnes exemptes de ces impôts extraordinaires (6) : ce qui facilitait aux hommes influents le moyen d'étendre les catégories de ces exemptions, sous le prétexte plus ou moins spécieux qu'ils devaient y être compris (7).

(1) Cod. Th., 1, 13 et 33, de *ann.*; Cod Th., de *his quæ admin.*; 117, de *decur.* — Cod. J., 40, de *decur.* — Salvian., V, c. 4, de *Gubern. Dei.* — L'impôt des patentes (*lustralis coulatio*) était assis, réparti et perçu par les commerçants eux-mêmes ou par leurs délégués. (Cod. Th., 4 et 17, de *lust. coulat.*)

(2) Codes Th. et J., de *superindict.* — Cod. Th., de *extraord.*

(3) Cod. Th. et J., de *superindict.* — Dig., 10, de *publican. et vectig.* — Cod. J., 2, de *vectig. nov. inst.*

(4) Cod. Th., 7 et 8, de *extraord.*

(5) Cod. Th., 3 et 4, de *extraord.*

(6) V. l'énumération dans J. God., *Paratitl.*, ad *h. t.*

(7) Serrigny, *l. cit.*

— Les réclamations individuelles contre l'assiette des impôts se portaient d'abord par voie administrative devant les *censitores* (1), qui étaient chargés de les apprécier. Le recours avait lieu devant les juges ordinaires, *judices* ou gouverneurs, sauf le pourvoi au préfet du prétoire (2).

Quant aux réclamations collectives intéressant une province ou une cité, elles étaient réservées à l'empereur, qui statuait après l'envoi sur place, s'il y avait lieu, d'un inspecteur ou d'un péréquateur, et sur le rapport du préfet du prétoire (3).

Il y avait, au reste, au droit romain, des dispositions analogues à celles qui forment, chaque année, l'article final de notre loi des finances, c'est-à-dire une défense d'exiger aucun impôt irrégulièrement établi, à peine d'une action en restitution, qui était de la compétence des juges ordinaires (4), et d'une peine grave, l'exil perpétuel (5).

— Le recouvrement des impôts s'opérait toujours soit par la voie du bail à ferme et l'intermédiaire des *publicani*, soit directement par des collecteurs agissant au nom de l'État ou de l'empereur (6).

Le premier mode continuait à s'appliquer principalement aux contributions indirectes, mais la durée des baux avait été réduite à trois ans (7). — Les impôts directs ordinaires étaient recueillis suivant le deuxième

(1) Dig., 4, § 1, *de censib.* — Cod. J., 2, *de alluv.*

(2) *Nov.* 128, c. 7; *Nov.* 17, c. 8, § 1.

(3) Cod. J., 1, ult., *de ann. et tribut.*

(4) Cod. J., 3, *de vectig. nov. inst. non posse.*

(5) Cod. J., 4, *h. t.*

(6) Dig , tit. *de publican. et vectig.* — Cod. J., 4, *de vectig.;* ibid., *de suscept.*

(7) Cod. J., 4, *de vectig.*; 1, pr., *quod cujusc. univ.*

mode. Les collecteurs, appelés *susceptores, exactores...*, étaient élus annuellement par les décurions, qui répondaient pécuniairement de leur choix (1).

Ces nominations étaient ensuite notifiées au *judex* de la province, afin qu'il pût surveiller leur gestion (2).

Suivant M. Serrigny, il y avait, en outre, dans chaque province, deux *susceptores* ou *collecteurs généraux*, à chacun desquels correspondait un *tabularius* de l'*officium* du gouverneur (3).

Celui des deux qui percevait les revenus du domaine du prince était nommé par le *comes* R. P.; celui qui recueillait les impôts publics était choisi *in celeberrimo cœtu curiæ* (4). Mais quel est le sens de ces derniers mots? D'après M. Serrigny, c'était une réunion de délégués *(legati)* de chaque curie au chef-lieu de la province. Il y avait, en effet, dans chaque province, des réunions (*cœtus, concilia*) soit ordinaires ou annuelles, soit extraordinaires (5), comme les sessions de nos conseils généraux.

Ces assemblées existèrent particulièrement dans le midi de la Gaule. Leur rôle ne paraît pas avoir été bien important : il se borna, sans doute, à faire les nominations dont nous venons de parler, à prêter un certain concours au gouverneur, à émettre des avis sur l'administration locale et à formuler des vœux ou des compliments qu'elles

(1) Cod. Th., 20 et Cod. J., 8, *de suscept.*; Cod. Th., 1, 8, 9, 20, *h. t.*

(2) Cod. Th., 20 et Cod. J., 8, *h. t.* — Il paraît qu'Anastase avait remplacé les collecteurs nommés par les curies à des agents impériaux, *vindices*, dont Justinien parle encore dans les Novelles. Mais, sur ce point, comme sur tant d'autres, il n'y eut pas d'uniformité dans l'Empire. (Evag., *Hist. eccl.*, III, 42. — *Nov.* 128, c. 5; 134, c. 2.)

(3) Cod. Th., 30 et Cod. J., 13, *de suscept.*

(4) Cod. Th., 20 et Cod. Just., 8, *de suscept.*

(5) J. Godef., *Paratilt. ad Cod. Th.*, tit. *de leg. et decr.* — M. Serrigny, *loc. cit.*

faisaient parvenir au prince par des délégués spéciaux (1).

Les deux *susceptores* de chaque province agissaient sous le contrôle des *tabularii*, officiers du gouverneur.

Comme les impôts étaient exigibles par tiers, en janvier, mai et septembre (2), des états de recouvrement devaient être adressés, tous les quatre mois (*breves quadrumenstrui*), au préfet du prétoire (3). Celui-ci, en comparant ces états avec les *délégations* adressées aux *judices*, pouvait s'assurer si, dans chaque province, les recettes cadraient avec le montant des impôts assigné à la province. Il faisait ainsi l'office de contrôleur général des finances (4).

Les fonds recueillis entraient, selon leur provenance, dans la caisse du *rationalis* S. L. de la province, ou dans celle du *rationalis* R. P.; et ils ne pouvaient en sortir que sur le mandat de l'un des ordonnateurs généraux, *nisi jussione sublimium potestatum*, c'est-à-dire des *comites* S. L. et R. P., des préfets du prétoire..., agissant chacun dans la sphère de ses attributions (5).

Les trésoriers de la province faisaient parvenir au trésor central tout ce qui n'était pas affecté aux dépenses publiques dans cette province, et employé dans la limite des ordonnances délivrées par les autorités compétentes (6).

(1) Cod. Th., 1, 3, 4, 6, 14, 16, *de legatis.* — Maynz, *Elém. de droit rom.*, t. I. — Laferrière, *Histoire du droit*, t. II. — Fauriel, *hist. de la Gaule mérid.*, t. I. — Il y avait aussi des assemblées par régions et par diocèses (*loc. cit.*).

(2) Cod. J., 13, *de ann. et tribut.*

(3) Cod. Th., 173, *de decur.*; 27, *de suscept.* — Cod. J., 1, *de apoch. public.*

(4) Cod. Th., *h. t.*

(5) Cod. Th. et Cod. J., 2, *de his quæ ex publ. coll.* — Serrigny, *loc. cit.*

(6) Cod. 1, *de canone largit. tit.*; — 2 et 3, *de his quæ ex publ. coll.*

Nous avons dit que les impôts étaient exigibles par
tiers à des époques déterminées : si les contribuables ne
s'exécutaient pas, le gouverneur leur envoyait des agents
de recouvrement, *apparitores, ducenarii, centenarii* (1).
Les biens meubles et immeubles des redevables en demeure de se libérer, pouvaient être mis en vente (2). Ces
ventes avaient lieu en vertu d'un simple ordre du *judex*
ou gouverneur, sur la demande de ceux qui étaient responsables du recouvrement de l'impôt (3). L'adjudication
devait se faire publiquement, *sub hasta*, et avec concurrence (4).

En cas de retard dans le recouvrement provenant de
la négligence du gouverneur ou de ses employés, le préfet
du prétoire ou son vicaire pouvait leur envoyer des gar-
nisaires pour les contraindre au paiement de l'arriéré,
sauf leur recours contre les contribuables (5).

On voit quel énergique système de garanties protégeait
les intérêts du fisc : garanties contre les biens des redevables, contre les collecteurs, contre les décurions qui les
nommaient, contre les gouverneurs et leurs employés
chargés de surveiller la rentrée des impôts... Tout cela
prouve une chose : la difficulté d'opérer les recettes.

Du reste, au milieu de ce cortége de garanties, le droit
romain n'admettait pas, en principe, la contrainte par
corps. « Nemo carcerem plumbatarumque verbera aut

(1) Cod. Th. et Cod. J., 1, *de exact.*; — Cod. J., 7, *h. t.*

(2) Cod. Th., 5 et 16, et Cod. J., 2 et 7, *de exact.*

(3) Cod. Th., 2, *de distrah. pign.*

(4) Ibid., l. 1 et 2.

(5) Cod. Th., 16, et Cod. J., 7, *de exact.* — V. Cod. J., 9, *h. t.* — Ce
mode d'exécution à l'aide d'agents appelés *compulsores* fut aboli par Justinien (*Nov.* 128, c. 6).

pondera aliaque ab insolentia judicum reperta supplicia...
ab iratis judicibus expavescat (1). »

Mais cette constatation de l'insolence des *judices*, cette
défense portée au Code Théodosien, répétée au Code Justinien, d'employer les violences et les tortures contre les
redevables, est l'aveu le plus clair des abus qui se com-
mettaient dans la pratique.

Il n'est pas jusqu'aux remises et réductions d'impôts
que les empereurs accordaient fréquemment soit à l'uni-
versalité des contribuables, soit à certaines corporations,
soit à certaines provinces, qui n'accusent la triste situation que le despotisme avait faite aux populations de
l'Empire (2).

Honorius, en 395, fut obligé de dégréver la province
de Campanie, autrefois si fertile, de 528,042 jugères (3),
et de faire brûler comme inutiles les matrices de rôles qui
en contenaient la description (4).

Alexandre Sévère avait pu réduire les impôts au vingtième, puis au trentième de ce qu'ils étaient sous Hélio-
gabale (5) ! — Julien, n'étant encore que César dans les
Gaules, trouva les provinces grevées de 25 pour 1000, et
à son départ, il laissa les impôts réduits à 7 pour
1000 (6).

Que penser, demanderons-nous avec M. Serrigny, d'un
régime sous lequel un prince méchant et prodigue peut

(1) Cod. Th., 3, et Cod. J., 2, *de exact.*
(2) Cod. Th., 1, 2, 3, 5, 6, 8, 9, 15, 16, 17, *de indulg. debit.*
(3) Le jugère des anciens équivaut à 25 ares 28 cent. — V. Dureau de la
Malle, *Econ. polit. des Romains*, t. I.
(4) Cod. Th., 2, *de indulg. deb.*
(5) Lamprid., *in Alex. Sev.*, c. 39. — Serrigny, *l. c.*
(6) Amm. Marc., XVI, c. 5. — 7 pour 1000 du capital.

quadrupler..., trentupler les impôts qui suffisent à un chef d'Etat sage et raisonnable?...

§ 2. — *Force publique.* — Le service militaire n'était pas la moins pesante des charges qui grevaient les populations de l'Empire. Sous la République, l'obligation du service militaire atteignait directement les personnes qui réunissaient les conditions déterminées d'aptitude (1).

Depuis l'Empire, le recrutement devint principalement un impôt réel qui obligeait les personnes y assujetties *pro viribus patrimoniorum* (2), tantôt à fournir des soldats, *tirones,* en chair et en os, et tantôt des espèces monnayées, *aurum tironicum,* selon qu'il plaisait au prince de demander des hommes ou de l'or : « Ce changement, dit M. Serrigny dans son excellent traité sur le droit administratif du Bas-Empire, s'explique comme tout le reste, par la transformation du principe politique. Sous le gouvernement républicain, la chose publique, *res publica,* étant l'affaire de tous les citoyens, tous avaient intérêt à défendre l'Etat en proportion des avantages qu'ils en retiraient : il était juste et naturel que les riches fussent appelés, au moins autant que les pauvres, à faire le service militaire. Sous l'Empire, le chef de l'Etat étant devenu seul maître, les sujets se sont désintéressés, comme cela arrive toujours, d'un ordre de choses qui leur profitait peu ou point et dans lequel ils n'étaient rien ; ils cher-

(1) Veg., I, 4. — Polyb., VI, 4.

(2) Cod. Th., 7, *de tironib.* — Ceux qui n'étaient pas assez riches pour fournir un conscrit étaient réunis à d'autres pour supporter cette charge en commun (Cod. Th., 14, *de extraord. sive sord. muner.*). — Le service militaire était exceptionnellement une charge personnelle pour les fils de militaires et de vétérans, et pour tous les hommes libres, quand il s'agissait de repousser une invasion (Cod. Th., 6, et 10, *de filiis mil. appar.* ; 2, *de veteran.* ; 17, *de tironib.*).

7

chèrent donc à fuir les charges sociales et aimèrent mieux défendre l'Etat de leur bourse que de leur personne. Ce changement plaisait au prince, car le gouvernement n'était que l'art de prendre le plus d'or possible aux sujets, pour satisfaire les passions du despote et de ses satellites (1). »

Le contingent à fournir dépendait de la volonté de l'empereur et se formulait par un simple ordre, *jussus* (2).

Le service militaire étant, d'ailleurs, une charge réelle, basée sur le même principe que l'impôt foncier et l'impôt personnel mobilier, l'assiette et la répartition du contingent en hommes et en argent devaient avoir lieu dans des formes analogues à celles suivies pour ces deux impôts. Au dernier degré de la répartition, nous trouvons donc encore les chefs des curies. Ces derniers, accoutumés à faire l'assiette des impôts ordinaires, offraient, en effet, les plus sérieuses garanties à l'Etat, soit pour exécuter l'opération en connaissance de cause, soit pour répondre du déficit résultant des vices de la répartition, selon la règle ordinaire de la responsabilité pécuniaire admise dans la législation romaine (3).

Les opérations de la révision (*delectus*), auxquelles les décurions devaient assister, se faisaient sur l'ensemble des appelés (4), tandis que chez nous, pour l'armée proprement dite, il se fait dans l'ordre dés numéros obtenus par un tirage au sort qui précède la révision.

(1) Serrigny, *Droit public et administratif romain*, t. II.

(2) Veg., II, 5. — V. aussi Dig., 3, *ad leg. Jul. majest.*

(3) Cod. Th., 1, 3, 4, *de protostasia*; ibid., 7, *de tiron.* — Cod. J., 8, *de munerib.*, et *ibi* Cujas. — Serrigny, *Droit public et administratif romain*, t. II.

(4) Veg., *de Re mil.*

Pour le service militaire, il y avait des exclusions, existant principalement contre les esclaves (1); il y avait aussi des exemptions au profit de ceux qui jouissaient d'une grande faveur ou d'un grand crédit : c'étaient, par exemple, les titrés du rang de *clarissimi* et d'un rang plus élevé (2).

Nous ne rappellerons pas ici ce que nous avons dit sur la séparation du pouvoir civil du commandement militaire depuis Constantin, et sur les exceptions à ce principe introduites notamment par Justinien.

Quels que fussent, d'ailleurs, les errements suivis à cet égard, l'établissement du contingent, comme le service de l'annone militaire (*annona militaris*), restèrent dans le département des préfets du prétoire et de leurs subordonnés, vicaires, gouverneurs (3)... C'était une attribution bien entendue; car le préfet du prétoire, ministre de l'administration générale et contrôleur des finances, était le mieux placé pour mesurer les forces des contribuables de son gouvernement. Son intervention préférée à celle d'un *magister militum* était, du reste, une garantie (autant qu'il peut y avoir des garanties sous un régime despotique), si l'on considère la tendance qu'ont, en général, les militaires de profession à favoriser leurs hommes ou leur caste aux dépens des *pagani*, des *péquins*, comme ils disent aujourd'hui.

La partie des charges publiques consacrée aux besoins de l'armée se payait généralement en nature (4), contrairement à ce qui a lieu dans nos Etats modernes.

(1) Dig., 11, *de re militari.*
(2) Cod. Th., tit. *qui a præb. tiron. et equor. excus.*
(3) Cod. Th., 3, 24, 26, et *passim, de erog. mil. ann.* —Cod. Just., *eod. tit.* — Cod. Th., *de quadr. brevib.*
(4) Cod. Th., 3, et Cod. J., 2, *de milit. veste*; ibid., tit. *de erog. mil. ann.*

§ 3. — *Police.* — Le gouverneur était toujours, dans son département, le chef de la police administrative et judiciaire, et son autorité à ce double point de vue s'était même considérablement augmentée sous l'influence du régime monarchique (1).

Nous avons déjà constaté qu'il disposait des cohortes sédentaires dans la province pour ce qui concernait un emploi légitime de leurs services.

Mais, de plus, il avait ici pour auxiliaires des *stationarii* (2), détachement de soldats ayant beaucoup d'analogie avec nos brigades de gendarmerie actuelles; des *beneficiarii* (3), recrutés parmi les militaires retirés du service régulier; des *speculatores* (4), agents de la police secrète. L'espionnage, supprimé avec la royauté, avait, en effet, reparu sous le triumvirat d'Octave, d'Antoine et de Lépide, et s'était développé, sous l'Empire, sur une très-vaste échelle (5).

Les officiers municipaux, *duumviri, defensores, irenarchæ...*

(1) Près du prince, le maître des offices, renseigné sur ce qui se passait jusqu'aux extrémités de l'Empire par des envoyés spéciaux, *agentes in rebus et curiosi* (gens très-mal famés), centralisait la police administrative ou préventive, mais pas exclusivement. Les préfets du prétoire, supérieurs hiérarchiques des gouverneurs de province, avaient aussi entre les mains, outre la police judiciaire, une partie importante de la police administrative. A Rome et à Constantinople, le préfet de la ville, qui avait pour subordonné le *præfectus vigilum* (sorte de préfet de police et de commandant des pompiers), remplissait un rôle analogue pour chacune de ces capitales. Les rapports des préfets du prétoire et ceux du préfet de la ville servaient à contrôler ceux du maître des offices et réciproquement; il y avait police et contre-police, « ce qui, fait observer M. Serrigny, est le comble de l'art en cette matière. » (Serrigny, *loc. cit.*)

(2) Cod. Th., 5, *de cohort.* — Tertul., *Apolog.*, c. 2.

(3) Cod. Th., 5, *de cohort.*

(4) Cod. Th., 16, *h. t.*

(5) Denys d'Halic., *Ant. Rom.*, IV, 43. — Dio Cass., XLII, 17. — Amm. Marcel., XIV, 1. — Naudet, *De la Police chez les Romains.*

étaient aussi des auxiliaires des *judices* pour la police préventive et répressive (1).

Comme chargé de la police administrative, le gouverneur devait : veiller à la conservation des édifices de l'Etat, des routes, des fleuves et rivières, des ports et autres lieux publics, et maintenir la facilité de circulation par terre et par eau (2); — prévenir les séditions et faire régner *pacem Dei* en observant l'équité entre les sujets du prince (3); — ordonner, d'office, le placement dans un lieu de détention des personnes atteintes de folie furieuse, *furiosi*, si leurs proches étaient hors d'état de les contenir (4); — garder les lieux de détention et se faire présenter tous les trente jours par le *commentariensis* le nombre des prisonniers, l'espèce des délits, la date de l'entrée en prison et l'âge des détenus (5); — empêcher qu'aucune association ou réunion politique ou autre ne se formât sans autorisation préalable (6); — surveiller les théâtres (7)..., etc.

On connaît les mots de Juvénal :

> ..... Duas tantum res auxius optat
> Panem et circenses. (8).

(1) Cod. Th., 5, *de exhib. et transm.*—Cod. J., 7, *de defens.*; ibid., 1, *de iren.*

(2) Dig., tit. *Ne quid in loco publ.*;—*de flumin. publ. : ne quid in flum. fiat quo pejus navig.*, et tit. *seq.* — Inst., princ. et § ult., *de interd.* — Cod. J., 4, *de interd.* — Dig., 7, §§ 2 et 9, pr., *de off. procons.*; ibid., 11, *de off. præsid.*

(3) *Nov.* 17, c. 2.

(4) Dig., 13, §§ 1 et 14, *de off. præsid.*

(5) Cod. Th., 6, et Cod. J., 5, *de cust. reor.*

(6) Arg. Dig., 3, § 1, *de colleg.* — Dig., 1, *quod cujusc. univ.* — Jules César et Auguste s'étaient empressés de dissoudre toutes les nouvelles associatiohs. (Suet., *Cæs.*, 42 ; id., *Aug.*, 32.)

(7) Cod. Th., 1, 2, 3, 4, *de spect.*

(8) Juv., *Sat.* X, 80.

Ce que le satyrique appliquait au Romain dégénéré de son temps fut vrai de l'habitant de Constantinople, et en général, des sujets du Bas-Empire.

Dès lors, les jeux publics devenaient un *instrumentum regni*, et il était recommandé aux gouverneurs de ne pas négliger ce moyen de capter la faveur populaire (1).

Ces fêtes étaient données par le magistrat aux frais des contribuables (2); quant aux prêtres du paganisme, ils devaient aussi célébrer des jeux, mais c'était avec leurs propres ressources (3).

§ 4. — *Travaux publics*. — Les travaux publics, soit nationaux, soit municipaux, ont joué un grand rôle dans le monde romain, avant et après Auguste. Outre ces voies admirables qui ont résisté à l'effort destructeur des siècles, les Romains construisaient des ponts, des maisons et étables pour les relais de poste, des places de guerre, des ports, des phares, des cirques, des aqueducs, des bains publics, des temples, des hôpitaux, des prisons, etc.

Le droit d'ordonner des travaux neufs, aux frais du public, *sumptu publico*, était réservé à l'empereur (4), et si des travaux étaient indûment commencés, ils devaient être exécutés aux frais de ceux qui les avaient ordonnés (5). D'ailleurs, même les simples particuliers avaient conservé sous l'Empire le droit d'entreprendre, sans autorisation préalable, mais alors, à leur propre compte, *sumptu privato*, des travaux pour l'usage public, « *præter quam*,

(1) Cod. Th., 2, *de expens. ludor*,
(2) Ibid.
(3) Ibid., et 20, *de paganis*.
(4) Cod. Th., 37, et Cod. J., 13, *de operib. public.*
(5) Cod. Th., 31, et Cod. J., 5, *h. t.*

ajoute le texte, *si ad æmulationem alterius civitatis per-
tineat, vel materiam seditionis præbeat, vel circum, theatrum,
vel amphitheatrum sit* (1). »

Quand l'empereur avait décrété la confection des travaux, il n'était pas permis aux *judices* de faire démolir,
sans une autorisation spéciale, aucune maison d'une valeur supérieure à cinquante livres d'argent (2) : cela suppose que l'expropriation pour cause d'utilité publique
existait en droit romain (3).

Nous ajouterons que pas plus sous les empereurs romains
que sous notre ancienne monarchie, la faculté d'expro-
prier, aux mains du pouvoir social, n'était accompagnée
de ces garanties des droits individuels nées depuis et con-
signées notamment dans la loi du 3 mai 1841. Nous pensons avec M. Serrigny que tout se faisait en vertu de
l'*imperium* inhérent au pouvoir du prince et des *judices*
ou gouverneurs qui le représentaient (4).

Le soin de faire exécuter les travaux publics autorisés
appartenaient, dans Rome et Constantinople, au magistrat ou *judex* principal, qui était le préfet de la ville, et
dans les provinces, aux gouverneurs (5). Toutefois, l'exécution des travaux militaires était placée dans les attributions
des *duces rei militaris*, principalement sur les frontières (6).

Quant aux ouvrages vieux ou inachevés, les *judices* pouvaient et devaient les rétablir ou les continuer sans
demander aucune autorisation (7).

(1) Dig., 8, *de operib. public.*
(2) Cod. Th., 30, et Cod. J., 9, *h. t.*
(3) V. aussi Front., *de Aquæd.*, c. 128.
(4) V. *Lex imperii Vespas.* — Serrigny, *l. c.*
(5) Cod. Th. et Cod. J., *tit. de operib. publ.*, *passim.*
(6) Cod. Th., 13, *h. t.*
(7) Cod. Th., 11, et Cod. J., 5, 7 et 22, *h. t.*

Il leur était recommandé, d'ailleurs, de ne pas commencer de nouveaux ouvrages avant d'avoir achevé ceux en cours d'exécution, ou relevé ceux tombés en ruines, à moins qu'il ne s'agit de constructions urgentes et nécescessaires (1).

Les *judices* étaient secondés par des *curatores operum publicorum*, espèce d'architectes ingénieurs, qui étaient responsables et traitaient avec des entrepreneurs également responsables.

Cette responsabilité durait, pendant quinze ans, à partir de l'achèvement des travaux, et se transmettait dans la même limite, aux héritiers (2).

L'autorité compétente pour statuer sur le contentieux naissant à ce sujet entre les parties intéressées était le *judex* ou gouverneur (3).

D'après une constitution du Code Théodosien, les inspecteurs étaient envoyés par le prince dans les différentes parties de l'Empire pour visiter les travaux publics, faire des rapports sur leur état, et, s'il y avait lieu, sur la négligence ou la corruption des gouverneurs chargés de les faire exécuter. Ils devaient appeler l'attention du chef de l'Etat sur les objets d'une importance majeure (4).

— Quant à la manière dont les dépenses étaient supportées, il y avait à distinguer, entre les travaux nationaux et municipaux. Les premiers étaient, du moins en principe, construits aux frais du trésor public; tels étaient les travaux des grandes routes, *viæ regales*, *viæ consulares*, *prætoriæ* ou *militares* (5). Les seconds res-

(1) Cod. Th., 3, 21, 29, et Cod. J., 22, *h. t.* — Cod. Th., 18, *h. t.*
(2) Dig., 2, § 1, *de operib. public.* — Cod. Th., 24, et Cod. J., 8, *h. t.*
(3) Dig , 2, § 1, *de operib. public.*
(4) Cod. Th., 2, *de operib. publ.* •
(5) Tit.-Liv., IX, 43; X, 23, 47. — Diod. de Sicile, XX, p. 773. — Gruter, p. 152.

taient à la charge des cités et des localités, comme les *viæ vicinales* (1). Cette différence ne paraît pas avoir existé à l'égard des frais d'entretien et de réparation : ainsi, nous voyons dans une constitution du Code Théodosien, reproduite au Code de Justinien, qu'il y était pourvu au moyen d'impositions locales, comme nos centimes additionnels : « ... Per Bithyniam ceterasque provincias *in reparatione publici aggeris* et *cæteris hujusmodi muneribus, pro jugerum modo vel capitum,* quæ possidere noscuntur, dare cogantur (2). »

Parfois, les constructions elles-mêmes étaient mises directement à la charge des provinciaux et des cités; c'est ce qui avait lieu notamment pour les étables servant à héberger les animaux employés au service de la poste publique. L'empereur Gratien en donnait pour raison que ces travaux étaient mieux et plus promptement faits par les provinciaux que par l'Etat (3). Ce motif n'ayant point paru suffisant à Tribonien, il ajoute que le fumier des animaux était une compensation ou une consolation de cette charge (4)!

Les biens des sénateurs et des vétérans étaient exempts des surtaxes dont nous venons de parler (5).

Les Romains employaient souvent à la construction des travaux publics, et principalement à la construction des routes, les soldats des légions (6). Du reste, en cela, l'Empire

(1) Sic. Flaccus, *de cond. agror.*, p. 9, *ed. Goes.*

(2) Cod. Th., 5, *de itin. muniendo.* — Conf., Cod. J., 2, *de immunitate nemini conced.*

(3) Cod. Th., 34, *de cursu publ.*

(4) Cod. J., 7, *h. t.*

(5) Cod. J., 7, *de dignit.* — Cod. Th. et Cod. J., *de veteran.*

(6) Tacite, *Ann.*, I, 63. — Orelli, 3564.

n'avait fait que suivre les traditions de la République (1).
— On occupait aussi aux travaux publics les prolétaires provinciaux, *« ne plebs esset otiosa, »* les condamnés pour crimes, et souvent, les condamnés innocents (2).—Parmi les voies et moyens employés pour la construction des routes et autres ouvrages, il faut compter, en outre, les corvées et autres prestations y assimilées, qualifiées de *charges sordides* (3); telle était l'obligation de faire des charrois extraordinaires *(parangariæ)* (4), celle de cuire de la chaux (5); celle de travailler aux constructions ou réparations (6), etc., etc... Beaucoup de personnes étaient exemptes de ces charges (7). En effet, dans les gouvernements arbitraires, on peut être assuré de voir les priviléges se glisser partout sous une forme plus ou moins hypocrite : il suffit, pour en obtenir, d'avoir du crédit près du prince, qui est toujours disposé à faire des partisans dévoués à sa personne.

— Dans les cités, le tiers des revenus était affecté aux travaux municipaux (8). Si ces ressources ne suffisaient pas, on avait recours à d'autres voies et moyens *(tituli)* (9), impôts additionnels, prestations, souscriptions (10), etc.

Quelquefois, les villes de grande importance *(clariores)*

(1) Tit.-Liv., XXXIX, 2.
(2) Suet., *Caligula*, 27; id., *Nero*, 31.
(3) Cod. Th., 15, *de extraord. et sord.* — Cod. J., 12, *de excus. mun.*
(4) Cod. Th., 4 et 15, *de curs. publ.*
(5) Cod. Th., tit. *de calc. coctor.*
(6) Cod. Th., tit. *de extraord. et sord.*
(7) Cod. Th., 15, 18, 21, 22, *h. t.* ; 1, *de privileg. eor. qui in sacr. palat.* — Cod. Th., 3 et 4, et Cod. J., 3, *de silent. et decur.*
(8) Cod. J., 11, *de operib. publ.*
(9) Cod. Th., 2, *h. t.*
(10) V. Dig., tit. *de pollicit.*

pouvaient obliger les villes moins importantes (*minores*) de leur venir en aide (1), apparemment en vertu de ce droit brutal qui prend trop souvent le fort d'opprimer le faible.

— L'obligation de rendre compte de l'emploi des deniers publics et particulièrement des ressources consacrées aux travaux, n'avait cessé d'exister chez les Romains. Mais on comprend que les gouverneurs mêlés à tous les actes de l'administration ne pouvaient être en pareille matière que des juges fort suspects.

Aussi, l'empereur Zénon et, après lui, Justinien défendirent-ils de la façon la plus absolue, et sous des peines très-sévères, aux *judices* de toute catégorie et de tout rang, d'exercer personnellement ou par des délégués aucune juridiction à cet égard (2). — Le prince se réservait à lui seul le droit de nommer des *discussores* pour examiner les comptes et décharger les comptables en cas de régularité des dépenses : «... At princeps... mittat discussorem qui opus admetiatur, et rationes putet exacte, et ad se referat : *ut si recte sumptus facti sunt, iis qui fecerunt sacra securitas* conficiatur, qua freti nullam iis postea vel heredes eorum, aut bonorum possessores quæstionem patiantur (3)... »

Plus tard, Justinien attribua le soin d'apurer les comptes des dépenses *municipales* à l'évêque et aux *primates* de la cité (4), pour tous les cas où le prince ne jugerait pas à propos de choisir, à cet effet, un délégué spécial, « virum opinionis bonæ et dignitate ornatum qui

(1) Cod. Th., 18, 26, *de operib. public.*
(2) Cod. J., l. *unic. de ratiociniis operum public.* ; Cod. J., 4, *de discussor.*
(3) Cod. J., 4, *de discussor.*
(4) *Nov.* 128, c. 16 et 17.

debeat à nobis in scriptura *divinam jussionem* percipere (1)...»

Quant aux dépenses que les particuliers faisaient, *de suo*, dans l'intérêt public, elles ne devaient donner lieu à aucune reddition de compte (2).

§ 5. — *Cités*. — Nous avons eu l'occasion d'indiquer les principales attributions de l'ordre administratif que les corps municipaux exerçaient, dans l'intérêt de l'Etat, sous la direction des gouverneurs.

Il nous reste à dire comment les *judices* pouvaient intervenir dans la nomination des administrateurs des cités et la composition des curies, et quelle était l'étendue de la tutelle exercée par le gouvernement relativement à la gestion des affaires locales.

Le choix des magistrats des cités n'appartenait directement ni au pouvoir central, ni au *judex* qui le représentait dans les provinces : les institutions municipales avaient, en effet, conservé jusqu'à la fin, quelques traces du régime républicain (3). Les *duumviri* ou autres chefs de la commune étaient nommés, chaque année, soit par les curies, soit plus ordinairement, pour ne pas dire toujours, par les *duumviri* ou autres magistrats sortants (4).

Ceux qui avaient créé les nouveaux magistrats étaient pécuniairement responsables de leur gestion (5).

Il paraît que dans quelques cités l'élection ou la présentation des *duumviri* se faisaient encore par les suf-

(1) *Nov.* 128, c. 18.
(2) Cod., 4, *de discus.*
(3) *Nov.* Leonis, 46 et 47.
(4) Dig., 11 et 13, *ad municip.*, *et ibi* Cujas. — *Dict. Nov.* — Cod. J., 1, *de peric. nominat.*
(5) Dig., 11, 12, 13, *ad municip.*, *et ibi* Cujas. — Cod. Th., *quemad. mun. civ.*

frages du peuple sous l'empire du Code Théodosien (1).

Dans tous les cas, les nominations des magistrats pouvaient être attaquées par un recours devant le gouverneur, qui avait le droit de les annuler. Pour faciliter ce droit d'annulation, il devait s'écouler trois mois entre la nomination et l'entrée en charge, deux mois pour appeler, et un pour juger (2).

Quant à la question de savoir si, l'élection annulée, le gouverneur pouvait choisir lui-même d'autres magistrats, les textes ne s'expliquent pas clairement. Mais M. Serrigny observe qu'une solution négative eût nécessité des délais incompatibles avec l'époque de l'entrée en fonctions, et que, d'ailleurs, il était de règle depuis l'Empire que le juge d'appel substituât sa volonté à celle de la décision attaquée (3).

Que ces motifs de décider paraissent ou non suffisants, il est facile de voir que le gouverneur avait le moyen de faire prévaloir sa volonté sur le choix des *duumviri* (4).

Ce qui restait des libertés municipales n'était donc plus guère qu'une forme vaine que Léon-le-Philosophe jugea à propos de faire disparaître. Voici comme il s'exprime notamment en ce qui concerne l'élection des magistrats

(1) Cod. Th., *h. t.*

(2) Cod. Th., 8 et 28, *de decur.* — Cod. J., 1, *de magist. munic.* — Cod. Th., 10 et 19, *de appell.* — Cod J., 1, *de tempor. et repar.*

(3) M. Serrigny, *l. c.*

(4) Il paraît, du reste, qu'il proposait ses candidats (Dig., 1, § 3, *quando appell.*). — Cod. J., 1, *de irenarchis.* — Nov. 15, *epit.* — Les défenseurs des cités ne se trouvaient pas tout à fait dans les mêmes conditions que les autres magistrats locaux : ils étaient élus par les notables de la cité, pour 5 ans (pour 2 ans sous Justinien), et leur élection devait être confirmée par le préfet du prétoire. — Cod., 4 et 8, *de defens.* — Nov. 15, c. 5 et *epit.* Chez nous, les maires et les adjoints sont nommés directement par le pouvoir central, l'empereur ou le préfet, suivant la population des communes.

municipaux : «... Curiis autem privilegium ut quosdam magistratus constituerent ; seaque auctoritate civitates gubernarent, præbuerint. Quæ nunc, eo quod res civiles in alium statum transformatæ sint, *omniaque ab unà imperatoriæ majestatis sollicitudine atque administratione pendeant, tanquam incussum circa legale solum oberrent, nostro decreto illinc submoventur* (1). « Quelle charmante naïveté et quelle logique inexorable! dit M. Serrigny, une fois le principe du despotisme posé, *quum omnia ab una imperatoriæ...*, les vestiges d'institutions libérales qui se trouvent en sa présence ne sont plus que des broussailles inutiles qui embarrassent le sol légal, et dès lors, il faut s'empresser de les arracher : *illinc submoveantur!* »

— En ce qui concerne les curies, le gouverneur devait naturellement, dans l'intérêt du fisc, veiller à ce qu'elles fussent toujours au complet, et poursuivre l'exécution des nombreuses constitutions portées dans ce but par les empereurs (2).

Les curies se recrutaient de diverses manières, notamment par la naissance et par la nomination émanée de l'ordre des décurions (3).

Mais ces nominations comme celles des *duumviri* étaient sujettes à recours devant le *judex* ou gouverneur, qui avait ainsi un nouveau moyen d'influer sur la composition du corps municipal (4).

— Pour la gestion des intérêts purement locaux, les municipalités jouissaient toujours d'une certaine latitude; mais on sait que dans la cité le pouvoir s'était concentré

(1) *Nov.* Leon., 46. V. aussi *Nov.* Leon., 47.
(2) Cod. Th. et Cod. J., tit. *de decur.* — Dig., *eod. tit.*
(3) Cod. Th., 10, 13, 72, 84 et 102, *de decur.* — Dig. et Cod. J., *h. t.*
(4) Cod. Th., 2, *de decur.*; 10 et 12, *de appel.* — Cod. J., 37, *de decur.*

aux dépens du peuple, aux mains d'un petit nombre, et que la tutelle, autrefois exercée par le peuple romain ou le sénat, avait passé aux mains d'un seul, celles de l'empereur. Est-il besoin d'ajouter qu'un pareil changement n'avait pas dû se faire au profit de la liberté?

Au surplus, voici en quoi consistait la tutelle impériale : aucun ouvrage neuf ne pouvait être exécuté, *somptu publico*, aucun impôt additionnel ne pouvait être établi sans l'autorisation du prince (1); — d'autre part, une constitution de l'empereur Léon défendit de vendre, à l'avenir, les biens immeubles, les esclaves et les rentes foncières des municipes sans observer les formalités suivantes : pour la ville de Constantinople, un décret impérial; pour les cités des provinces, une délibération de la majorité des membres de la curie prise avec le concours des *honorati* et des *possessores*, et l'homologation du gouverneur. L'autorisation était donnée à la charge d'employer le prix de vente à des travaux publics (2). — Enfin, on pouvait appeler au gouverneur des délibérations prises par les curies (3).

Le principe de la responsabilité pécuniaire et solidaire des magistrats et des curies était appliqué dans l'intérêt du municipe (4), comme nous l'avons vu appliqué dans l'intérêt de l'Etat (5).

Faut-il s'étonner que sous le poids de cette double responsabilité et sous un régime aussi arbitraire que celui

---

(1) Cod. Just., 13, *de operib. publ.*—Dig., 10, *de publican. et vectig.* — Cod. J., 2, *de vectig. nov. inst.*

(2) Cod. Just., 3, *de vend. reb. civ.* — V. Serrigny, *l. cit.*, t. II.

(3) Dig., 1, §§ 3 et 4, *quando appel.* (arg.).

(4) Dig., 11 et 25, *ad municip.*

(5) Cod. Th., 31 et 54, *de ann.*; 186, *de decur.* — Cod. J., l. ult., *de omni agro desert.*

de l'Empire, la condition des décurions soit devenue si misérable que beaucoup d'entre eux, pour s'y soustraire, abandonnaient leur patrie, cherchaient des retraites cachées et préféraient le joug d'autrui aux honneurs de leur cité : «... *Huc redegit iniquitas judicum exactorumque plectenda venalitas, ut multi patrias deserentes, natalium splendore neglecto, occultas latebras et habitationem elegerint juris alieni* (1)... »

Les Codes romains sont remplis de textes attestant cette oppression des curiales par les *judices* ou gouverneurs, représentants de l'empereur dans les provinces (2).

SECTION III.

POUVOIR JUDICIAIRE DU GOUVERNEUR.

Un passage d'Ulpien dont la lettre se rapporte plus particulièrement à l'état de choses existant vers la fin de la République et sous la première partie de l'Empire, résume encore assez exactement les attributions judiciaires des gouverneurs de notre troisième période : « Cum plenissimam jurisdictionem proconsul habeat, omnium partes, qui Romæ, vel *quasi magistratus* vel *extra ordinem* jus dicunt, ad ipsum pertinent (3). »

Nous savons que les gouverneurs de la première ou de la deuxième période parcouraient, chaque année, leur département, pour y tenir des assises civiles et criminelles. Il paraît que le morcellement des provinces opéré sous Dioclétien et Constantin et par suite l'augmentation du

(1) Major. *Nov.*, tit. I, *in princ. Append. Cod. Th.*, p. 144, éd. Ritter.
(2) Cod. Th. et Cod. J., tit. *de decur.* et *passim*.
(3) Dig., 7, *de off. procons.*

nombre des magistrats avait permis de rendre la justice sédentaire d'ambulatoire qu'elle était.

En effet, rien dans les textes n'atteste désormais la tenue de *conventus* judiciaires. On y voit seulement que les *præsides* devaient parcourir leur province pour écouter les plaintes des administrés et y faire droit, et pour faciliter le recouvrement des impôts. Ces voyages annuels avaient ordinairement lieu pendant la belle saison, et l'hiver était consacré à rendre la justice au chef-lieu de la province (1).

§ 1. — *Juridiction civile* (contentieuse). — Avant Dioclétien, on sait que la règle en matière de procédure judiciaire était la séparation du *jus* et du *judicium ;* le magistrat disait le droit et renvoyait, s'il y avait lieu, les parties devant l'*unus judex* ou des *recuperatores*, pour l'appréciation des faits et l'application de la formule. On se rappelle, d'autre part, que le nombre des cas où le magistrat retenait la connaissance des procès (*cognitiones extraordinariæ*) s'était considérablement augmenté par suite des changements introduits dans la constitution politique de l'Etat.

C'est dans cette situation qu'intervint la célèbre réforme de Dioclétien ayant pour objet de renverser l'ancien ordre de choses. Quelle a été au juste la portée de cette réforme? A-t-elle fait disparaître toutes les traces de l'*ordo judiciorum privatorum?* Ou, au contraire, les *judices pedanei*

(1) Cod. Th., 4 et 5, *de off. rect. prov.* — Rectores scilicet provinciarum hieme ferme tota in metropolibus provinciarum juri reddendo consistebant, ut docet quoque lex 6, Cod. Just., *de off. rect. prov.* Æstate vero, ut commodius provinciarum desideria audire, rei frumentariæ prospicere, publicas exactiones curare, præsentia sua urgere. (*Nov.* Major., 4.)... Alias provinciæ civitates, alia loca et oppida obire... (J. God., *ad Cod. Th.,* 4, *de off. rect. prov.*)

8

dont parle la constitution de l'an 294 (1), ne sont-ils pas
de véritables juges délégués ou arbitres remplaçant à
quelques égards les *judices selecti* ou les *recuperatores*
d'autrefois?

Nous le pensons, malgré l'autorité de M. Bonjean, qui,
après avoir passé en revue diverses opinions sur les juges
pédanés, conclut en disant qu'ils n'étaient autres que les
magistrats municipaux et les défenseurs des cités. Cette
opinion, en tant qu'absolue, nous semble refutée par le
texte positif de la loi 3, Cod. Th., de *reparat. appell.* :
« Quotiens vero a *magistratibus pedaneisque judicibus* dicta
sententia appellatione suspenditur, super qua disceptatio,
non auditorii sacri, sed ordinariorum judicum cognitione
tractanda est. » N'est-il pas manifeste que cette loi suppose l'existence simultanée et distincte des magistrats
municipaux et des *judices pedanei?* Il en est de même des
lois 26, Dig., ad *municip.*, et 53, Cod. *de decur.* Ces
deux textes, relatifs à la juridiction des magistrats municipaux, ne font aucune mention des *pedanei.*

Mais M. Bonjean invoque un passage de Paul, portant
que les juges pédanés qui se laissent corrompre *seront
chassés de la curie* (2). — Nous répondrons avec M. Bonjean lui-même que « ce passage n'est pas une raison suf-
fisante de décider, car s'il prouve que les membres de la
curie pouvaient être juges pédanés, il ne prouve pas que
les juges pédanés fussent nécessairement membres de la
curie. »

Ne pouvait-on pas, d'ailleurs, être décurion sans être
magistrat municipal ou défenseur de la cité? Et alors que
devient l'argument tiré du texte de Paul?

(1) Cod. J., 2, *de pedan. judic.*

(2) Paul, *Sent.*, lib. V, tit. 28 : « *Judices pedanei* si pecunia corrupti
dicantur, plerumque a præside aut *curia* submoventur, aut,..... »

Il nous reste à justifier l'opinion d'après laquelle l'institution des *judices pedanei* serait un débris de l'ancien *ordo judiciorum*.

Ici, comme tout à l'heure, nous accepterons volontiers le précieux concours de M. Bonjean : « D'abord, dit le savant auteur, il est incontestable que, nonobstant l'abolition de l'*ordo*, et jusqu'au temps de Justinien, les magistrats purent encore, mais exceptionnellement, renvoyer à des *juges* la décision de certaines affaires. » Et plus loin : « Il paraît positif que les juges auxquels les magistrats provinciaux pouvaient encore, au Bas-Empire, commettre le jugement des affaires, sont précisément les *judices pedanei*. Ce dernier point paraît irrésistiblement établi et notamment par la loi 4, Dig., *de tutor. et curator. dat.* : « Prætor ipse se tutorem dare non potest; sicut nec » *pedaneus judex... ex sua sententia* fieri non potest; » passage qui soit qu'on admette, soit qu'on rejette le mot *pedaneus* comme une interpolation, démontre bien évidemment que le *pedaneus judex* était un juge donné par le magistrat. »

« Il faut rapprocher ce texte d'Ulpien de quelques autres sources où l'on voit que le *judex pedaneus* est un *judex delegatus, judex datus, judex specialis*, expression dont on se servait dans l'ancien droit pour désigner le juré institué par le magistrat (1). »

A la rigueur, ce qu'on vient de lire suffirait pour établir notre solution, et la logique force M. Bonjean, lui-même, à l'admettre, du moins pour partie; car il affirme que les magistrats municipaux et les défenseurs des

(1) Cod. J., 16 et 18, *de judic.*; ibid., tit. *de judic. pedan.* — Lydus, *de Magistr.*, III, 8 : On y voit les expressions δικασται (juges), χαμαι-δικασται et πεδανεους, opposées à l'expression αρχοντες, magistrats.

cités, avec lesquels il confond les juges pédanés, pouvaient
être appelés accidentellement à remplir le rôle des anciens
judices selecti ou *recuperatores.*

Nous allons plus loin que lui, et nous disons, que si
les magistrats municipaux pouvaient être chargés d'une
pareille mission, c'était non en tant que magistrats, mais
nonobstant leur qualité de magistrats, et que la faculté
de délégation, aux mains des gouverneurs, s'étendait à
d'autres personnes, à de simples particuliers comme autrefois. Pour ceux qui n'en seraient pas encore convaincus,
nous citerons la loi 1, Cod., *de pedaneis judicibus,* aux
termes de laquelle le *procurator Cæsaris,* qui ne remplissait pas les fonctions de *præses,* ne pouvait déléguer des
juges parmi les simples particuliers : « *procuratori nostro
non vice præsidis agenti, dandi judices,* INTER PRIVATAS
PERSONAS *non competere facultatem manifestum est...;* »
nous citerons encore la loi 3, Cod., *ubi et apud quem,* laquelle porte que les *judices pedanei* n'ont aucune juridiction
propre : «*... propriam jurisdictionem non habent, sed tan-
tummodo judicandi facultatem.* » Est-ce assez clair? et ne
sommes-nous pas fondés à conclure que l'*ordo judiciorum
privatorum* n'avait pas entièrement disparu?

On cherchera, peut-être, comme M. Bonjean, à jeter le
doute sur ce point en insinuant avec plus ou moins de
sang-froid que les *judices pedanei* n'existaient pas à l'époque
classique. — Mais il faudrait prouver que le mot *pedaneus*
est une interpolation dans la loi 4, Dig., *de tutor. et curat.
dat.,* et dans la loi 3, § 1, *ne quis eum qui in jus,* et dans
la loi 1, § 6, *de postulando* (trois fragments d'Ulpien), et
dans le texte des sentences de Paul, dont M. Bonjean ne
pourrait plus argumenter ailleurs; et quand on aurait
réussi, par impossible, à charger ce malheureux Tribonien

et le rédacteur Wisigoth de tous ces péchés, qu'aurait-on démontré? Rien ou presque rien, de l'aveu de M. Bonjean lui-même. Que dis-je, si réellement Tribonien s'était acharné à donner aux *judices* du temps d'Ulpien, la qualification plus moderne de *pedanei*, ne serait-ce pas une preuve qu'à ses yeux les *judices selecti* et les *judices pedanei* remplissaient des fonctions analogues? et aurions-nous besoin d'opposer, à des allégations sans preuve, le texte précis de la loi 2, Cod., *de pedaneis judicibus*, qui n'est autre que la célèbre constitution de Dioclétien de l'an 294, ainsi conçue : « Placet nobis, præsides de his causis, in quibus, quod ipsi non possent cognoscere, ANTEHAC PEDANEOS JUDICES DABANT, notionis suæ examen adhibere; ita tamen, ut, si vel propter occupationes publicas, vel propter causarum multitudinem omnia hujus modi negotia non potuerint cognoscere *judices dandi habeant potestatem.* Quod non ita accepi convenit, ut in his etiam causis, in quibus solebant ex officio suo cognoscere, dandi judices licentia eis permissa credatur. Quod usque adeo in præsidum cognitione retinendum est, ut eorum judicia non diminuta videantur : dum tamen, et de ingenuitate, super qua poterant etiam ante cognoscere et de libertinitate præsides ipsi dijudicent. »

Désormais, les gouverneurs connaîtront eux-mêmes des causes pour lesquelles ils devaient auparavant instituer des juges pédanés, « *antehac pedaneos judices dabant.* » (Ainsi les jurés d'avant Dioclétien étaient déjà appelés *pedanei judices*) (1). Toutefois, à raison de leurs occupations publiques ou de la multiplicité des causes, ils auront encore le pouvoir de déléguer des juges, « *judices dandi*

____

(1) Dioclétien constate une situation historique : une interpolation serait donc inexplicable à tous égards.

habeant potestatem, » pour tous les cas dont ils n'avaient pas précédemment l'habitude de connaître eux-mêmes, « *ex officio suo cognoscere.* » On sait, en effet, que certaines affaires comme les questions d'ingénuité, d'affranchissement, etc., etc., étaient réservées au premier magistrat de la province.

Voilà toute la réforme de Dioclétien : l'*ordo judiciorum* cesse d'être en droit une institution fondamentale, mais, en fait, l'institution affaiblie et diminuée subsiste encore par nécessité pour la distribution de la justice. Telle est notre ferme conviction, et nous la croyons surabondamment justifiée. Toutefois, nous ne clorons pas la discussion sans avoir réfuté un argument que M. Bonjean a pu croire décisif; le voici : « L'appel contre les sentences des juges pédanés se portait, non devant l'empereur ou les *judices sacri,* mais bien devant le gouverneur de la province *(judex ordinarius)* (1); tandis que si les juges pédanés eussent été des délégataires ordinaires, l'appel aurait dû se porter au magistrat supérieur à celui qui avait délégué. »

L'objection est sans fondement; en effet, c'était un axiome en droit romain que l'appel se portait devant celui qui avait donné le juge, « *eum appellari, qui judicem dedit* (2). » Ce cas n'a rien de commun avec celui où le magistrat aurait délégué sa propre juridiction; c'est alors seulement que le délégant n'aurait pu connaître de l'appel contre son délégué : « *abeo cui quis mandavit jurisdictionem, non ipse provocabitur* (3). » L'argument

____

(1) Cod. Th., 3, *de reparat. appell.*

(2) Dig., 1, *quis a quo appell.*

(3) Dig., 1, § 1, *h. t.* — Cette règle ne s'appliquait même pas aux lieutenants des gouverneurs : « Appellari a legatis proconsul potest. » (Dig., 2, *h. t.*)

de M. Bonjean prouve donc quelque chose, mais c'est contre son système et en faveur du nôtre ; il faut prendre le contre-pied de son objection et dire : si les *judices pedanei* n'avaient pas été des délégataires ordinaires, l'appel eût dû se porter devant le supérieur hiérarchique du gouverneur..., etc.

Quant à la qualification de *pédanés*, donnée aux juges spéciaux dès le temps des jurisconsultes classiques, et très-certainement avant Dioclétien, elle venait peut-être de ce que ces délégataires jugeaient les procès sans prendre place sur le tribunal élevé du gouverneur. Peut-être aussi, à raison de la révolution qui s'accomplissait peu dans l'ordre judiciaire, le magistrat lui-même fut-il, d'assez bonne heure, appelé *judex*, dans le langage ordinaire, et alors l'adjectif *pedaneus* aurait qualifié un juge moins important, moins considéré.

Ce qui est certain, c'est qu'à partir de Dioclétien le mot de *judex* se trouve dans les textes pour désigner le gouverneur d'une province, et que les juges pédanés tombèrent sous le Bas-Empire dans un avilissement toujours plus complet.

L'empereur Julien permit, d'une manière générale, aux *præsides* de leur déléguer les affaires trop peu importantes pour occuper leurs loisirs (1). Zénon fit une constitution, *de ordine judiciorum*, dont le texte ne nous est point parvenu, mais qui, paraît-il, détermina le nombre des *judices* pour chaque prétoire (2). Enfin Justinien, qui a touché à tant de choses, fit subir à l'institution un dernier changement.

L'indifférence pour les affaires publiques, et par suite,

(1) Cod. J., 5, *de pedan. judic.*
(2) *Nov.* 82, c. 1.

l'ignorance de ces affaires, sont un résultat naturel du despotisme. Justinien constate la mauvaise qualité du fruit sans parler de l'arbre qui le produit : il professe un profond mépris pour ces juges pédanés qui ne sont pas des fonctionnaires, « *neque cingulum habentes, neque nobis ministrantes,* » et qui sont obligés d'avoir recours à d'autres pour rendre leurs jugements. Mais comme il a le génie des grandes choses « ... *et semper præclaro aliquo adinveniendo,* » il entreprend de porter remède au mal : « Eligere vero perspeximus in rebus utilibus habentes attestationem qui *communes omnium erunt judices, tanquam undique electi.* »

L'empereur nommera lui-même des juges pédanés qui seront communs à tout l'Empire..... En effet, par sa Novelle 82, il nomme treize personnes dont il exalte le mérite et donne les états de services; puis il défend aux gouverneurs de province de déléguer les causes à d'autres juges. Les nouveaux *pedanei* siégeront à Constantinople, et ils y auront une juridiction propre jusqu'à trois cents solides. C'était bien, cette fois, la fin de l'*ordo judiciorum.* Qu'on se reporte à la Novelle 82 (1), et l'on verra que Justinien célèbre, non sans pompe, les funérailles de cette institution de l'antique liberté!

Le gouverneur, quel que fût, d'ailleurs, son titre, exerçait dans l'étendue de sa province la juridiction ordinaire ou de droit commun (2).

Il connaissait, comme juge de seconde instance, des appels dirigés contre les sentences des magistrats municipaux et défenseurs des cités, des juges pédanés et de ses

____

(1) V. *Nov.* 82, præf. et cap. 1, 2, 3, 5.

(2) Cod. Th., 3, *de reparat. appell.* — Dig., 7 *et passim, de off. proc.*; 11 *et passim, de off. præsid.*

lieutenants, s'il en avait (1). — Il connaissait, mais seulement en premier ressort, de toutes les affaires civiles qui, à raison de leur importance, déterminée par la valeur de la demande, excédaient la compétence des magistrats municipaux et défenseurs, ou qui étaient « *magis imperii quam jurisdictionis* (2). »

Il statuait encore, comme premier juge, et sans égard à l'importance du procès, généralement sur toutes les causes dont il avait l'habitude de connaître *extra ordinem* avant la constitution de l'an 294, et qu'il ne pouvait point déléguer à des juges pédanés, telles que les questions d'ingénuité et d'affranchisement, les questions de salaires ou d'honoraires intéressant les professeurs des arts libéraux, les médecins, les avocats, les officiers des magistrats (3)...; sur les causes des villes, des sénateurs (4), et, aux termes d'une constitution des empereurs Léon et Anthémius, sur les demandes formées contre les ecclésiastiques habitant la circonscription (5).

A l'égard de cette dernière catégorie de personnes, la juridiction des gouverneurs varia à différentes reprises sous le Bas-Empire. Depuis Constantin, l'arbitrage, qui avait toujours été en faveur dans les institutions judiciaires des Romains, s'étendit considérablement au profit des

(1) Cod. Th., 3, *de reparat. appell.* — Dig., 2, *quis a quo appell* — *Nov.* 15, c. 5.

(2) Dig., 4 et 19, § 1, *de jurisd.* ; 26, *ad municip.* — Cod. J., 1, *de defensor.* — La compétence des défenseurs, fixée d'abord à 50 *solidi*, fut portée à 300 *aurei* par Justinien (Cod. J, 1, *h. t.* — *Nov.* 15, c. 3.)

(3) Cod. J., 2, *de pedan. judic.* — Dig., 1 *et passim, de extraord. cognit.* — Les professeurs de droit ne devaient pas demander en justice leur honoraire (*honor*). (Dig., 1, § 5, *de extraord.*)

(4) Cod., 2, *ubi senat.* — Bonjean, *Traité des actions,* t. I.

(5) Cod., 33, *de episc. et cleric.*

évêques et se transforma peu à peu en une juridiction régulière (*audientia episcopalis*) (1).

Il paraît qu'en 425, Valentinien III soumit à cette juridiction toutes les causes civiles intéressant les clercs; mais en 452, il restreignit la compétence épiscopale au cas où il y aurait entre les parties, soit clercs, soit laïques, un compromis formel (2). La constitution précitée de Léon et d'Anthémius établit ensuite un nouvel ordre de choses qui fut encore changé par Justinien. — En effet, aux termes des Novelles 79, 83 et 123, les clercs (et nous entendons par là généralement toutes les personnes entrées en religion, même les femmes) devaient être cités, d'abord, au tribunal de l'évêque dont ils dépendaient.

Si les parties acquiesçaient à la sentence épiscopale, le *judex ordinarius* devait pourvoir à son exécution; dans le cas contraire, et s'il y avait appel interjeté dans les dix jours, le magistrat civil en connaissait. Ce dernier pouvait même être saisi, en première instance, des demandes formées contre les clercs, quand l'évêque n'avait pas voulu ou pu juger le procès, ou qu'il avait trop tardé à prononcer (3).

Quant à l'évêque lui-même, il était défendu, sous des peines très-sévères, de le citer devant le gouverneur (4).

Les chefs militaires avaient, comme les chefs ecclésiastiques, une certaine part à l'administration de la justice civile; mais, suivant la remarque de M. de Savigny, les constitutions ne s'accordent pas à ce sujet (5).

(1) Euseb., *Vita Const.* — Sozom., *Hist. ecc.*, I, 9. — Cod. Th., 10, *de jurisd.*

(2) Cod. Th., l. ult., *de episc. et cleric.* — Cod. Th., *Nov.*, 12.

(3) *Nov.* 79; 83, *præf.*; 123, c. 21.

(4) *Nov.* 123, c. 8.

(5) Savigny, *Hist. du droit rom. au moyen-âge*, t. I.

A l'origine de la séparation des fonctions civiles et militaires, toutes les causes civiles, même celles des soldats,
durent être portées devant le gouverneur; mais dans la
suite, aux termes d'une constitution d'Honorius et de
Théodose, qui forme la loi 6, Cod., *de jurisdictione*, la
connaissance des différends fut abandonnée au commandant militaire, quand les deux parties ou seulement le
défendeur appartenait à l'armée : pour ce dernier cas, il
paraît que le consentement du demandeur était indispensable. En effet, trois ans plus tard, une autre constitution impériale défendit, sous peine d'amende, de contraindre un citoyen, soit demandeur, soit défendeur, à
comparaître devant la juridiction militaire. Cette seconde
constitution a passé, comme la précédente, au Code de
Justinien (1). Ce prince confirma, d'ailleurs, par une de
ses constitutions, la juridiction militaire sans en poser
les bornes (2); mais il paraît qu'à l'Italie reconquise, il
appliqua la loi 6, Cod. *de jurisdictione* (3). Au surplus,
il importe de rappeler ici que dans plusieurs provinces
de l'Orient, Justinien réunit aux mains des gouverneurs,
les pouvoirs civils et militaires (4).

Dans la section précédente, nous avons eu l'occasion
de mentionner quelques-unes des attributions contentieuses
du gouverneur en matière administrative; nous n'y reviendrons pas.

§ 2. — *Juridiction criminelle.* — Le *præses* exerçait la
triple mission de poursuivre les crimes et délits, d'ins-

(1) Honor. et Théod., Cod., 2, *de off. judic. mil.*

(2) Cod., 17, *de judic.*

(3) Sanctio Pragm., *Pro petit. Vigil.*, c. 23. — Bonjean, *Traité des
actions*, t. I.

(4) *Nov.* 24 à 31. — Edict. XIII, *de Alex. et Ægypt. prov.*

truire les procès et de les juger en première instance (1).
Mais, dans la poursuite et l'instruction des procès, il était
secondé par les particuliers qui n'avaient pas encore
perdu le droit de se porter accusateurs (2), par les magistrats municipaux et les défenseurs des cités (3). Justinien attribua même à ces derniers le pouvoir de juger
les délits de peu d'importance *(leviora crimina)*, et alors
le *judex ordinarius* ne connaissait de ces affaires que
comme magistrat d'appel (4).

En matière civile, nous l'avons dit, les clercs devaient
être cités, en première instance, devant leur supérieur
épiscopal : cette juridiction d'exception n'existait pas
pour eux en matière criminelle. Toutefois, si les clercs
restaient justiciables du magistrat ordinaire, ils étaient
encore privilégiés en ce sens que les magistrats inférieurs
des cités n'avaient pas qualité pour recevoir la poursuite
et commencer l'instruction : l'accusateur devait s'adresser
soit au *judex ordinarius*, soit à l'évêque qui, s'il décou-
vrait la culpabilité de l'accusé, le dépouillait de sa dignité
et de son grade dans la hiérarchie ecclésiastique, avant
de le livrer au magistrat compétent pour appliquer la loi
civile. Si le gouverneur, saisi le premier de l'affaire, avait
prononcé une condamnation, il devait, avant de faire
exécuter la sentence, en donner avis à l'évêque, afin que
celui-ci pût, de son côté, appliquer les règles canoniques.
En cas de désaccord entre l'évêque et le magistrat laïque,
le conflit était porté devant l'empereur (5).

(1) Dig., 6, 7, 11, *de off. procons.*; 3, 11, 13, 21, *de off. præsid.*; 6, *de
accusat.* — *Nov.* 17; 123, c. 21; 134, c. 4.

(2) Dig. et Cod., *de accusat.* — Dig., *de popul. act.* — *Nov.* 123, c. 21.

(3) C. Th., 5, *de exhib. et transm.* — C. J., 7, *de defens.* — *Nov.* 15, c. 6.

(4) *Nov.* 15, cc. 5 et 6.

(5) Cod. J., 33, *de episc.* — *Nov.* 83, *præf.*; 123, c. 21.

La connaissance des procès criminels, quand l'accusé était soldat, échappait au gouverneur (1), à moins que le chef de la province ne cumulât les pouvoirs civils et militaires. D'ailleurs, beaucoup de personnes, même non militaires, pouvaient décliner la juridiction de droit commun, à raison de leurs dignités ou de leurs titres : de ce nombre étaient les évèques, archevèques, patriarches (2), les patrices, les illustres (3)....

Les patrices et les illustres, qui avaient acquis leur titre en remplissant des fonctions publiques, avaient le privilége de n'être jugés que par l'empereur. Ceux qui n'étaient devenus illustres que par une faveur du prince, « ... *ut quod non egerint videantur egisse* » pouvaient être accusés soit devant le préfet du prétoire, soit devant le préfet de la ville, soit, en vertu d'une délégation spéciale de l'empereur, devant le maître des offices (4). On comprend, du reste, que le monarque pouvait appliquer des délégations de ce genre pour ou contre tels dignitaires ou tels particuliers qu'il lui plaisait, et choisir le juge avec la plus entière liberté.

Il paraît qu'en général, les sénateurs et les autres personnes dont le titre n'était pas supérieur à celui de *clarissime*, ne pouvaient, pour les crimes et délits commis dans la province, se soustraire à la juridiction du *judex ordinarius* : ce qui suppose que toute personne plus élevée dans la hiérarchie avait un *forum privilegiatum* (5). Quant au prince lui-même, qui était le faîte et le cou-

---

(1) Cod., 6, *de jurisd.*; 1, *de exib. reis.*
(2) *Nov.* 123, cc. 8, 22, 24.
(3) Cod., *ubi senat., vel clarissimi.*
(4) Cod., 3, *h. t.*
(5) Arg. Cod., *h. t.*

ronnement de l'édifice (*culmen principale*), il n'est pas besoin de dire qu'il ne reconnaissait aucun tribunal humain sous le Bas-Empire. A la vérité, il était irresponsable, *sacrosanctus* à vie, un peu dieu en ce monde (*nostra majestas, nostrum numen, divinum oraculum*) et ayant son Olympe anticipé, *divinæ domus* (1)!

On se rappelle que d'après les anciens principes, les magistrats provinciaux ne pouvaient déléguer leur juridiction criminelle, même à leurs lieutenants : « *quæcumque specialiter lege, vel senatusconsulto, vel constitutione principum tribuuntur, mandata juridictione non transferuntur* (2)... » Et ailleurs : « *nec enim potest quis gladii potestatem sibi datam, vel cujus alterius coercitionis ad alium transferre* (3)...

Ces principes ont été recueillis et consacrés par les compilateurs du Digeste. Il est vrai qu'aux termes d'un rescrit, adressé par Constantin au proconsul d'Afrique, et qui a été inséré au Code, les *legati* pouvaient entendre les causes criminelles; mais c'était à charge de renvoyer sans délai les accusés devant le proconsul, s'ils pensaient qu'une condamnation devait être prononcée, et, en tout cas, ils agissaient en vertu d'une constitution du prince. D'autre part, sous l'empire des Novelles, nous voyons que les *vices agentes* régulièrement institués pouvaient faire ce qui était permis au magistrat lui-même, « *citra tamen novissimum supplicium et membri incisionem;* » mais, c'était encore en vertu d'un acte de la volonté impériale, c'est-à-dire, en vertu d'une loi, et l'ancienne règle était maintenue en droit.

(1) Dig., Cod. et *Nov.*, *passim*.
(2) Dig., Papin., 1, *de off. ejus cui mand.*
(3) Dig., Ulpian., 6, *de off. proc.*

Au surplus, la Novelle 134 défendit à tout gouverneur d'avoir des *vices agentes, vicarii,* ou *loci servatores,* « *nisi certis ex causis divina concesserit jussio.* »

— Nous renvoyons à ce que nous avons dit plus haut (IIe section) sur le maintien, la décadence et l'abus du droit d'accusation aux mains des particuliers, depuis l'établissement du régime monarchique.

— La torture employée sous la République, comme moyen d'instruction contre les seuls esclaves, avait été étendue aux hommes libres sous l'Empire ; mais il y avait diverses catégories de privilégiés exempts de cette épreuve : c'étaient les familles sénatoriales, les clarissimes et les titrés d'un rang supérieur, les décurions, les *milites,* etc. (1). Les exemptions cessaient en cas d'accusation de lèse-majesté (2).

Si, d'ailleurs, l'on veut avoir une idée des peines afflictives appliquées dans la période que nous étudions, qu'on lise la Novelle 134, c. 13.

Justinien dans cette constitution se propose de modérer toutes les peines « *de pœnarum omnium moderatione.* » — Il en donne le motif : « *quia nos oportet humani generis infirmitatem protegere...* »

La Novelle 134, par le genre de supplices qu'elle abroge et celui qu'elle maintient, montre assez ce que les Romains sur ce point, comme sur d'autres, reçurent en échange de leur liberté politique.

Au reste, Justinien pose une exception à une mesure, d'ailleurs louable, qui caractérise bien le régime im-

----

(1) Cod. Th. et Cod. J., *de quæstionibus.* — Dig., *h. t.* — Faustin Hélie, *Inst. crim.,* t. I.

(2) Cod. Th., 1, *de quæs.* — Cod. J., 4, *h. t.*

périal : l'ancien ordre de choses est complétement maintenu pour le crime de lèse-majesté!

En voyant tout à l'heure le prince planer si haut au-dessus des misères humaines, n'aurait-on pas pu le croire inaccessible aux injures des mortels!

Les *judices ordinarii*, on l'a vu, statuaient tantôt en première, tantôt en seconde instance sur les causes civiles, et généralement en première instance sur les causes criminelles. Ils pouvaient encore être délégués pour juger des procès par un acte spécial de la volonté du prince.

Dans tous les cas, qu'ils eussent prononcé *ex ordine*, *ex appellatione* ou *ex delegato*, il était de principe qu'on pût appeler de leurs décisions (1).

S'ils n'avaient que le rang et le titre de *clarissimi*, cet appel se portait devant le supérieur immédiat dans la hiérarchie, devant un *spectabilis*, qui jugeait *vice sacra*, *vice principis*, un vicaire, un proconsul (2)... Néanmoins, aux termes d'une constitution de Constance et Constant, insérée au Code, les appels des jugements rendus par les *præsides* de quelques provinces voisines de Constantinople se portaient devant le préfet de cette ville, qui était *illustris* (3) ; et le préfet de Rome, *illustris* aussi, connaissait des appels contre les sentences des magistrats inférieurs à Rome et dans les 100 milles autour de Rome (4), et même en dehors de ce rayon, mais sous ce dernier rapport sa compétence varia beaucoup (5). D'ailleurs,

(1) Cod. Th., 2, 20, 57, *de appell.*—J. God., *paratitl. ad h. t.*—Cod. J., 20, *h. t.*

(2) Cod. Th., 16, *de appell.* — Cod. J., 19, *de appell.* — *Nov.* 23.

(3) Cod., 23, *de appell.*— Voir, du reste, les réformes de Just. (Novelles).

(4) Cod. Th., 13, 18, *de appell.* — Cod. J , 17, *h. t.* — Cod. Th., 2, 3, *de off. præf. urb.* — Dig., 38, *de minor.*

(5) Cod. Th., 27, *de appell.* — Sym., X, 58, 60. — Vopisc., *Flor.*, 5, 6. — Cassiod., *Var.*, VI, 3.

le pouvoir du préfet devait se combiner avec celui du *vicarius spectabilis* de Rome qui siégeait souvent à ses côtés, et avait avec lui un tribunal commun : la juridiction *vice sacra* du *vicarius* ne s'étendait que sur la ville même et dans un rayon de 40 milles, tandis que son autorité administrative s'exerçait sur les provinces méridionales de l'Italie, y compris les régions suburbicaires (1).

Par une constitution, qui forme la loi 19 au Code, *de appell.*, Constantin avait décrété que l'appel des jugements rendus *ex ordine*, *ex appellatione*, ou *ex delegato* par les *spectabiles*, devait être porté devant le prince (2); mais Théodose et Valentinien innovèrent à cet égard en décidant qu'à l'avenir les jugements des *spectabiles* seraient soumis à une commission composée du préfet du prétoire et du questeur du palais (deux *illustres*) et que ce tribunal statuerait en dernier ressort (3).

Au reste, le préfet du prétoire continua de juger seul les autres affaires de sa juridiction et il n'y avait pas de raison pour que ses sentences ne fussent pas définitives comme par le passé (4).

On pouvait seulement se pourvoir en cassation contre elles pour violation de la loi : « *litigantibus in amplissimo prætorianæ præfecturæ judicio, si contra jus se læsos affirment non provocandi, sed supplicandi licentiam ministramus* (5). »

(1) Cod. Th., 36, *de appell.* — Sym., Epist., X, 43, 53, 78, 81. — Am. Marcel., XXVIII, 1. — Cassiod., *Var.*, VI, 15. — Bonjean, *Traité des actions*, t. I.

(2) Cod. J., 19, *de appell.*

(3) Cod., 32, *h. t.*

(4) Cod., 19 et 35, *de appell.*;— l. unic., *de sent. præf. præt.* — *Nov.* 23, *epit.*

(5) Cod., l. unic., *de sent. præf. præt.*

Quant aux *illustres* qui n'avaient pas obtenu le droit de juger en dernier ressort, leurs jugements pouvaient être frappés d'appel et déférés au prince (1).

Justinien délégua à un ou deux *judices illustres* ou *magnifici* tous ceux de ces appels dont l'objet n'excédait pas une certaine somme (2).

Le même empereur, par sa Novelle 23, afin de débarrasser ses grands juges d'affaires trop minimes, rappela à l'observation de la règle qu'il faut suivre dans les appels l'ordre hiérarchique des fonctions et des dignités, et décida que les *spectabiles* (proconsuls, vicaires, comtes, préteurs...) statueraient sur appel, en dernier ressort, dans les affaires dont l'importance n'excéderait pas dix livres d'or (3).

Quant aux sentences rendues par les mêmes *spectabiles*, *ex ordine* ou *ex delegato*, elles restaient sujettes à appel, quelle que fût la valeur du litige (4). Il était, en effet, de principe qu'on pût appeler dans toutes les causes civiles ou criminelles sans avoir égard à l'importance de l'affaire : « *et in majoribus et in minoribus negotiis appellandi facultas est* (5). ».

De même, et contrairement à ce qui a lieu chez nous, il était dans la règle du droit impérial romain, qu'on poursuivit les voies de recours, dans l'ordre hiérarchique, *sans se préoccuper du nombre des degrés* (6).

(1) Cod., 32, § 5, *de appell.*

(2) Cod., 37, 39, § 2, *h. t.* — Faustin Hélie, *Inst. crimin.*, t. I.

(3) *Nov.* 23.

(4) *Dict. Nov.*

(5) Cod. J., 20, *de appell.* — Cod. Th., 1, 2, 20, 57, *h. t.* — Mais il y avait des exceptions. (Cod. Th., 1, 4, 7, *quorum appell.* — Cod. J., 7, *de maleficis.*)

(6) Il y a quelque chose d'analogue dans notre droit administratif.

Toutefois, Justinien introduisit une limite à l'extension indéfinie du droit d'appel, en ce sens que celui qui avait été condamné successivement par trois décisions conformes, sur les mêmes chefs, *super iisdem capitulis*, n'était plus recevable à attaquer la dernière sentence (1).

Le même Justinien, dans sa Novelle 123, relative à la juridiction épiscopale, alla plus loin, et décida que si la sentence rendue, en premier ressort, par l'évêque, était confirmée par le *judex ordinarius*, elle serait exécutée sans autre appel (2). Nous venons de constater, d'ailleurs, que dans les causes n'excédant pas une certaine somme, les *spectabiles*, jugeant sur appel, *ex appellatione*, jugeaient en dernier ressort.

Enfin, l'on voit que s'ils statuaient, à tout autre titre, en première instance, l'affaire ne pouvait guère dépasser le double degré de juridiction (3).

Quant aux formes de l'appel, nous renvoyons aux traités spéciaux.

Nous n'avons pas davantage à traiter de la compétence *ratione personæ* des magistrats romains; constatons seulement que cette matière était dominée par un principe très-simple : ACTOR SEQUITUR FORUM REI (4); l'action devait être portée, qu'elle fût *in rem* ou *in personam*, devant le magistrat à l'autorité duquel était soumis le défendeur; tout le problème de la compétence se réduisait donc à ceci : quel est le magistrat ayant autorité sur le défendeur? M. Bonjean pose la question et répond :

(1) Cod., *ne liceat in una eademque causa.*

(2) *Nov.* 123, c. 21.

(3) *Nov.* 23.

(4) Vat. Frag., §§ 325 et 326. — Cod. J., 2 et 5, *de jurisd. omn. judic.*; 3, *ubi causa stat.*; 3, *ubi in rem.*

« On peut être soumis à l'autorité d'un magistrat par l'effet de diverses circoustances qui peuvent cependant être. ramenées à ces trois chefs principaux : 1º soit parce qu'on est *membre* (*civis*) de la *cité* où le magistrat est établi (1) ; soit parce qu'on est domicilié dans le territoire sur lequel ce magistrat exerce son pouvoir (2) ; soit enfin parce qu'on s'est soumis *volontairement*, expressément ou tacitement à la juridiction d'un magistrat qui sans ce consentement eût été incompétent (3). » — « Le principe *actor sequitur forum rei*, dit encore M. Bonjean, devait naturellement prévaloir dans un Etat où les magistrats locaux et provinciaux n'avaient qu'une autorité bornée aux choses et aux personnes appartenant à la localité ou à la province : si je veux vous contraindre à faire quelque chose, à qui puis-je m'adresser, sinon à celui qui a autorité sur vous (4) ! »

Au reste, la règle générale de compétence comportait des tempéraments ou des exceptions : il existait des *fora specialia;* et, sans rappeler ce que nous avons dit plus haut sur les personnes privilégiées du Bas-Empire, il y avait, en matière civile, le *forum contractus* (5) ; le *forum reconventionis*, en cas de demande reconventionnelle formée par le défendeur (6) ; le *forum successionis* (7), et depuis Constantin peut-être, certainement depuis Valentinien, Théodose et Arcade, le *forum rei sitæ* (8)... —

(1) Dig., 29, *ad municip.*

(2) Dig., 37, pr., *ad municip.; —* 3, *de off. præsid.*, *etc.*

(3) Dig., 1 et 2, *de judic.*

(4) M. Bonjean, *Traité des actions*, t. I.

(5) Dig., 19, § 2, *de judic.*

(6) Dig., 22, *de judic.*

(7) Dig., 19, *princ. de judic.*

(8) Constant., Cod., 2, *ubi in rem actio.* — Valent. Theod. et Arc., Cod., *h. t.*

En matière criminelle, le déliuquant pouvait être cité devant le magistrat dans le ressort duquel le délit avait été
commis, *forum maleficii*, ou dans le ressort duquel le dé-
linquant avait été trouvé (1).

§ 3. — *Juridiction civile* (volontaire). — La juridiction
volontaire, ou celle qui consiste à interposer son autorité
inter volentes, pouvait, à la différence de la juridiction contentieuse, être exercée par les gouverneurs dès qu'ils
étaient sortis de la capitale (2).

Les principaux actes de cette juridiction étaient, on le
sait, l'affranchissement des esclaves, l'adoption, l'émancipation, la *cessio in jure*, l'envoi en possession de biens,
l'autorisation de vendre des biens de mineurs, — tous
actes solennels (*legis actiones*) qui avaient été attachés à
la magistrature *specialiter* et à l'égard desquels, dès lors,
les *judices* ne pouvaient déléguer leurs pouvoirs (3).

D'autres actes pour lesquels il avait fallu originairement
une loi, c'est-à-dire, l'intervention des comices; puis une
loi fictive, la mancipation, passèrent, dans cette troisième
période, dans les attributions des magistrats.

Ainsi, d'après l'ancien droit (la loi *Cincia*), les donations excédant une certaine somme devaient être accom-
pagnées de la mancipation ou de la tradition, de sorte
que la simple promesse même avec stipulation eût été
sans effet (4). Constantin voulut que les donations fussent
faites par écrit et qu'elles fussent insinuées *apud judicem
vel magistratus* (5), c'est-à-dire au greffe (*apud acta*) du

(1) Cod., 1, *ubi de crimin.*

(2) Dig., 2, *de off. procons.*

(3) Dig., 2, 3, *de off. proc.* ; — 2, *de off. præsid.* ; — 1, 2, *de off. ejus cui
mand.*

(4) Cod. Th., 1, 4, 5, 7 et 8, *de donat.*

(5) Cod. Th., 1, *de donat.*

juge ordinaire, et à son défaut, à celui de la munici-
palité (1).

Cette insinuation sur les registres judiciaires était exigée
à peine de nullité, surtout dans l'intérêt des tiers (2) ; de
sorte que les magistrats faisaient ici l'office de notaires,
et de conservateurs d'hypothèques chargés de la transcription.

Quant aux testaments, ils s'étaient faits d'abord, *calatis
comitiis*, puis *per œs et libram*, puis dans la forme prétorienne, et à une époque difficile à préciser, dans la forme
tripartite, décrite aux Institutes de Justinien (3).

Une autre forme de testament, le testament nuncupatif,
sine scriptis, en usage dès le règne de Gordien (an 213),
était encore en vigueur sous Justinien (4).

Enfin, on pouvait, en troisième lieu, dans la période
du IVe au VIe siècle, tester par déclaration de dernière volonté sur les registres judiciaires (5).

Ces trois formes de tester étaient des démembrements
plus ou moins reconnaissables du testament *per œs et
libram* (6). Dans les testaments judiciaires, la solennité
de la mancipation, dit M. de Savigny, était suppléée par
la dignité du magistrat qui intervenait (7). « *Sicut ergo
securus erit, qui actis cujuscumque judicis, aut municipum...,
mentis suœ postremum* PUBLICAVIT *judicium* (8).... » Et
ailleurs : « *Testamenta omnium, cœteraque quœ apud offi-*

(1) Cod. Th., 3, *de donat.* — Cod. J., 25, 33 et 36, § *ult.*, *eod. tit.*
(2) Cod. Th., 1, 3, 5, 8, *de donat.*
(3) Inst., lib. II, tit. *de test. ord.*, 1, 2, 3. — Gaius, II, 101, 102, 103.
(4) Inst., lib. II, tit. X, 14. — Gord., Cod., 2, *de bon. poss. sec. tabul.*
(5) Cod. J., 18, 19, *de test.* — Cod. Th., 4, *h. t.*
(6) V. Gaius, et Inst., *loc. cit.*
(7) Savigny, *Hist. du droit rom. au moyen-âge*, t. I.
(8) Cod. J., 19, *de testam.*

cium censuale PUBLICARI *solent, in eodem reserentur* (1).

Quel est le vrai sens de *publicari* dans ces textes? Nous pensons avec MM. de Savigny et Serrigny que les Romains entendaient précisément par ce mot la déclaration de dernière volonté faite par le testateur et reçue par le magistrat (2).

M. Serrigny croit que la *publicatio* s'appliquait aussi aux testaments écrits. A l'objection que ces testaments étant cachetés et ne devant s'ouvrir qu'après la mort, la transcription n'aurait pu en être faite sur les registres du juge, il répond que rien ne s'opposait à ce que les *tabulæ* fussent présentées closes et cachetées comme nos testaments mystiques (C. N., art. 976), et que le magistrat dressât procès-verbal de la présentation et du dépôt (3).

Trois ou cinq jours après la mort du testateur, les testaments écrits étaient portés devant le *judex :* là ils étaient lus (c'était la *recitatio* qu'on a confondue à tort avec la *publicatio*), cachetés de nouveau, mis au rang des archives, et un procès-verbal constatait toutes ces opérations (4).

Nous avons énuméré des actes de juridiction volontaire pour lesquels l'intervention de l'autorité publique était indispensable; mais on y avait volontairement recours pour un grand nombre d'actes qui n'exigeaient plus aucune solennité ou forme sacramentelle, tels que la vente, l'échange, le paiement, etc.; c'était afin d'en conserver plus sûrement la mémoire, car un acte privé peut être facilement égaré ou dénié (5).

(1) Cod. Th., 4, *de testam* — Cod. J., 18, *h. t.*

(2) Savigny, *loc. cit.* — Serrigny, *Droit public et administratif romain*, t. I.

(3) Serrigny, *loc. cit.*

(4) Paul., *Sent.*, IV, 6. — Cod. J., *quemad. testam.* — Cod. Th., 4, *de testam.* — Serrigny, *ibid.*

(5) Savigny, *Hist. du droit rom. au moyen-âge*, t. I.

Les *judices* ou gouverneurs joignaient donc à tant d'autres fonctions, le rôle de nos notaires de France, qu'ils exerçaient, du reste, concurremment avec les magistrats municipaux (1).

— Maintenant, avec la formule de Montesquieu, nous pouvons résumer en deux mots tout le système impérial :

Le prince avait le droit (si l'on peut donner ce nom à une usurpation permanente) de faire des lois tyranniques et de les faire appliquer tyranniquement sur tous les points de l'Empire par des agents, qui, cumulant l'administratif et le judiciaire, avaient chacun la force d'un oppresseur.

En effet, les gouverneurs ne manquèrent point de se servir de la puissance qu'ils avaient pour le mal. Les codes romains sont remplis de dispositions ayant pour but la répression de ces abus; mais rien n'en démontre mieux l'inefficacité que les aveux mêmes contenus dans ces codes. — Il y avait bien encore, en matière judiciaire, une certaine garantie, dans la publicité de l'audience (2); mais Lydus se plaint de ce que la liberté de discussion, autrefois si entière, et même la publicité avaient été restreintes, ce qui, paraît-il, n'avait pas contribué à relever le prestige de la magistrature : *«... judicibus non nisi in occulto, cum risu adstantium, quasi in mimis causas quasdam audientibus* (3). — Enfin, le *judex*, à l'expiration de ses fonctions, devait rester cinquante jours dans sa province, en se montrant publiquement pour répondre aux accusations dirigées contre lui, et s'il en était sorti, il pouvait y être ramené pour être jugé et

____

(1) Paul, *Sent.*, IV, 6. — Cod. Th., 1, 3, *de donat.* — Cod. J., 25, 33 et 36, *h. t.* — Cod. Th., 19, *de test.* — Cod. J., 18, *h. t.* — *Nov.* 15.

(2) Cod. Th., 2, *de off. rect, prov.*

(3) Lydus, *de Magistr.*, p. 123, éd. Hase.

condamné à la restitution du quadruple des malversations qu'il avait commises (1); mais, dit M. Serrigny, « le successeur avait intérêt à protéger son prédécesseur pour se ménager un appui semblable à sa sortie de fonctions (2). »

Au reste, on sait que les princes faisaient souvent acheter le droit de gouverner une province : « *cum... aliquid lucrari ex proventu judicium cogitarent,* » que les très-glorieux préfets du prétoire, dont l'influence sur les nominations devait être le plus souvent décisive, se faisaient un devoir d'imiter le maître, et qu'ainsi une puissante solidarité d'intérêts s'établissait entre l'autorité suprême et ses agents à tous les degrés, ce qui favorisait la vénalité des *judices* (3).

D'autre part, la perception des impôts chaque jour plus écrasants devenait une occasion de violences contre les contribuables, et ces violences, malgré les lois, demeuraient généralement impunies. Pourquoi? Nous pensons que la réponse se trouve dans ces lignes éloquentes de M. Guizot : « Le despotisme, dit-il, a ce vice entre mille autres, que son exigence croît dans la même proportion que décroissent ses moyens. Plus il s'affaiblit, plus il a besoin de s'exagérer; plus il s'appauvrit, plus il faut qu'il dépense. En fait de force comme de richesse, la stérilité et la prodigalité lui sont également imposées. La société, hommes et choses, n'est dans ses mains qu'une matière morte et circonscrite qu'il dépense pour se soutenir, et dans laquelle il est contraint de pénétrer d'au-

(1) *Nov.* 8, c. 9.
(2) Serrigny, *Droit public et administratif romain,* t. I.
(3) *Nov.* 8.

tant plus avant qu'il est déjà plus épuisé et qu'il est lui-même plus près de tout perdre (1). »

Mais les despotes ne comprennent pas la vraie cause du mal, ou s'ils la comprennent, cette cause les touchent de trop près pour qu'ils songent à la faire disparaître!

(1) Guizot, *Essais sur l'hist. de France.*

DROIT FRANÇAIS

DES CONSEILS GÉNÉRAUX

Avant d'aborder l'étude des lois qui régissent actuellement nos conseils généraux de département, nous devons dire quelques mots sur les institutions correspondantes de notre ancien droit, et signaler rapidement les variations qu'ont subies depuis 1789 les institutions départementales elles-mêmes pour arriver à l'état où nous les trouvons aujourd'hui.

ANCIEN DROIT

I

Après l'invasion de la Gaule par les Barbares, les *consulares* et les *præsides* des provinces gallo-romaines furent remplacés par des magistrats portant le nom de *grafiones* (*graf*) (1). On les appela bientôt *comites*, comtes, sans doute, parce qu'à l'instar des comtes romains ils commandaient les soldats. Le *graf*, probablement électif en Germanie, était devenu un fonctionnaire royal dès le

(1) Voir en général M. de Savigny, *Histoire du droit rom. au moyen-âge.*

temps des premiers Mérovingiens (1). Au-dessous de lui venaient se placer plusieurs sortes d'adjoints ou lieutenants dont les uns commandaient un certain district, les autres avaient autorité sur tout le comté ou la province.

Il y eut aussi dans l'empire des Francs des chefs portant le titre de *duces*, ducs. Nommés d'abord en vue d'une guerre à entreprendre, ils avaient sous leurs ordres les comtes; mais plus tard ils devinrent eux-mêmes gouverneurs de province en cumulant avec leurs fonctions militaires le pouvoir civil dont les *graflones* (ou *graphiones*) étaient investis (2).

La formule de Marculf, *de ducatu vel comitatu*, donne le type de cette réunion de pouvoirs sur la tête des gouverneurs, réunion que l'état de guerre avait de bonne heure consacrée dans la personne des rois francs :

«... Ayant éprouvé ta foi et tes services, disait le prince au nouveau magistrat, nous te donnons le pouvoir de comte, de duc dans le pays de... que ton prédécesseur a administré et que nous te confions pour le conduire et le régir... Qu'il en soit ainsi que toujours tu gardes la foi donnée à notre couronne; que tous les peuples habitant le pays, Francs, Romains, Burgondes ou autres nations, soient traités avec modération sous ton gouvernement; que tu les régisses avec droiture selon leur loi et coutume (*secundum legem et consuetudinem*); que tu apparaisses surtout comme le défenseur des veuves et des pupilles; que les crimes des voleurs et des malfaiteurs soient sévèrement réprimés; que les peuples trouvant le bien-être sous ta direction se soumettent avec joie au devoir de se maintenir en paix et que tout ce qui doit être attribué

(1) Greg. Tur., IX, c. 2.
(2) Savigny, *l. cit.*

au fisc par l'effet légitime de ton administration, soit par toi-même chaque année porté à notre trésor (1). »

Tout duc ou comte... tenait dans sa circonscription une assemblée (*placitum, mallum*) qui était composée des hommes libres (*rachimburgi, boni homines*), et dans laquelle on délibérait sur les affaires du district, principalement sur celles de l'ordre judiciaire. Les *rachimburgi* jugeaient seuls les causes, et le rôle du magistrat ou de son lieutenant se bornait à présider le plaid et à faire exécuter ses jugements (2).

Dans la longue période de désordres qui suivit l'établissement des Barbares, les comtes, comme les autres dignitaires, cherchèrent à s'isoler et à faire perdre à leur autorité le caractère de délégation de la royauté; ils employèrent tous les moyens pour étendre leurs domaines, et notamment ils multiplièrent, sans nécessité, les convocations aux *placita*, dans l'unique but de profiter des amendes infligées à ceux qui négligeaient de s'y rendre (3). Pour faire cesser ces vexations, Charlemagne réduisit à trois par an le nombre des plaids auxquels les hommes libres de chaque circonscription seraient tenus de se rendre. Pour les autres réunions, le comte devait choisir ou convoquer pour juger sept personnes, qu'on appela *scabini*, échevins (de *scepeno, scheffen, schaffen*, créer, ordonner) (4).

---

(1) Marculf, *Form.*, I, 8. — Laferrière, *Hist. du droit.*

(2) Savigny, *Hist. du droit rom. au moyen-âge.* — *Théorie des lois politiques de la France*, t. VIII, *Preuves*, etc., p. 25-39. — Guizot, *Essais sur l'hist. de France.*

(3) Guizot, *Essais sur l'hist. de France.*

(4) Lud. P. *Cap.*, a. 819, § 14; *apud Bal.*, t. I. — Car. Mag. *Cap.*, a. 803, §§ 3, 20; a. 809, § 13.—Lud. P. *Cap.*, a. 829, §§ 2, 3.— Guizot, *Essais sur l'hist. de France.*

D'ailleurs, sous l'énergique administration de Charlemagne, les gouverneurs de tous les degrés redevinrent, en fait comme en droit, de simples agents du pouvoir central ; d'innombrables abus furent réprimés par les capitulaires (1), et des envoyés, appelés *missi dominici*, furent chargés d'exercer une surveillance active sur tous les délégués royaux dans les provinces.

Mais le succès des mesures prises par Charlemagne pour établir un pouvoir national et subordonner aux intérêts généraux ceux d'une aristocratie turbulente et avide, ne devait être qu'éphémère. Dès que sa main puissante se fut retirée, les faibles redevinrent la proie des forts ; la petite propriété libre dut disparaître ou perdre aux mains des possesseurs sa nature primitive (2) ; les bénéfices royaux, de temporaires et de viagers, tendirent à devenir héréditaires, et le jour où cette hérédité eut prévalu, en diminuant les sujets directs du roi, l'hérédité des offices fut bientôt conquise (3). En effet, avant la fin du IXe siècle, celle-ci était déjà légalement reconnue : « Si un comte de ce royaume, portent les capitulaires de Charles-le-Chauve de l'an 877, vient à mourir et que son fils soit auprès de nous, nous voulons que notre fils, avec ceux de nos fidèles qui se trouveront les plus proches parents du comte défunt, ainsi qu'avec les autres officiers dudit comté et l'évêque dans le diocèse duquel il sera situé, pourvoient à son administration jusqu'à ce que la mort du précédent comte nous ait été an-

---

(1) *Cap.*, a. 803, § 4, ap. Bal., t. I, p. 396 ; a. 807, p. 459 ; a. 803, § 15, p. 393 ; a. 805, § 3, p. 421, etc.

(2) *Cap.* a. 806, § 10, *ap. Bal.*, t. I, p. 443 ; a. 858, t. II, p. 44, 118, 119. — Guizot, *Essais sur l'hist. de France.*

(3) V. Laferrière, *Hist. du droit*, et Guizot, *Essais sur l'hist. de France.*

noncée et que nous ayons pu *conférer à son fils présent à
notre cour les honneurs dont il était revêtu* (1)... »

Une fois l'abus consacré d'une manière aussi formelle,
les conséquences ne tardèrent pas à s'en faire sentir :
« Les grands du royaume, poussés par une ardente cu-
pidité, dit Richer, se disputaient le pouvoir, et par tous
les moyens augmentaient leurs possessions... Acquérir des
biens au détriment d'autrui était le but suprême de chacun, et celui-là seul ne savait pas régir son patrimoine
qui n'ajoutait pas au sien celui des autres... De là le pil-
lage, les incendies, les invasions (2). »

Au reste, le travail qui depuis cinq siècles s'opérait
dans la société approchait de son terme, et il se compléta
en même temps que le Xe siècle.

La France fut couverte de fiefs et d'arrière-fiefs, de
seigneurs suzerains et de seigneurs relevants, de grands
et de petits vassaux (3)...

On comptait dans la dernière année de la dynastie ca-
rolingienne cinquante-trois grands fiefs, savoir : 7 duchés,
44 comtés, 1 marquisat et 3 vicomtés.

La souveraineté dans chaque fief s'était ajoutée et in-
corporée à la propriété ; tout duc, comte..., comme une
majesté d'empereur romain, cumulait tous les pouvoirs :
la faculté de faire des lois, d'imposer des tailles et des
corvées, le droit de guerre et de justice, celui de battre
monnaie, etc... Les grands vassaux auraient été même
théoriquement les égaux du roi s'ils n'avaient reconnu :
1° la *mouvance* de la couronne dont leurs fiefs relevaient ;

(1) *Cap.* a. 877, § 9, § 3, *ap. Bal.*, t. II, p. 263-269. — Guizot, *l. cit.*
(2) Richer, I, ch. 4, t. I, p. 12.
(3) Thibaudeau, *Hist. des Etats généraux*, t. I. — Voir en général
Henri Martin, *Hist. de France*, t. III, IV et V, et Laferrière, *Hist. du droit.*

2º le droit d'*ost* ou service de guerre pour la défense du roi et du royaume; 3º le droit de *cour* pour conseil et jugement (1).

Mais dans un temps où les abstractions étaient dédaignées ou mal comprises, où tout droit se matérialisait en quelque sorte en s'identifiant avec la propriété territoriale (2), ces réserves au profit de l'unité politique durent rester vaines : le roi ne conserva d'autre autorité réelle que celle que lui donnait l'étendue de ses domaines, et comme les Carolingiens ne demeurèrent pas les plus grands propriétaires, il arriva que la royauté leur échappa.

Au reste, la collation du titre de roi à l'un des plus puissants des seigneurs féodaux, n'arrêta pas le développement du système féodal, et les successeurs de Hugues-Capet furent réduits à conquérir par les armes leurs propres domaines contre leurs vassaux immédiats du duché de France.

II

Dans cette campagne en quelque sorte domestique et dans la lutte qui suivit, la création de nouvelles communes servit puissamment l'autorité royale par les ressources directes qu'elles lui fournissaient en subsides et en milices et par l'affaiblissement proportionnel des seigneurs donc les fiefs se trouvaient entamés et resserrés par suite des affranchissements (3). — Vers la fin du XIIe siècle, les rois se virent maîtres chez eux, dans leur domaine particulier, et alors de suzerains contestés qu'ils

(1) Laferrière, *Hist. du droit.* — Ducange, v^o *Pers.*

(2) « L'homme ne possède pas seulement la terre, dit Michelet, il en est possédé. » (Michelet, *Orig. du droit français.*)

(3) Guizot, *Hist. de la civilis. en France,* 3e édit., t. IV.

étaient, ils voulurent redevenir rois comme au temps de Charlemagne. Leur lutte contre les petits souverains féodaux fut longue et traversa bien des phases qu'il appartient à l'historien de retracer. Constatons seulement que les excès de tout genre de ces mille despotismes obscurs, en provoquant des soulèvements d'abord infructueux comme ceux des paysans bretons au Xe siècle et des paysans normands au siècle suivant, puis couronnés de succès, comme ceux qui aboutirent à l'obtention de franchises communales, ne servirent pas peu la cause de la royauté (1). Celle-ci trouva encore de puissants auxiliaires dans les légistes sortis généralement des cités émancipées, et qui, armés des codes romains, combattaient sans cesse les prétentions des feudataires, se substituaient à eux dans les fonctions administratives et judiciaires et travaillaient très-efficacement à étendre la juridiction royale. Enfin, les convocations d'assemblées qui eurent lieu dans certaines occasions solennelles ne furent pas inutiles au progrès de l'unité politique (2).

Déjà Jules César et Auguste avaient su tirer parti des assemblées délibérantes en usage chez les Gaulois. Plus tard, Honorius, rappelant une coutume négligée, avait décidé qu'il serait tenu chaque année, dans la ville d'Arles, une assemblée des *honorati* et des *possessores* des Sept Provinces du Midi (3), et les Goths devenus maitres de la Septimanie n'avaient point empêché ce *conventus* dans lequel Caseneuve et Hauteserre ont trouvé la base des Etats généraux et provinciaux du Languedoc (4).

(1) Thibaudeau, *Hist. des Etats généraux*, t. I. — Henri Martin, *l. cit.*
(2) V. *l. cit.*
(3) Const. d'Honor. et de Théod. de l'an 418.—Laferrière, *Hist. du droit.*
(4) Caseneuve, *Etats généraux du Languedoc.* — Hauteserre, *Rerum Aquit.*, IV, c. 2, — Laferrière, *l. cit.*

D'autre part, outre les plaids locaux (*placita*) présidés par les comtes, ducs..., les Francs avaient eu leurs plaids généraux appelés *Champ de mars* sous la première race, *Champ de mai* sous la seconde.

Mais ces assemblées, composées à l'origine de tous les hommes libres, n'avaient pas tardé à changer de caractère par suite de la révolution qui s'opérait dans l'ordre politique et social, et les grands laïques et ecclésiastiques avaient fini par y siéger exclusivement (1).

Au milieu des désordres des établissements féodaux, l'usage des assemblées régulières devint moins fréquent, s'il ne disparut pas tout à fait. Mais quand chaque chef se fut cantonné et fortifié dans ses terres et que le nouveau régime eut acquis quelque fixité, alors, sans doute, ceux à qui le droit du plus fort avait donné ou laissé une autorité absolue sur certains points, nominale sur d'autres, songèrent à développer l'exercice de leur souveraineté. Ne pouvant suffire à leurs dépenses avec les revenus de leurs domaines, ils entreprirent de lever des contributions sur les terres dont la propriété directe ne leur appartenait pas.

Il ne s'agissait pas, on le comprend, d'imposer des taxes sur les titulaires de fiefs qui ne devaient généralement au suzerain d'autre impôt que le service militaire, mais sur leurs sujets *taillables* (colons ou serfs), et comme ceux-ci ne devaient le tribut qu'à leur seigneur immédiat, c'est aux seigneurs que le suzerain fut obligé de s'adresser; c'est à eux qu'il fut obligé d'expliquer ses projets pour obtenir leur consentement. Ainsi les rois, ducs, comtes,... souverains furent amenés à convoquer des réunions qui ne se

(1) Guizot, *Essais sur l'hist. de France.* — Thibaudeau, *Hist. des Etats généraux.*

composèrent d'abord que des seuls possesseurs de fiefs ;
car les évêques et abbés qui en firent partie n'y furent
appelés qu'en leur qualité de seigneurs.

Le suzerain fut souvent contraint d'acheter la complai-
sance des feudataires par de nouvelles concessions ou par
l'octroi de priviléges. Néanmoins, ces réunions tournèrent
plutôt à son profit qu'au leur, car les impositions devinrent une coutume et finirent par être exigées comme
un droit.

D'ailleurs, on voit, sans peine, que l'influence des barons, plus habitués à pourfendre qu'à parler d'affaires, ne
dut pas croître dans les assemblées.

A la vérité, il n'en fut pas de même des ecclésiastiques
qui étaient moins ignorants ; ils y conquirent la pré-
séance, firent admettre peu à peu qu'ils siégeaient en
vertu de leur dignité, et comme ils étaient en minorité,
ils comprirent et obtinrent l'avantage de former un ordre
à part. Toutefois, il serait difficile de préciser l'époque de
ces innovations et la manière dont elles furent introduites.

Quant à ceux qui n'étaient ni nobles, ni ecclésiastiques,
ils ne furent pas d'abord admis aux assemblées, parce
qu'ils étaient censés représentés par leurs seigneurs.

Mais quand plusieurs communes eurent conquis, payé ou
obtenu leur affranchissement ; quand surtout les grandes
villes, ranimées par le souffle de la liberté, devinrent ca-
pables d'opposer la force à la force, alors, pour en obtenir des subsides, il fallut bien admettre leurs représentants à les voter, et c'est ainsi que se constitua un
troisième ordre, le tiers-état, qui devait dans la suite en-
traîner dans son mouvement la nation tout entière.

III

La première convocation d'*Etats généraux* dont il soit fait communément mention, est celle qui eut lieu sous Philippe-le-Bel, en 1302 (1).

Il y eut, en outre, dans le courant du XIV° siècle, sur presque tous les points, des convocations d'*Etats provinciaux* composés également des trois ordres du clergé, de la noblesse et du tiers-état.

Les Etats généraux, qui avaient prêté un appui énergique à Philippe-le-Bel dans ses démêlés avec le pape, ne tardèrent pas à paraître gênants à la royauté. En effet, ces assemblées, en échange du concours qu'elles accordaient, faisaient parfois entendre de dures et courageuses vérités.

Les Etats de 1356 et 1357 témoignèrent notamment d'un généreux élan vers la liberté et le droit. Etienne Marcel, prévôt des marchands de Paris, et Robert Le Coq, archévêque de Laon, qui les dirigèrent, furent comme des précurseurs incompris de la grande révolution de 1789; mais le premier tomba sous les coups d'un assassin, et avec lui périt le parti populaire (2).

Aux Etats de 1484, convoqués pour régler la composition du conseil de régence de Charles VIII, Philippe Pot, député de la province de Bourgogne, soutint avec énergie contre les princes du sang, le principe de la souveraineté du peuple : « La royauté, s'écria-t-il, est une dignité et

---

(1) Il résulte de recherches faites par M. de Stadler qu'avant les célèbres Etats de 1302, Philippe-le-Bel avait déjà plus d'une fois demandé des subsides à des assemblées des députés des trois ordres, soit sous la forme d'Etats provinciaux réunis simultanément dans les diverses parties du royaume, soit sous la forme d'Etats généraux. (V. Henri Martin, *Hist. de France*, 4° édit., t. V, p. 123.)

(2) V. Henri Martin, *Hist. de France*, t. V.

non une hérédité, et elle ne doit aucunement comme les
hérédités, passer toujours aux tuteurs naturels, savoir aux
proches parents... Comment des flatteurs attribuent-ils la
souveraineté au prince qui n'existe que par le peuple?
Est-ce que chez les Romains, chaque magistrat n'était pas
nommé par élection?... Je veux que vous conveniez que
l'Etat est la chose du peuple (1). »

Dans la même assemblée on proclama que le vote de
l'impôt était un droit national, et on menaça de ne voter
aucun subside, si les rôles des recettes et des dépenses
n'étaient pas communiqués aux Etats.

Il est facile de comprendre que la royauté dut trouver
de pareilles choses très-désagréables. Aussi les Etats généraux ne furent-ils convoqués qu'à de longs intervalles,
ordinairement dans les jours de périls, et quand le gouvernement voulait obtenir des subsides extraordinaires.

Une fois le but atteint, la cour n'avait rien de plus
pressé que d'éluder les résolutions de l'assemblée.

« Depuis qu'on a obtenu notre consentement pour la
levée des deniers, disait un théologien à l'assemblée de
1484, il est hors de doute que nous sommes joués; il
est certain que tout a été méprisé et les demandes in-
sérées en notre cahier et nos résolutions définitives et les
bornes que nous avons établies (2)... » Au reste, la mauvaise organisation des Etats séparés par provinces ou nations (3), et par ordre, empêchait qu'il n'y eût entre
leurs membres unité de vues et unité d'intérêts et laissait
le champ libre à toutes les intrigues et aux sollicitations
de l'égoïsme.

(1) Journal des Etats généraux, p. 447-449.
(2) Journal des Etats généraux, p. 645-646.
(3) Journal des Etats généraux tenus à Tours en 1484, rédigé par Jean
Masselin.

La dernière réunion des Etats avant 1789 eut lieu, en
1614, sous le règne de Louis XIII (1).

La cour défendit aux trois ordres de délibérer en commun; de peur que le vœu de la majorité présenté par l'assemblée tout entière et dégagé des contradictions habituelles
n'eût une force presque impérative. On ne fit aux Etats que
des communications incomplètes dont aucun débat régulier ne pouvait naître, et l'on justifia de cette manière le
mot du cardinal de Sourdis, qui avait dit au roi dans un
discours d'ouverture : « Votre Majesté s'est revêtue de
ses Etats comme d'un manteau royal *pour faire paraître
l'éminence et la splendeur de son autorité* (2). » Le pouvoir royal sortait chaque fois plus absolu d'une lutte dont
le seul résultat définitif était de constater l'impuissance de
ses adversaires et aussi les vices d'une organisation sociale
fondée sur le privilége.

Les Etats provinciaux, bien qu'ils fussent composés à
peu près de la même manière que les Etats généraux,
rendirent cependant des services plus réels. Ils étaient
plus faciles à réunir et ils furent plus souvent convoqués.
Il paraît certain, d'ailleurs, que sous la période royale, ils
furent moins travaillés par les mauvaises influences, sans
doute, parce qu'ils portaient moins ombrage au pouvoir.

A mesure que le domaine des rois s'était agrandi par
des guerres, des traités et quelquefois par la libre volonté
des provinces..., l'exercice des pouvoirs avait passé aux
mains des officiers royaux, et alors, les Etats dans les provinces et bailliages... durent être convoqués par l'autorité
royale. Ces assemblées devinrent ainsi des rouages admi-

(1) Mémoires de Richelieu, années 1614-1615. — Collections sur les Etats
généraux, publiées par le libraire Buisson, 1789.

(2) Dareste, *Hist. de l'administration en France*, t. I.

nistratifs qu'on peut comparer à certains égards à nos conseils généraux (1).

Toutefois, quelques-unes des anciennes provinces des plus importantes, et généralement les dernières soumises, ne furent réunies à la couronne qu'à la condition qu'elles conserveraient leur législation antérieure, leur forme d'administration et les priviléges qu'elles avaient obtenu de leurs anciens souverains. On les désigna spécialement par le nom de *pays d'Etats*, par opposition aux provinces qu'on appelait *pays d'élections*.

Dans les premiers, le roi ne pouvait pas directement lever l'impôt; c'étaient les Etats qui accordaient au trésor royal une somme qu'on appelait *don gratuit* et que le roi faisait demander par ses commissaires. Le paiement en était fait par la caisse de la province avec les fonds que l'assemblée affectait à cette destination. Ces fonds étaient réalisés soit au moyen des impôts levés par ordre des Etats dans la province, soit avec les ressources provenant de ses revenus ordinaires (2).

Au contraire, dans les *pays d'élections*, le roi pouvait directement lever l'impôt, sans passer par l'intermédiaire d'une assemblée provinciale. Leur nom venait de ce qu'à l'origine les membres des bureaux qui y furent constitués pour faire l'assiette et la répartition de l'impôt et pour en opérer le recouvrement, étaient élus par les Etats généraux du royaume (3). Mais les élus devinrent des officiers royaux, dès que Charles V et Charles VII eurent rendu la taille perpétuelle et obligatoire (4).

(1) Dareste, *Histoire de l'administration en France*, t. I.

(2) Herman, *Traité d'administration départementale*, t. I.

(3) Henri Martin, *Hist. de France*, t. V. — Bathie, *Droit public et administratif*, t. IV.

(4) Dareste, *Hist. de l'administ. en France.*

Les deniers publics provenant des tailles, aides et subsides furent administrés, depuis Jean-le-Bon, par des *généraux des finances*, comme les revenus du domaine royal l'étaient par les *trésoriers de France*.

Le nombre des généralités, qui s'était successivement augmenté, était de dix-sept sous Henri III, et dans chaque généralité ou recette, on comptait deux généraux des finances et deux trésoriers de France. — Un édit de juillet 1577 confondit leur office et établit pour administrer la circonscription, sous le titre de *bureau des finances*, un tribunal inamovible, dont les membres prirent le titre de *trésoriers généraux des finances*.

Il y avait vingt généralités en 1614, dont cinq dans les *pays d'Etats*. Ces dernières étaient appelées *petites généralités*, sans doute, parce que leur bureau n'administrait que les impôts perçus directement au nom du roi (1).

C'est sous la surveillance des bureaux des finances, et sauf appel à leur tribunal, que la répartition de l'impôt direct était faite par les élus dans les *pays d'élections*.

Richelieu voulant ressaisir la direction et l'administration des finances abandonnées par Henri III à des compagnies trop puissantes, prit à cet effet une mesure qui devait, d'ailleurs, hâter singulièrement les progrès de la centralisation monarchique.

On sait que depuis saint Louis les rois envoyaient dans les provinces des enquêteurs, sorte de *missi dominici*, pour surveiller les officiers royaux. La plupart des maîtres des requêtes étaient chargés de ces missions qu'on appelait *chevauchées*, et ils devaient rapporter procès-verbal des contraventions qu'ils avaient découvertes dans toutes les

______

(1) *Traité du revenu et dépense des finances de France en 1614*, au t. XVII du recueil des Etats généraux. — Caillet, *Enc. mod.*, v° *généralités*.

branches d'administration (1). Plus tard, ces tournées avaient paru insuffisantes, et dès le temps de Charles IX on trouvait dans les provinces, sous le nom de *commissaires départis*, des agents revêtus de pouvoirs très-étendus pour maintenir l'ordre, faire exécuter les édits, présider même des cours jugeant en dernier ressort, évoquer des causes, etc., etc. (2). Supprimés en 1580 sur la plainte des Etats de Blois (3), les *commissaires départis* avaient reparu trente-huit ans après sous le nom d'*intendants de justice et police* (4), et dès 1633 il en existait dans presque toutes les provinces (5). C'est en 1637 que Richelieu, pour porter un coup mortel à l'omnipotence que les bureaux de finances s'étaient arrogé, fit conférer aux intendants de larges attributions en matière financière : de ce moment ils portèrent le titre qu'ils conservèrent depuis, d'*intendants de police, justice et finances* (6). Pendant la minorité de Louis XIV, ils furent supprimés un instant dans la plupart des provinces ; mais ils reparurent bientôt, et depuis lors, leur puissance ne cessa de s'accroître. Les arrêts du Conseil enlevèrent peu à peu à leur profit l'autorité des bureaux des finances en matière d'imposition ; néanmoins ces compagnies continuèrent d'exercer, en concurrence avec les intendants, quelques attributions, no-

---

(1) Chéruel, *Direct. des instit. de la France*, v° *intendants*. — Art. 7 de l'ordonnance de Moulins.

(2) Chalmel, *Hist. de la Touraine*, t. III. — Lettres patentes de Charles IX, Blois, 4 décembre 1565.

(3) Etats de Blois, 1576. — Chalmel, *l. cit.*

(4) V. Manuscrit de la bibliothèque de l'Univ. cité par Chéruel, *Hist. de l'administrat. en France*, t. I, p. 292.

(5) Discours prononcé par Omer Talon, le 6 juillet 1648, au parlement.

(6) Archives du minist. de la guerre, pièce inédite, 31 mars 1837, t. XLI, n° 257. — Caillet, *Encyc. mod.*, v° *intendants*.

tamment en matière contentieuse et de répartition d'impôt (1).

Il y avait des provinces où il n'existait ni *Etats* ni *élections*, c'était surtout celles acquises depuis Louis XIII, telles que la Franche-Comté, l'Alsace, la Lorraine; on les appelait *pays d'imposition*. Dans ces pays, tout le travail de la répartition de la levée de l'impôt reposait sur l'intendant et ses *subdélégués*.

Il paraît certain que c'est aux nombreuses attributions des intendants en matière de finances qu'il faut attribuer la confusion qu'on a faite des mots généralités et intendances (2).

Les fonctions de gouverneur, pour quelques provinces, étaient de fait héréditaires dans certaines familles (les Condé en Bourgogne) (3). Ce reste de pouvoir politique aux mains de la haute féodalité allait tomber devant l'autorité croissante des intendants, et bientôt les gouverneurs n'eurent guère d'autorité réelle que le commandement des soldats (4).

La réforme de Richelieu ne devait pas tarder à produire

(1) Caillet, *l. cit.* Voir sur les attrib. des intend., Guyot, *Traité des offic.*, t. III, p. 119-451.— Quelques bureaux durent même être supprimés.— On sait que presque toutes les charges étaient vénales.

(2) Martin Saugrain, *Dict. univ. de la France : Tableau des div. financières.* — De Fréville, *Divis. financières de la France avant 1789*, dans *l'Annuaire de la Société de l'hist. de France de 1840.*— Chéruel, *Dict. hist. des inst. de la France.* — J. Caillet, *Encyc. mod.*, v° *généralités.*

(3) Thomas, *Une province* (la Bourgogne) *sous Louis XIV.*

(4) En matière judiciaire, les intendants étaient encore des instruments de centralisation monarchique, notamment lorsque les rois les appelaient à juger les causes civiles ou criminelles qu'ils voulaient enlever aux juges ordinaires. Il en résulta souvent des conflits entre ces fonctionnaires et les parlements, mais ceux-là, grâce à l'appui du gouvernement, finissaient toujours par l'emporter.

un autre résultat, à savoir : suppression des Etats provinciaux qui existaient encore dans plusieurs *pays d'élections*. En effet, les Etats de la Basse et de la Haute-Auvergne cessèrent de se rassembler en 1651 (Louis XIV); ceux du Rouergue disparurent dans la même année, et, dans les années suivantes, ceux du Quercy, du Périgord, de la Marche, du Berri, de l'Aunis, de l'Angoumois, de la Saintonge, de l'Anjou, du Maine et de la Touraine, de l'Orléanais, du Bourbonnais, du Nivernais, de la Normandie (1). Le *Dauphiné*, bien que *pays d'Etats*, avait perdu ses assemblées sous le règne précédent.

Dans toutes ces provinces, les intendants agirent désormais sans le contrôle et sans l'avis des représentants des intérêts locaux. Aussi présentaient-elles, en général, au XVIIIᵉ siècle, un aspect moins prospère que les pays qui avaient conservé leurs Etats.

En 1789, on comptait en France trente-deux intendances, non compris l'île de Corse.

Les provinces ou cantons qui avaient conservé leurs assemblées jusqu'à la fin de l'ancienne monarchie étaient le Languedoc, la Bretagne, la Provence, le Béarn, le Bigorre, les Quatre-Vallées, le Nébouzan, les pays de Marsan, de Soule, de Labour, la Basse-Navarre, le comté de Foix et le Donnezan, la Bourgogne, la Bresse et le pays de Dombes, le Bugey, le Valromey et le pays de Gex, l'Artois, la Flandre Wallonne et le Cambrésis (2).

Dans quelques-uns de ces pays, comme la Bretagne, la Bourgogne, le Languedoc, les Etats *consentaient* la

(1) Monteil, *Hist. des Français des divers Etats.*—Dareste, *Hist. de l'administ. en France.*

(2) Batbie, *Droit public et administ.*, t. IV. — Herman, *Traité d'administr. départ.* — De Fréville, *l. cit.*

subvention demandée au nom du roi ; dans d'autres, comme les pays de *Bresse* et *Dombes*, le *Bugey*, le *Valromey*, etc., l'assemblée n'avait qu'à répartir la somme fixée par le monarque. Les premiers étaient appelés proprement *pays d'Etats*, les seconds *pays abonnés*. Au reste, cette différence était purement théorique.

Les *intendances* et *généralités* des pays d'Etats qui présentaient une certaine étendue étaient subsivisées en *bailliages*, comme la Bourgogne et l'Artois, ou en *vigueries*, comme la Provence, ou en *diocèses*, comme la Bretagne et le Languedoc...

— Quant à l'organisation des assemblées elles-mêmes, elle variait suivant les lieux, au moins dans les détails, car presque partout on rencontrait une représentation des trois ordres, la noblesse, le clergé et le tiers-état.

Les *Etats du Languedoc* semblent avoir présenté la composition la plus régulière. Ils comprenaient 92 membres dont 23 députés par le clergé, 23 par la noblesse et 46 par le tiers-état (maires, consuls des villes...). Ainsi cette ancienne constitution locale avait tranché au profit du tiers cette question qui souleva tant d'orages au commencement de la Révolution. Les 3 archevèques et 20 évèques de la province représentaient le clergé ; la noblesse envoyait 21 barons, un vicomte et un comte (c'étaient le comte d'Alaix et le vicomte de Polignac). Le clergé et la noblesse pouvaient se faire représenter par procuration aux Etats, à la charge de choisir, le premier ordre des vicaires généraux, le second des gentilshommes. Quant aux membres du tiers, ils devaient toujours siéger en personne. Les Etats se réunissaient chaque année, en octobre. La session était ouverte par l'intendant, qui se retirait après l'ouverture, la demande du don gratuit, et, s'il y avait lieu, la communication des ordres du roi. L'assemblée *consentait* la subvention demandée, fixait le contingent de contributions de chaque diocèse; délibérait sur toutes les affaires qui intéressaient la province et votait des subsides locaux, vérifiait les impositions des communautés, émettait des vœux ou rédigeait des cahiers de doléance..... Un mois après la clôture de la session, les assemblées particulières du diocèse, appelées *assiettes,* faisaient la répartition entre les paroisses de la circonscription (1).

Aux *Etats de Bretagne,* le clergé était représenté par soixante membres, 9 évêques, 42 abbés et 9 membres des chapitres; la noblesse par 9 barons et tous les gentilshommes qui pouvaient justifier de cent ans de noblesse (déclaration de 1736); le tiers-état par les députés d'une quarantaine de communautés. En 1614, on avait dressé un rôle des villes qui devaient être représentées aux Etats, et aussitôt après le droit d'éligibilité, qui appartenait d'abord à tous les bourgeois de ces villes, fut restreint aux juges seuls. En 1702, une ordonnance royale désigna les maires et leurs lieutenants pour partager avec les juges la représentation alternative des villes. Or, comme les maires et leurs lieutenants étaient nommés à cette époque par le roi, les élections pour l'ordre du tiers se trouvèrent supprimées de fait. et la députation livrée tout entière à des fonctionnaires royaux. En 1667, le roi fixa le nombre des députés de chaque ville, sans tenir compte des réclamations des Etats, et, en 1689, il régla que les députés d'une ville n'auraient qu'une seule voix. Les députés de la noblesse étaient aussi désignés et convoqués directement par le roi depuis 1630. A partir de cette même année, les

(1) V. Dareste, *Hist. de l'administ. en France,* t. I. — Batbie, *Droit public et administatif,* t. IV.

Etats de Bretagne ne furent réunis que tous les deux ans.
Au reste, l'ouverture de la session se faisait de la même
manière que dans le Languedoc. Le vote avait lieu par
ordre et non par tête (1).

Les *Etats de Bourgogne* paraissent avoir eu une composition plus aristocratique que ceux des autres provinces.
Sur 400 membres, 72 seulement appartenaient au tiers-
état. L'assemblée ne pouvait se réunir qu'en vertu de lettres
patentes. Cette réunion n'avait lieu que tous les trois ans
et durait à peu près vingt jours. Dans l'intervalle des
sessions, trois élus nommés par les trois ordres, assistés
par un élu royal et par des officiers de la chambre des
comptes, exécutaient les délibérations des Etats. C'est à
eux notamment qu'il appartenait de régler et de répartir
les impôts ordonnés par les trois ordres. Enfin des commissaires alcades, nommés par l'assemblée, étaient chargés
de contrôler l'administration des élus et d'en rendre
compte. Les Etats de Bourgogne, comme ceux des autres
provinces, avaient cessé sous Louis XIV de résister aux
progrès de l'omnipotence royale. Jusqu'en 1674, il y avait
eu dans leur sein un parti d'opposition qui combattait le
vote des subsides; mais depuis cette époque, il n'inter-
rompit plus son silence que rarement vers la fin du règne.
L'assemblée reçut sans contradiction la théorie du césa-
risme qui leur fut exposée par l'évêque d'Autun, leur
président-né, et par Brulart, premier président du parlement de Dijon (2).

Les *Etats de Provence* proprement dits s'assemblèrent

(1) Du Breil de Pontbriant, *Hist. mss. des Etats de Bretagne.* — Dareste, *Hist. de l'administ. en France,* t. I. — Batbie, *Droit public et administratif,* t. IV.

(2) Al. Thomas, *Une province sous Louis XIV.*

pour la dernière fois en 1670. Ils nommaient un corps
d'administration pour exécuter leurs délibérations. Celui
d'entre eux qui supportait plus particulièrement le poids
de l'administration était l'*assesseur,* choisi parmi les premiers jurisconsultes de la cité d'Aix : c'était un mandataire en quelque sorte unique et annuel, contrairement à
ce qui existait dans d'autres provinces. Quand les États
de Provence eurent été supprimés, on les remplaça par
l'assemblée générale des communautés convoquées annuellement par l'intendant de la province. Le tiers-état
paraît avoir eu la prépondérance dans cette assemblée (1).

Aux *Etats de Béarn,* l'organisation présentait cette par-
ticularité que le clergé et la noblesse ne formait qu'une
chambre. La deuxième chambre se composait de *jurats*
envoyés par les communautés, à raison de deux par
communauté. Quand les avis des deux assemblées étaient
différents, la constitution voulait que le tiers opinât jusqu'à trois fois (2). En se séparant, les États nommaient
une commission permanente appelée l'*Abrégé.*

Les *Etats du Labour* (bilçar, de *bil,* réunion et *çar,*
cahar, vieillard) étaient une espèce de sénat composé des
chefs de famille de trente communautés. On n'y trouvait
ni ordre du clergé, ni ordre de la noblesse. L'assemblée
se réunissait sur une éminence, dans un bois voisin d'Us-
taritz, en plein air (3).

Nous ne nous étendrons pas davantage sur les particularités que pouvait présenter l'organisation des *assemblées*
provinciales.

Ainsi que nous l'avons vu, celles de ces assemblées qui

(1) Bédarride, *Discours de rentrée,* 1867 (cour de cassation).
(2) Batbie, *Droit public et administratif,* t. IV.
(3) Noël des Vergers et Léon Renier, *Encyc. mod.,* compl., t. III.

avaient survécu aux envahissements du pouvoir royal avaient beaucoup perdu de leur indépendance : c'est le roi qui, sauf la confirmation papale, nommait les évêques qui représentaient le clergé (1) ; c'est le roi qui, dans plusieurs provinces (Bretagne, Artois.....), désignait les députés de la noblesse qui devaient figurer aux Etats ; enfin, c'est le roi qui conférait aux magistrats municipaux leurs titres d'offices, devenus héréditaires depuis l'édit du 7 août 1692, et l'on sait que le tiers-état était principalement représenté par les magistrats des villes (2).

Le peuple qui payait l'impôt n'avait donc plus aucune part à la nomination de ceux qui étaient censés être les défenseurs de ses droits. D'ailleurs, la prépondérance aux Etats appartenait presque partout aux deux castes qui jouissaient de toutes sortes de priviléges injustes et de l'exemption de la partie la plus onéreuse des charges publiques. Si l'on joint à cela les inconvénients du vote par ordre et d'autres que nous avons indiqués en parlant des Etats généraux, on comprendra facilement que ces assemblées n'aient offert, dans les derniers temps, qu'une assez faible garantie contre l'absolutisme royal. Néanmoins, mieux valait encore cette ombre de liberté que son absence complète, et nous le répétons, les intérêts des *pays d'Etats* furent mieux défendus, mieux dirigés, mieux surveillés.

« Un ministre, dont le nom est resté cher aux amis de

(1) Concordat de 1516.

(2) Le prince pouvait dire : *L'Etat, c'est moi.* La maxime « *que veut le roy si veut la loi* » avait cours au palais, et un roi allait jusqu'à dire à son fils : « Vous devez être persuadé que les rois ont naturellement la disposition pleine et libre de tous les biens qui sont possédés, aussi bien par les gens d'Eglise que par les séculaires. » (*OEuvres de Louis XIV*, t. I, p. 57.)

l'humanité (Turgot), voulut étendre à la France entière des institutions analogues. Il obtint, à titre d'essai, qu'une *assemblée provinciale* serait créée dans le Berri et la Haute-Guyenne. Le succès justifia ses espérances, et, en 1787, le roi publia un édit où il manifesta l'intention d'étendre le même bienfait à toutes les provinces du royaume qui n'avaient pas d'Etats provinciaux (1). »

Des assemblées furent, en effet, tenues dans les *pays d'élections;* mais ces réunions ne prirent pas le caractère d'une institution régulière et ces projets de réforme furent absorbés par le mouvement plus radical de la Révolution française.

DROIT INTERMÉDIAIRE

Ce furent les Etats généraux, convoqués en 1789, et transformés en *Assemblée constituante*, grâce à l'attitude énergique du tiers-état, qui eurent l'impérissable honneur de proclamer les principes destinés à former la base du droit public moderne :

1° La souveraineté du peuple et la séparation des pouvoirs; 2° le vote de l'impôt par les citoyens en leurs représentants; 3° la responsabilité des agents publics; 4° l'égalité civile; 5° la sûreté et la liberté individuelles; 6° la liberté religieuse; 7° la liberté de la presse; 8° le droit de réunion; 9° le droit de pétition; 10° l'inviolabilité de la propriété; 11° l'indépendance et la gratuité de la justice; 12° l'institution d'une force publique essentiellement obéissante (2).

---

(1) Mounier, *Rapport à la Chambre des pairs*, le 4 mars 1837.

(2) Constitution du 3-14 septembre 1791, et Déclaration des droits de l'homme et du citoyen.

11

Tous les décrets de la Constituante eurent pour objet de consacrer, d'une manière plus ou moins complète, ces grands et salutaires principes. C'est ainsi notamment que l'acte constitutionnel du 3-14 septembre 1791 délégua le pouvoir législatif à une assemblée temporairement élue par le peuple; le pouvoir exécutif à un roi pour être exercé sous son autorité par des ministres responsables, et le pouvoir judiciaire à des magistrats élus à temps par le peuple.

L'Assemblée réalisait, d'ailleurs, les vœux instants de la France en substituant l'unité à la diversité si grande des lois, des coutumes, des juridictions, des modes d'administration, etc.

A la place des anciennes généralités et provinces, la loi du 22 décembre 1789 créait le *département* subdivisé en *districts*, et aux nouvelles divisions ainsi établies elle donnait une organisation uniforme par toute la France.

L'*administration de département* était formée de trente-six membres nommés, pour quatre ans, par les électeurs du second degré (1), et renouvelables par moitié, tous les deux ans. Elle était permanente et se divisait en deux sections: le *conseil de département* et le *directoire*.

Le conseil devait tenir annuellement une session pour fixer les règles de chaque partie de l'administration, ordonner les travaux et les dépenses générales du département et recevoir le compte de la gestion du directoire. La première session était de six semaines, et celle des années suivantes d'un mois au plus.

---

(1) Pour être citoyen actif, il fallait payer une contribution directe de la valeur locale de trois journées de travail (loi du 22 déc. 1789, sect. I, art. 4). Les électeurs primaires nommaient un *électeur* du 2ᵉ degré par cent citoyens actifs (art. 17).

Les membres de chaque administration élisaient huit d'entre eux pour composer le directoire, lequel était aussi renouvelable par moitié, tous les deux ans, et *devait être toujours en activité pour l'expédition des affaires.*

Le président élu par l'administration de département avait également le droit de présider les séances du directoire, et le directoire ne pouvait choisir qu'un *vice-président.*

Près de chaque administration de département il y avait un *procureur général syndic* nommé, pour quatre ans, en même temps que les trente-six membres de l'administration, et par les mêmes électeurs. Le syndic avait séance au conseil général, sans voix délibérative; mais il ne pouvait y être fait aucun rapport sans qu'il en eût eu communication, ni être pris aucune délibération sur ces rapports sans qu'il eût été entendu. Il avait de même séance au directoire, avec simple voix consultative, et au surplus était chargé de la suite de toutes les affaires.

Les attributions de l'administration de département s'exerçaient, les unes *sous l'inspection du Corps législatif et en vertu de ses décrets* : c'étaient celles relatives à la répartition, à l'assiette et au recouvrement des impôts, à l'ordonnancement et au paiement des dépenses publiques, aux impositions et aux emprunts; les autres, *sous l'autorité et l'inspection du roi*, chef du pouvoir exécutif. L'autorisation royale était exigée pour la validité des délibérations sur les objets intéressant le régime de l'administration générale du royaume, sur les entreprises nouvelles ou les travaux extraordinaires. Quant à l'expédition des affaires particulières, et tout ce qui s'exécuterait en vertu de délibérations déjà approuvées, une autorisation spéciale n'était pas nécessaire (1).

(1) Loi du 22 décembre 1789.

Toute l'administration était, on le voit, déléguée aux élus du département; mais en même temps les droits du pouvoir central étaient constatés et délimités : « Le principe général dont les corps administratifs doivent se pénétrer, porte l'instruction du 8 janvier 1790, est que si, d'une part, ils sont subordonnés au roi comme chef suprème de la nation et de l'administration, de l'autre, ils doivent rester religieusement attachés à la constitution et aux lois..... » Et plus loin : « L'Etat est un; les départements ne sont que des sections d'un même tout : une administration uniforme doit donc les embrasser tous dans un régime commun. Si les corps administratifs, indépendants et en quelque sorte souverains dans l'exercice de leurs fonctions, avaient le droit de varier à leur gré les principes et les formes de l'administration, la contrariété de leurs mouvements partiels, détruisant bientôt la régularité du mouvement général, produirait la plus fâcheuse anarchie. »

« La constitution serait violée, si les administrations de département pouvaient ou se soustraire à l'autorité législative, ou usurper aucune partie de ses fonctions, ou enfreindre ses décrets et résister aux ordres du roi qui leur en recommanderait l'exécution (1)... » La constitution du 3-14 septembre 1791 conférait au chef de l'Etat le droit d'annuler les actes des administrateurs de département contraires aux lois et aux ordres qu'il leur aurait adressés, et même de les suspendre de leurs fonctions, *en cas de désobéissance persévérante ou s'ils compromettaient par leurs actes la sûreté ou la tranquillité publique.* Mais cette suspension n'était que provisoire, et le roi devait en référer

______

(1) Inst. de l'Assemblée constit. du 8 janvier 1790.

au Corps législatif qui renvoyait, s'il y avait lieu, les administrateurs devant les tribunaux criminels (1).

Une loi du 16 août 1792, rendue peu après la suspension du roi, complétait l'œuvre de la Constituante en ordonnant la publicité des séances du conseil de département; et une seconde loi, du 27 août, étendait cette mesure aux séances du directoire.

Les circonstances extraordinaires dans lesquelles le nouveau système départemental dut fonctionner ne permettent pas d'en mesurer la valeur sur le temps qu'il a duré. Toutefois, on peut se demander s'il n'eût pas mieux valu, comme dans l'Union américaine, déléguer l'action à un seul magistrat, charger le président, par exemple, de tout ce qui n'est que de pure exécution. Les autres membres du directoire eussent formé un comité permanent de surveillance, et l'on eût exigé leur intervention directe pour toutes les décisions à prendre en matière contentieuse ou non contentieuse. Cela n'eût pas empêché, d'ailleurs, le maintien du procureur général syndic, sorte de tribun institué dans chaque département pour défendre les intérêts publics et ceux des citoyens. Une pareille organisation, entièrement fondée sur l'élection temporaire, n'eût certes pas constitué la monarchie dans le département.

La Convention nationale, par la loi du 14 frimaire an II, supprima les conseils de département et les procureurs généraux syndics, et ne laissa subsister que les directoires, qui étaient présidés à tour de rôle par chacun des membres, avec changement mensuel. Ces corps res-

_____

(1) Les districts et les communes avaient des administrations organisées d'une manière analogue. (Lois des 22 décembre 1789 ; — 2-14 décembre et 30 décembre 1789 ; — 8 janvier 1790.)

lèrent chargés de l'administration ; quant aux directoires
de district, ils furent appelés à exécuter les mesures de
gouvernement et de salut public, et pour les diriger dans
cette mission, des *agents nationaux,* nommés par la Convention, furent placés près d'eux : c'étaient en général
les anciens procureurs syndics de la circonscription.

La loi du 14 frimaire fut elle-même abrogée par celle
du 28 germinal an III qui rétablissait la législation antérieure, en donnant aux directoires le droit de nommer
un président. Le procureur général syndic recevait mission expresse de transmettre, tous les dix jours, un rapport du directoire sur l'exécution des lois (1).

La constitution du 5 fructidor an III, qui avait placé
au centre des pouvoirs publics un *directoire exécutif* de
cinq membres, et un pouvoir législatif divisé en deux
chambres (l'une chargée de la confection, l'autre de la
sanction de la loi), ne renonça pas au système des administrations collectives ; mais elle simplifia l'organisation
départementale et fortifia l'intervention du pouvoir central. Une assemblée de cinq membres, élus, pour cinq ans,
et renouvelables par cinquième, chaque année, était chargée de la délibération et de l'action. Ces administrateurs
pouvaient être destitués par le directoire. Si la desti-
tution s'étendait à la fois aux cinq membres, le directoire pourvoyait à leur remplacement jusqu'à l'année
suivante ; mais il ne pouvait choisir ces suppléants provisoires que parmi les anciens administrateurs du département.

(1) La constitution du 24 juin 1793, qui ne reçut pas d'exécution, établissait le suffrage universel et direct pour la nomination des représentants du
peuple, et le suffrage universel à deux degrés pour la nomination aux fonctions de l'ordre administratif et judiciaire.

D'autre part, le syndic électif de la loi du 22 décembre 1789 était remplacé par un *commissaire* que le directoire avait le droit de choisir parmi les citoyens domiciliés dans le département. Le commissaire était chargé « *de requérir l'exécution des lois.* »

Les attributions des nouvelles administrations n'étaient pas définies par l'acte qui les constituait; mais elles devaient être celles qu'avaient remplies les administrations établies par la Constituante.

Ce système dura jusqu'à ce que le coup d'Etat du 18 brumaire vint apporter de nouveaux et graves changements dans l'organisation nationale. La constitution du 22 frimaire an VIII, en conférant à un premier consul, élu pour dix ans, l'initiative de la loi et la nomination à presque tous les emplois administratifs et judiciaires, reprenait les traditions de l'ancienne monarchie quant à la concentration des pouvoirs dans la personne du chef de l'Etat. Toutefois, elle réservait en partie le droit du pays de se gouverner lui-même en maintenant, pour les fonctions publiques, une sorte de candidature élective : le premier consul devait faire son choix sur une liste de candidats préparée par les colléges électoraux (1).

Aux termes de la loi du 28 pluviôse an VIII, corollaire de l'acte constitutionnel du 22 frimaire, les fonctions exercées antérieurement par les administrations et commissaires de département étaient remplies par un *préfet*, un *conseil de préfecture* et un *conseil général*, émanant tous du premier consul.

(1) Constitution du 22 frimaire an VIII. Voir, d'ailleurs, le sénatus-consulte du 16 thermidor an X, qui nomma Bonaparte consul à vie, et celui du 28 floréal an XII qui proclama l'Empire. — Tous ces actes organiques n'ont pas le mérite de la simplicité et il serait trop long d'en donner ici une analyse complète.

Le préfet était seul chargé de l'administration (1). — Le conseil de préfecture, qui contenait trois membres au moins, sans compter le préfet, président de droit, recevait mission d'éclairer l'administration de ses avis, d'exercer en partie la tutelle des établissements publics, et de statuer sur des affaires du contentieux administratif. — Le conseil général, composé suivant les départements, de 16, 20 ou 24 membres, tenait une session annuelle de quinze jours au plus, dans laquelle, après avoir nommé un de ses membres président, un autre secrétaire, il répartissait les contributions directes entre les *arrondissements* (2) communaux du département; statuait sur les demandes en réduction faites par les conseils d'arrondissement, les villes, les bourgs et villages; déterminait, dans les limites fixées par la loi, le nombre des centimes additionnels dont l'imposition pouvait être demandée pour les dépenses du département; entendait les comptes annuels du préfet sur l'emploi des centimes additionnels qui auraient été destinés à ces dépenses; enfin, exprimait son opinion sur les besoins du département et l'adressait au ministre de l'intérieur.

Les attributions conférées, par la loi du 22 décembre 1789, aux assemblées départementales étaient amoindries, en même temps que le droit des citoyens de choisir leurs mandataires se trouvait en partie confisqué. Il paraît même que l'ombre d'élection maintenue par la constitution de l'an VIII et le sénatus-consulte du 16 thermidor an X était tombée en désuétude sous l'influence absorbante du régime impérial (3). La charte de 1814, en ré-

(1) Le rapporteur de la loi de pluviôse formulait ainsi la règle du nouveau système : « Agir est le fait d'un seul, délibérer est le fait de plusieurs. »

(2) Cette dénomination avait remplacé celle de *district*.

(3) Herman, *Traité d'administration départ.*, t. I.

servant au roi la nomination directe des préfets, conseillers généraux, conseillers d'arrondissement, etc., ne \fit donc guère que débarrasser le sol légal de broussailles inutiles : *illinc submoveantur!* La précédente organisation des départements était, d'ailleurs, entièrement conservée.

La Restauration supprimait toute liberté aux extrémités, mais au centre, tout en retenant pour le roi l'initiative et la sanction de la loi, elle *octroyait* cependant à la chambre élective une portion importante d'autorité. Aussi, malgré le petit nombre d'électeurs censitaires appelés à nommer cette chambre, le cri de l'opinion publique finit par y trouver de l'écho. Le gouvernement se décida à présenter un projet de réforme qui, il est vrai, fut retiré brusquement. Mais la lutte engagée avec la dynastie se termina en 1830 par la chute de celle-ci, et l'art. 69 de la nouvelle charte promit à la France des institutions départementales fondées sur un système électif. Ce fut la loi du 22 juin 1833 qui devait commencer l'exécution de cet engagement.

Pendant plus de trente ans les attributions, conférées aux assemblées départementales par la loi du 28 pluviôse, n'ont pas été modifiées législativement. Mais « une nécessité impérieuse, plus forte que les mauvais vouloirs, dit M. Vivien, a forcé de recourir à l'intervention des conseils généraux pour la solution de questions nombreuses (1). » Leurs attributions se sont développées notamment au point de vue financier.

« Ainsi, et je cite le rapport de M. Busson-Billault, la propriété départementale s'augmente. Le décret du 9 avril 1811 attribue aux départements la pleine propriété en ce

<hr>

(1) Vivien, *Rapport à la Chambre des députés sur le projet de loi relatif aux conseils généraux* (1838).

qui les concerne, des édifices nationaux occupés par le
service des administrations, des cours et tribunaux et de
l'instruction publique. Le décret du 16 décembre 1811
leur transmet la propriété des routes dites de troisième
classe, et depuis lors appelées routes départementales, et
il met à leur charge les frais de construction et d'entretien de ces routes (1)... »

Dès le principe, les décrets de la Constituante avaient
établi une distinction entre les dépenses du département
et celles de l'Etat (2); mais la loi du 19 fructidor an II,
en supprimant les conseils de département, avait aussi
supprimé cette distinction. Elle avait été rétablie par la loi
du 28 messidor an IV, laquelle portait qu'il serait pourvu
aux dépenses départementales au moyen de sols additionnels, et consacrée par les lois des 15 frimaire an VI et
11 frimaire an VII, qui instituaient un *fonds commun*
destiné à venir en aide aux départements pauvres, et je-
taient les bases du budget départemental. « Il serait trop
long, continue M. Busson-Billault, de rappeler toutes les
modifications apportées aux éléments qui composent ce
budget; il convient cependant de rappeler que, par l'arrêté des consuls du 25 vendémiaire an X et la loi du
13 floréal de la même année, les dépenses départementales furent divisées en dépenses *fixes*, sur la quotité desquelles les conseils généraux n'eurent plus à délibérer,
mais à donner seulement un avis, et en dépenses *variables*, soumises à leur contrôle et pour le paiement desquelles ils furent autorisés à s'imposer dans les limites
d'un maximum annuellement fixé par la loi de finances.

(1) Busson-Billault, *Rapport au Corps législatif, Monit.* du 15 mai 1866.
(2) Lois des 22 décembre 1789, 10 avril 1791, 14 octobre 1791.—V. aussi
loi du 3 août 1793.

Le conseil général put, en outre, consacrer aux dépenses
facultatives, d'utilité départementale, le produit de centimes facultatifs dans les limites du maximum annuellement déterminé et qui a été constamment fixé à cinq
depuis la loi du 28 avril 1816 » (jusqu'à 1850).

« D'autres lois ont autorisé les conseils généraux à créer
des ressources *spéciales* pour les dépenses d'une nature
spéciale, pour les dépenses du *cadastre* (loi du 31 juillet
1821), de l'*instruction primaire* (loi du 28 juin 1833), et
les subventions à accorder aux *chemins vicinaux* (loi du
21 mai 1836). »

« C'est ainsi que se sont étendues successivement les
matières qui pouvaient ou devaient être l'objet de l'examen et du vote des conseils généraux (1)... »

En poursuivant notre résumé historique des institutions
départementales, nous sommes arrivés d'une part à la loi
du 22 juin 1833, qui a pour objet une nouvelle *organisation* des conseils généraux ; d'autre part, nous touchons
à celle du 10 mai 1838, qui règle et en une certaine
mesure développe leurs *attributions*.

DROIT MODERNE

Ces lois n'ont été abrogées qu'en partie. Nous les rap-
procherons des autres dispositions qui régissent les conseils généraux, afin de faire ressortir l'état actuel de
notre droit public sur cette importante matière.

Mais d'abord, pour expliquer les variations qu'ont subi
depuis 1830 les institutions départementales et en saisir

(1) Busson-Billault, *ibid.*

la portée, il n'est pas inutile de rappeler, en peu de mots, les changements intervenus dans le système politique ; en effet, comme toujours, celles-là n'ont été que la conséquence de ceux-ci : *telle politique, telle administration.*

La charte de 1830, qui n'était que la charte de 1814 amendée, semblait reconnaître la souveraineté du peuple ; mais en même temps, elle aliénait une bonne partie de cette souveraineté au profit d'une nouvelle royauté : le prince était déclaré héréditaire, inviolable et irresponsable ; il avait l'initiative des lois, et s'il partageait cette initiative avec une Chambre des pairs nommée par lui et une Chambre des députés nommée par les électeurs censitaires, il pouvait paralyser tous les votes en refusant de sanctionner ou de promulguer la loi. Les ministres étaient responsables et pouvaient être mis en accusation par la Chambre des députés ; mais ils étaient jugés par la Chambre des pairs, dont on sait l'origine.

La charte promettait des institutions départementales et municipales, fondées sur un système électif ; mais les lois subséquentes n'étendirent ce système qu'aux principales assemblées : les magistrats de l'ordre administratif, préfets, sous-préfets, maires, etc., restaient à la nomination du roi (1). C'est encore le roi qui élevait aux fonctions de l'ordre judiciaire, en vertu du principe écrit dans la charte : *Toute justice émane du roi.*

En 1848, le principe de la souveraineté du peuple triompha de nouveau avec la révolution de février, et le gouvernement provisoire en fit une très-large application en provoquant la nomination d'une *Assemblée constituante* par le suffrage universel et direct.

(1) Toutefois, les maires, aux termes de la loi du 18 juillet 1837, devaient être pris au sein du conseil municipal.

La constitution du 4 novembre 1848, délibérée et votée par elle, déléguait le pouvoir législatif à une assemblée unique élue, pour trois ans, par le peuple (1); le pouvoir exécutif à un président élu, pour quatre ans, par le peuple; et le pouvoir judiciaire à des magistrats nommés à vie par le président, d'après un ordre de candidature ou d'après des conditions qui devaient être déterminées par des lois organiques.

Le président avait l'initiative de la loi concurremment avec les représentants du peuple, mais les projets émanés de lui, avant d'être discutés, devaient être soumis au conseil d'Etat, dont les membres étaient élus pour six ans par l'Assemblée nationale. Les lois votées par celle-ci étaient promulguées par le président de la République, dans les trois jours, en cas d'*urgence* déclarée, et dans les trente jours, pour tous les autres cas. Le président pouvait, dans ce délai, par un message motivé, provoquer une nouvelle délibération de l'assemblée; mais si elle passait outre, la loi devait être promulguée dans les trois jours, comme en cas d'urgence.

Le président et ses ministres étaient responsables et pouvaient être traduits par l'Assemblée nationale devant une haute-cour, composée de cinq membres de la cour de cassation et de trente-six jurés pris dans les conseils généraux.

Dans la constitution des administrations locales, le principe de la souveraineté du peuple n'était pas appliqué avec la même rigueur; car si les assemblées délibérantes étaient nommées par le peuple, une partie des magistrats de l'ordre administratif, notamment les préfets, demeu-

(1) L'Assemblée était permanente ; mais elle pouvait s'ajourner.

rait à la nomination du chef de l'Etat (1). La même inconséquence se manifestait dans l'ordre judiciaire.

Le nouveau régime, tout en proclamant les principes de
la démocratie, transigeait donc, jusqu'à un certain point,
avec les idées monarchiques. Ces concessions durent favoriser
le réaction et faciliter son triomphe, lequel fut consommé
par le coup d'Etat du 2 décembre 1851, et donna lieu à
une nouvelle organisation politique.

Aux termes de l'acte constitutionnel du 14 janvier 1852,
un président élu, pour dix ans, gouverne au moyen : des
ministres, qui ne dépendent que de lui; d'un conseil
d'Etat, dont il nomme et révoque les membres; d'un
Sénat qu'il nomme et dont les membres sont inamovibles
et à vie; enfin d'un Corps législatif élu, pour six ans,
par le suffrage universel. Le président est responsable
devant le peuple français, mais lui seul peut provoquer
son jugement! Il a seul l'initiative des lois; le conseil
d'Etat les rédige sous sa direction; le Corps législatif
les vote et peut les amender avec le consentement du
conseil d'Etat (2); le Sénat examine s'il n'y a pas lieu de
s'opposer à leur promulgation pour cause d'inconstitu-
tionnalité; enfin le président les sanctionne et les pro-
mulgue sans qu'aucune condition de délai lui soit imposée,
ce qui est équivalent au droit de *veto absolu.*

(1) D'après le décret de l'Assemblée constituante, en date du 3 juillet 1848,
les maires et les adjoints devaient être choisis par le conseil municipal et pris
dans son sein, excepté dans les chefs-lieux de département et d'arrondissement et dans les communes au-dessus de 6,000 âmes, où ils étaient nommés
par le pouvoir exécutif parmi les membres élus du conseil municipal.

(2) Comme la Chambre des députés sous le Gouvernement de Juillet, le
Corps législatif est convoqué, ajourné, prorogé ou dissous par le chef de
l'Etat; mais à la différence du régime antérieur. cette assemblée ne nomme
ni son président ni ses vice-présidents.

Le Sénat règle par des sénatus-consultes : 1° la constitution des colonies et de l'Algérie; 2° tout ce qui n'a pas été prévu par la constitution et qui est nécessaire à sa marche; 3° le sens des articles de la constitution qui donne lieu à différentes interprétations.

Le président possède à l'égard des sénatus-consultes le même pouvoir qu'à l'égard des lois.

Le peuple continue à élire les membres des assemblées locales (conseils généraux, d'arrondissement et municipaux); mais le choix des fonctionnaires de l'ordre administratif, préfets, sous-préfets, maires... (1), appartient au chef de l'Etat, et c'est le même qui nomme les magistrats amovibles ou inamovibles de l'ordre judiciaire.

Les sénatus-consultes des 7 novembre et 25 décembre 1852 ont encore ajouté à cette concentration de pouvoirs en proclamant l'Empire et en le déclarant héréditaire, en donnant à l'empereur le droit de décréter tous les travaux publics, en établissant que les traités de commerce faits par lui auraient force de loi pour les modifications de tarif qui y seraient stipulées, en décidant que le budget serait désormais voté par ministère, et que la répartition par chapitres du crédit accordé et les virements d'un chapitre à un autre auraient lieu en vertu de décrets impériaux (2).

Ajoutons ici quelques mots sur un magistrat dont nous aurons souvent à parler dans la suite, le préfet. Créé, on le sait, par la loi du 28 pluviôse an VIII, il n'a guère changé de caractère depuis cette époque. Il est nommé

(1) Les maires peuvent même être pris en dehors des conseils municipaux. (Lois des 7 juillet 1852 et 5 mai 1855.)

(2) Aux termes d'un sénatus-consulte récent, le Sénat a le droit de renvoyer à la session suivante un projet de loi voté par le Corps législatif, bien qu'il ne le juge pas contraire à la constitution.

par le chef de l'Etat et révocable par lui, à volonté. Dans l'ordre hiérarchique, il relève plus directement du ministre de l'intérieur ; mais il correspond directement avec tous les ministres pour les affaires ressortissant à leur ministère. L'administration dans le département lui a été déléguée à titre universel par l'art. 3 de la loi de pluviôse ; néanmoins, une foule d'actes spéciaux ont eu pour objet de déterminer les affaires de sa compétence. Il réunit quatre qualités autour desquelles peuvent se grouper toutes dispositions qui le concerne : 1° il est le délégué du gouvernement pour tout ce qui concerne l'exécution des lois et réglements ; 2° il représente le domaine de l'Etat ; 3° il représente le département comme personne morale, toutes les fois qu'il s'agit de faire un acte judiciaire ou extrajudiciaire concernant le patrimoine départemental ; enfin, il est le tuteur des communes et autres établissements publics ou d'utilité publique situés dans son ressort (1).

A ces divers titres, il nomme à une foule d'emplois nationaux, départementaux ou municipaux ; il a pour subordonnés, non-seulement les employés dont le choix lui appartient, tels que ses auxiliaires immédiats les *employés de préfecture*, tels que les agents-voyers, etc., mais aussi (du moins à certains égards) les fonctionnaires dont la nomination ne lui appartient pas et qui sont dans le département les auxiliaires du pouvoir administratif : le trésorier-payeur général, le directeur des domaines, les directeurs des contributions directes et indirectes, l'ingénieur en chef du département, l'inspecteur d'académie, le secrétaire général de la préfecture, les sous-préfets, les maires, etc., etc.

(1) Batbie, *Droit public et administ.*, t. IV.

Les conseils administratifs, se rattachant plus ou moins à l'autorité départementale, sont :

1° Pour chaque ressort d'académie, le conseil académique ;

2° Pour chaque département, le conseil général, le conseil de préfecture, le conseil de révision pour le recrutement de l'armée, le conseil départemental de l'instruction publique ;

3° Pour chaque arrondissement, le conseil d'arrondissement et la chambre d'agriculture ;

4° Pour chaque circonscription, commerciale ou industrielle, la chambre de commerce ou la chambre consultative des arts et manufactures.

Mais le plus important de tous ces conseils est, sans contredit, le *conseil général* de département, dont nous avons à exposer l'*organisation* et les *attributions* (1).

(1) La plupart des conseils cités ne sont pas électifs ou n'émanent que d'un petit nombre d'électeurs, comme la chambre de commerce, dont les membres sont choisis par les notables commerçants.

LIVRE I

Organisation des Conseils Généraux.

—

TITRE I

FORMATION DES CONSEILS GÉNÉRAUX

§ 1. — Nombre des membres des conseils généraux.

En 1833, il fut décidé en principe, mais non sans discussion, que le conseil général de chaque département se composerait d'autant de membres que de cantons et que chaque canton élirait un mandataire (loi du 22 juin 1833, art. 2 et 3, § 2). On ne tenait pas compte de l'importance relative des départements; on ne s'arrêtait même pas à l'importance relative des cantons d'un même département, par la raison que les intérêts d'un canton pauvre ont besoin d'être défendus comme ceux d'un canton plus riche.

Mais en adoptant la règle que nous venons d'indiquer, la loi y apportait aussitôt une exception qui, en fait, s'étendait au plus grand nombre des départements (à 45 sur 86). Le législateur craignait que des assemblées de 60, 50, 40 et même de 31 membres ne fussent difficiles à diriger, et qu'on ne cherchât à s'y faire une tribune d'où l'on parlerait pour le dehors, au grand préjudice des affaires! Il décida donc qu'aucun conseil général ne

pourrait avoir plus de trente membres et que des réunions de cantons seraient opérées de manière à diviser les
quarante-cinq départements de plus de trente cantons en
trente circonscriptions électorales (art. 2 et 3, § 2).

L'application de ce système ne tarda pas à soulever des
réclamations : des rivalités et des dissentiments éclataient
entre les cantons appelés à élire en commun un membre
pour les représenter.

Pour les faire cesser, un décret de l'Assemblée nationale, en date du 3 juillet 1848, porta qu'il serait élu
un membre du conseil général dans chaque canton (art. 1er).
Cette disposition a été maintenue par la loi du 7 juillet
1852, art. 2, et l'expérience a démontré que les craintes
vraies ou feintes du législateur de 1833 étaient purement
chimériques.

§ 2. — Election des conseils généraux.

Aux termes de l'art. 3 de la loi du 22 juin 1833,
l'assemblée électorale, pour la nomination d'un conseiller
de département, était composée des électeurs censitaires
qui nommaient les députés et des citoyens portés sur la
liste du jury : si leur nombre était au-dessous de cinquante, le complément devait être formé par l'appel des
citoyens les plus imposés.

Après la révolution de février, le gouvernement provisoire, par décret du 5 mars 1848, appela, sans condition
de cens, à élire les représentants du peuple tous les Français, âgés de 21 ans, ayant six mois de *résidence* dans la
commune et jouissant de leurs droits civiques. Ces dispositions furent appliquées, par décret de l'Assemblée nationale du 3 juillet 1848, à l'élection des assemblées lo-

cales et notamment des conseils généraux ; seulement ici on exigeait que le citoyen eût son *domicile réel* dans la commune depuis six mois (art. 5 et 12).

La constitution du 4 novembre 1848 consacra formellement le principe du suffrage universel et direct, et la loi des 8, 28 février, 15, 18 mars 1849, faite conformément aux promesses de la constitution, devint le code des élections politiques. Cette loi laissait, d'ailleurs, subsister le décret du 3 juillet 1848.

En 1850, une loi nouvelle, proposée par le gouvernement de concert avec le parti réactionnaire de l'Assemblée législative, vint hypocritement réduire d'un tiers environ le nombre des électeurs; mais cette loi impopulaire (31 mai) était sur le point de succomber par la voie constitutionnelle, quand elle fut abrogée par décret dictatorial à la suite du 2 décembre. Les décrets organique et réglementaire du 2 février 1852, relatifs aux élections, reproduisent la plupart des dispositions de la loi de 1849. Toutefois, le décret organique introduit une grave innovation : il supprime le scrutin de liste et décide que les électeurs se réuniront, non plus au chef-lieu de canton comme précédemment, mais au chef-lieu de la commune (art. 2 et 3).

Aux termes de l'art. 12 de ce même décret « sont électeurs, sans condition de cens, tous les Français âgés de 21 ans accomplis, jouissant de leurs droits civils et politiques (1). » Mais pour être porté sur la liste électorale et admis à voter, il faut, en outre, avoir six mois de

(1) La circ. minist. du 7 février 1852 dresse un tableau par ordre alphabétique des crimes, délits et autres causes qui emportent exclusion de la liste électorale. — Voir aussi les art. 14, 15 et 16 du décret organique du 2 février 1852.

résidence dans la commune, avant la clôture définitive de
la liste, qui est soumise à une révision au commencement
de chaque année.

Le décret réglementaire, qui complète le décret organique, pose les règles à suivre pour cette opération
(V. art. 1 à 9) et détermine les formes de l'élection elle-
même (art. 9 et suiv.).

Ces deux décrets concernent spécialement les élections
politiques.

Mais aux termes de l'art. 3 de la loi du 7 juillet
1852 (1), « l'élection des membres des conseils généraux,
des conseils d'arrondissement..... aura lieu par commune,
sur les listes dressées pour l'élection des députés au Corps
législatif, conformément aux dispositions des décrets du
2 février 1852. » Les conseillers généraux... seront donc
élus par les mêmes électeurs que les députés, les colléges
électoraux se rassembleront dans les mêmes lieux : n'est-il
pas naturel de supposer que l'élection devra s'accomplir
dans les mêmes formes, ou du moins que, si la législation particulière aux conseils généraux contient des lacunes, elles devront être comblées par les dispositions
qui régissent les élections législatives?

Telle est l'interprétation qui a prévalu dans la pratique (2). La jurisprudence s'est également prononcée, à
diverses reprises, dans le même sens. La cour de cassation a étendu, aux élections départementales, les pénalités
par lequel le décret du 2 février 1852 sanctionne ses
prescriptions (3). Le conseil d'Etat, de son côté, a déclaré

(1) Loi sur le renouvellement des conseils généraux, des conseils d'arrondissement et des conseils municipaux.

(2) Voir notamment les circ. des 8 juillet 1852 et 15 juillet 1867.

(3) C. Cass., ch. crim., arrêt du 11 mai 1861.

applicables en notre matière les dispositions des art. 21 et 22 du décret réglementaire sur le secret des votes, bien que la loi du 7 juillet ne contienne aucun renvoi spécial à ces articles (1). Un autre décret a décidé que les réclamations, en matière d'élections départementales, étaient dispensées du timbre en vertu de l'art. 24 du décret organique (2)... En présence de cette jurisprudence, il est difficile de s'expliquer pourquoi le conseil d'Etat a décidé que l'art. 4 du même décret, qui place un intervalle de vingt jours entre la convocation des électeurs et l'ouverture des colléges électoraux, était spécial aux élections législatives et qu'il ne s'appliquait pas aux élections départementales (3); pourquoi il a jugé que l'art. 25 du décret réglementaire, qui fixe les heures d'ouverture et de clôture du scrutin, n'était pas applicable à l'élection des conseils généraux, et que dans le silence de la loi, il appartenait aux préfets de faire cette fixation (4).

Le choix que fait le conseil d'Etat entre les dispositions des décrets de 1852 nous paraît purement arbitraire, et sa jurisprudence à double face ne repose évidemment que sur l'inconséquence et le défaut de logique : il faut tout adopter ou tout repousser, et surtout si l'on admet les dispositions pénales, malgré le principe : *Pœnalia non sunt extendenda*, à plus forte raison doit-on admettre ce qui n'est que de forme, comme les disposi-

---

(1) Décret du 6 janvier 1859.

(2) Décret du 10 janvier 1861.

(3) Décrets des 16 août 1860 et 6 juin 1861.

(4) Décret du 4 juin 1863, *élect. d'Ollioules.* — Les préfets sont investis, par l'art. 34 de la loi du 22 juin 1833, du droit de convoquer les assemblées électorales.

tions de l'art. 25 sur la fixation des heures d'ouverture et de fermeture du scrutin (1).

Toutefois, et nous l'avons insinué, ce ne serait qu'à défaut des lois particulières aux assemblées de département, qu'il conviendrait de recourir aux décrets du 2 février. En effet, l'art. 2 de la loi du 7 juillet décide que, « jusqu'à la loi définitive qui doit régler l'organisation départementale et municipale, les élections auront lieu conformément aux lois existantes, sauf les modifications portées en la présente loi. » Ce texte renvoie aux lois de la matière, à la loi du 22 juin 1833 (2) et au décret de la Constituante du 3 juillet 1848 (3). Quant aux modifications dont il s'agit, elles sont contenues notamment dans l'art. 3 de la loi du 7 juillet, qui se réfère (§ 1er) aux prescriptions des décrets du 2 février 1852 pour la formation des listes électorales et le vote par commune; puis ajoute : « Le préfet pourra, par un arrêté, diviser en sections électorales les communes quelle que soit leur population. »

D'après l'art. 15 du décret du 3 juillet 1848, le bureau de chaque assemblée ou section doit être présidé par le maire de la commune ou, à défaut, par les adjoints ou conseillers municipaux, selon l'ordre du tableau (4).

A leur défaut, les présidents sont désignés par le maire parmi les électeurs, par application de l'art. 13 du décret réglementaire du 2 février 1852 (5).

---

(1) V. Batbie, *Droit public et administratif*, t. IV.

(2) V. notamment ci-après le § 3, *éligibilité*.

(3) V. le § 1er et ci-après. — Ainsi il continuera d'être élu un membre du conseil général dans chaque canton.

(4) Décret du 19 juin 1862, *élect. de Toulon*. — Circ. int. du 15 juillet 1867.

(5) Circ. int. du 15 juillet 1867.

« Dans les communes qui comptent 2,500 âmes et plus, dit encore l'art. 3 de la loi du 7 juillet, le scrutin durera deux jours; il sera ouvert le samedi et clos le dimanche.

» Dans les communes d'une population moindre, le scrutin ne durera qu'un jour; il sera ouvert et clos le dimanche.

» Le recensement des votes, pour l'élection des membres des conseils généraux et des conseils d'arrondissement, sera fait au chef-lieu de canton. »

Il résulte d'un décret, rendu au contentieux le 28 mars 1862 (*élect. de Monclar*), que le bureau de l'assemblée électorale siégeant au chef-lieu de canton peut procéder au recensement des votes sans le concours des présidents des assemblées des autres communes du canton (1).

Aux termes de l'art. 4 de la loi du 7 juillet :

« Nul n'est élu... au premier tour de scrutin s'il n'a réuni :

» 1° La majorité absolue des suffrages exprimés ;

» 2° Un nombre de suffrage égal au quart de celui des électeurs inscrits. »

Si cette double condition n'était pas remplie, il serait procédé à un nouveau tour de scrutin le samedi et le dimanche, ou le dimanche seulement (selon la population des communes) qui suivraient la proclamation du résultat du premier tour de scrutin (2).

« Au second tour de scrutin, l'élection a lieu à la majorité relative, quel que soit le nombre des votants. Si plusieurs candidats obtiennent le même nombre de suf-

(1) Circ. int. du 15 juillet 1867.

(2) Art. 17 du décret du 3 juillet 1848 et décret rendu au contentieux le 31 juillet 1862, *élect. de Marseille.* — Circ. int. du 15 juillet 1867.

frages, l'élection est acquise au plus âgé. » (Loi du 7 juillet 1852, art. 4.)

Nous renvoyons, pour le détail des opérations électorales, à la circulaire du ministre de l'intérieur du 15 juillet 1867.

§ 3. — Eligibilité aux conseils généraux.

Sous l'empire de la loi du 22 juin 1833, il fallait pour être éligible au conseil général :

1° Être Français jouissant de ses droits civils et politiques ;

2° Avoir 25 ans accomplis ;

3° N'être pas revêtu des fonctions incompatibles avec le mandat de conseiller général ;

4° Payer, depuis un an au moins, 200 fr. de contributions directes dans le département.

Cette quatrième condition d'éligibilité devait disparaître à l'avénement du suffrage universel. En effet, l'art. 14, § 2, de la loi du 3 juillet 1848, dont les dispositions ont été maintenues par la loi du 7 juillet 1852, art. 2, porte que « tous les citoyens, âgés de 25 ans au moins, domiciliés dans le département, sont éligibles aux conseils généraux. » Quant aux citoyens qui n'y sont pas domiciliés, ils ne sont éligibles que s'ils y paient *une contribution directe* et avec cette restriction que leur nombre ne peut excéder le quart desdits conseils (art. 14, § 2).

Les trois premières conditions d'éligibilité ont été maintenues par les lois des 3 juillet 1848 et 7 juillet 1852.

A l'égard de la troisième condition, il est nécessaire de nous expliquer. L'art. 5 de la loi du 22 juin 1833 a établi des *incompatibilités* qui sont absolues ou relatives : *ab-*

solues, lorsqu'elles s'opposent à l'élection d'un candidat dans tous les départements; *relatives*, lorsqu'elles l'empêchent de se présenter dans le seul département où il exerce ses fonctions.

I. — L'incompatibilité est absolue pour « les préfets, sous-préfets, secrétaires généraux et conseillers de préfecture (art. 5, 1°). »

Il est assez naturel qu'un préfet ne puisse être membre d'une assemblée appelée à juger son administration, et la nécessité de sa présence pour donner des explications sur les affaires mises en délibération, explique qu'il lui soit interdit d'aller siéger dans d'autres conseils généraux. Par la même raison, il importe de retenir dans le département le secrétaire général, les conseillers de préfecture et les sous-préfets qui sont les auxiliaires du préfet, et dont celui-ci peut avoir besoin surtout au moment où il est absorbé par les travaux du conseil général. On comprend, d'ailleurs, qu'ils ne puissent faire partie d'un corps appelé à contrôler leur supérieur hiérarchique.

L'incompatibilité est encore absolue pour « les agents et comptables employés à la recette, à la perception ou au recouvrement des contributions et au paiement des dépenses publiques de toute nature (art. 5, 2°). »

Les termes employés par la loi sont généraux et il faut les suivre textuellement, sans chercher à établir des distinctions. « Il n'y a pas lieu notamment, dit M. Batbie, à distinguer entre les employés qui préparent la perception et ceux qui touchent le produit des contributions. Un contrôleur ou un directeur des contributions est aussi inéligible qu'un percepteur ou un receveur soit général, soit particulier. La raison tirée de ce que les comptables et agents financiers auraient quelque intérêt personnel dans les délibératious du conseil général, par suite des remises qu'ils touchent sur le montant des perceptions, ne s'appliquerait pas à plusieurs comptables et, en particulier, aux conservateurs des hypothèques, qui n'ont rien à démêler avec les revenus du département; cependant le texte de notre article s'applique aux conservateurs des hypothèques comme aux autres agents financiers. Même observation en ce qui concerne les directeurs des postes... L'intérêt que pourraient avoir les agents financiers dans les délibérations du conseil général, n'est pas le seul motif qui ait fait établir l'incompatibilité. Le législateur a surtout pensé que les fonctions de ces employés exigeaient une assiduité qui se concilierait difficilement avec le déplacement à une distance peut-être considérable; or cette raison s'applique aux agents· financiers de toute catégorie (1)... »

II. — L'incompatibilité est relative pour « les ingénieurs des ponts et chaussées et les architectes actuellement employés par l'administration dans le département » (art. 5, 3°); pour « les agents forestiers en fonctions dans le département et les employés des bureaux des préfectures et sous-préfectures. »

Cette incompatibilité tient à l'exercice de certains emplois dans *les limites du département;* et elle n'a lieu que dans le département auquel leurs titulaires sont spécialement attachés. C'est ce qui a été rappelé notamment pour les employés de préfectures et sous-préfectures par l'ordonnance du 28 novembre 1834 (*Fleury*).

(1) Balbie, *Droit public et administratif,* t. IV.—Ordonnances des 6 mars 1846, *Behaghel*; 5 juin 1846, *Garnier.* — Décret du 15 août 1850, *Calmès contre Gisclard.* —Voir sur l'étendue de l'expression *recouvrement,* la loi du 3 frimaire an VIII, art. 4.

L'exclusion des ingénieurs des ponts et chaussées s'explique par cette circonstance qu'étant chargés des travaux des routes départementales, ils se trouvent jusqu'à un certain point sous le contrôle du conseil général. Ce qui prouve que c'est bien là le motif, c'est que les ingénieurs des mines ne sont pas exclus.

Quant aux architectes, il résulte de la discussion qui a précédé et amené la rédaction de la loi, ainsi que du rapport de M. Gillon, que les travaux entrepris pour le compte de l'Etat ou du département sont les seuls qui mettent obstacle à leur élection.

Au surplus, le principe que les incapacités ne se présument pas trouve ici son application : tout agent que la nature de ses fonctions ne place pas *directement* sous le coup de l'une des exclusions prononcées par la loi est par cela même à l'abri de leur atteinte. Ainsi un juge de paix est éligible, même dans son canton ; ainsi un membre du ministère public est éligible, même dans le ressort du tribunal près duquel il est placé ; et l'incompatibilité ne s'étend pas davantage aux juges de première instance ou d'appel ; aux officiers de l'armée de terre ou de mer, bien que tous ces fonctionnaires tiennent leur nomination et leur avancement du chef de l'Etat, représenté directement par les préfets qu'il s'agit de contrôler.

Complétons ce que nous avions à dire des incompatibilités, en rappelant qu'aux termes des art. 6 et 24 de la loi du 22 juin 1833, nul ne peut être membre de plusieurs conseils généraux, ni même d'un conseil d'arrondissement et d'un conseil général. « Le même mandataire, dit M. Dumesnil, ne pourrait sans violer l'essence même du gouvernement représentatif, qui en toute chose est le gouvernement de la majorité, représenter à la fois plusieurs circonscriptions électorales, ni posséder le droit de siéger tour à tour dans plusieurs assemblées investies des mêmes pouvoirs (1). »

Pour assurer l'exécution des art. 6 et 24, l'art. 10 veut que le citoyen élu dans plusieurs cantons, ou appelé en même temps à faire partie d'un conseil général et d'un conseil d'arrondissement, déclare son option au préfet dans le mois qui suivra les élections. A défaut d'option dans ce délai, le préfet, en conseil de préfecture et en séance publique, décidera par la voie du sort à quel canton l'élu appartiendra, ou dans quelle assemblée il devra siéger.

§ 4. — Jugement des difficultés relatives aux élections départementales.

Les difficultés en matière d'élections départementales se réfèrent à deux ordres d'idées et sont soumises à deux juridictions correspondantes par la loi du 22 juin 1833, maintenue sur ce point par le décret du 3 juillet 1848 et la loi du 7 juillet 1852 :

Ou bien, l'on soutient que les *conditions et formalités légalement prescrites n'ont pas été observées*, que les opérations électorales sont entachées de nullité; le conseil de préfecture est compétent;

Ou bien, la réclamation est fondée sur l'*incapacité légale* d'un ou plusieurs des membres élus, en d'autres termes, il s'agit d'une difficulté qui touche aux droits personnels; alors il y a lieu de saisir les tribunaux ordinaires.

I. *Compétence du conseil de préfecture.* — Aux termes de l'art. 50, le préfet, s'il croit que les conditions et for-

(1) Dumesnil, *Organis. et attr. des conseils généraux*, édit. 1843.

malités légales prescrites n'ont pas été observées, doit dans le délai de quinze jours, à dater de la réception du procès-verbal des opérations électorales, déférer le jugement de la nullité au conseil de préfecture.

L'art. 51 va plus loin : « Tout membre de l'assemblée électorale a le droit d'arguer les opérations de nullité. » Mais que ce soit le préfet qui provoque d'office l'annulation des élections, ou que ce soit un membre de l'assemblée électorale qui agisse en vertu d'une sorte de participation à l'exercice de l'action publique, un délai est fixé, et ce délai est fatal. Le préfet est-il resté inactif dans les quinze jours de la réception du procès-verbal des opérations électorales (art. 50), délai jugé suffisant pour lui permettre de reconnaitre les irrégularités commises, tout est définitivement consommé au profit de l'élu; son admission dans le conseil est devenue irrévocable, et c'est en vain que le préfet voudrait, pour l'exclure, s'armer du titre de fonctionnaire chargé de faire cesser la violation de la loi, aussitôt qu'il en découvre l'existence (1).

De même l'électeur, qui n'a pas fait inscrire séance tenante sa réclamation au procès-verbal des opérations électorales, a-t-il négligé de déposer sa réclamation au secrétariat de la sous-préfecture dans les cinq jours à compter du jour de l'élection, ce jour non compris (art. 51) (2), sa demande est rejetée sans examen (3).

Mais le préfet ne peut se dispenser de la soumettre au conseil de préfecture, qui peut seul prononcer le rejet de la demande pour vice de forme (4).

(1) Ordonnance du 1er juillet 1839, *élect. de Wallers.*
(2) Décrets des 2 mars 1850, *élect. de Causses et Vagran;* 27 juillet 1853, *élect. de Pujols.*
(3) Ord. du 30 août 1845, *élect. de Boussières.*
(4) Ord. du 15 juillet 1841, *Pons.*

La loi a renfermé, dans un délai très-court, le droit d'arguer de nullité les opérations électorales; elle a eu pour but d'empêcher que la situation de l'élu ne restât longtemps indécise. C'est dans la même pensée qu'elle a établi que le conseil de préfecture devrait statuer dans le délai d'un mois à partir de la réception des pièces à la préfecture (art. 50 et 51).

L'obligation pour le conseil de préfecture de statuer dans ce délai est absolue, et la jurisprudence lui refuse la faculté d'échapper à sa rigueur sous quelque prétexte que ce soit : la circonstance qu'une enquête aurait été ordonnée serait vainement invoquée pour justifier un ajournement. Ainsi le délai d'un mois écoulé, l'élection attaquée se trouve validée de plein droit (1).

C'est, à la vérité, une chose exceptionnelle que de voir l'absence de jugement produire effet, mais cette exception s'explique en matière électorale pour le respect dû au droit des électeurs.

L'appel de la décision du conseil de préfecture est porté au conseil d'Etat par la voie contentieuse. L'art. 53 dispose que le recours en matière d'élections départementales sera jugé publiquement et *sans frais*, ce qui suppose qu'il peut être introduit sans le ministère des avocats au conseil (2), par une requête signée de la partie elle-même et déposée au secrétariat de la section du contentieux.

Le pourvoi peut être formé soit par l'administration, soit par les électeurs, soit par le candidat élu.

Devant le conseil d'Etat, c'est le ministre de l'intérieur et non le préfet qui représente l'administration, bien qu'il

(1) Ord. du 18 juillet 1844, *élect. de Verdun*; décret du 11 août 1849, *Morin*.

(2) Ord. du 21 décembre 1847, *Ferrandi*.

ne l'ait pas représentée devant le conseil de préfécture ;
c'est à lui seul qu'il appartient d'attaquer, devant le conseil d'Etat, les arrêtés des conseils de préfecture relatifs
aux élections ou municipales ou départementales (les motifs sont les mêmes), quand il estime que les formalités
et conditions légales n'ont pas été remplies (1). Il peut
même, dans un intérêt d'ordre public, présenter d'office
les moyens de nullité qui auraient été omis par les parties (2). Enfin, c'est lui et non le préfet qui a qualité
pour interjeter appel d'un arrêté du conseil de préfecture
annulant une élection (3), ou pour demander le maintien
d'élections contestées (4).

Quand le recours a été formé par les électeurs, la jurisprudence distingue : l'élection a-t-elle été déclarée
valable par le conseil de préfecture, les électeurs qui ont
été partie en première instance sont seuls admissibles à
se pourvoir au conseil d'Etat (5) ; les autres, qui ont
gardé le silence, sont présumés avoir approuvé. S'agit-il
au contraire d'un arrêté qui annule l'élection, alors tous
les électeurs ont le droit de se pourvoir en conseil d'Etat,
comme conséquence du droit de protestation qui leur appartient aux termes de l'art. 51 de la loi du 22 juin
1833 (6). Et, en effet, la décision du conseil de préfecture touche en quelque sorte à leur droit électoral ; ils

(1) 24 juillet 1849, *élect. de Neuvillette.*

(2) Décret du 28 décembre 1849, *élect. de Soligny-la-Trappe.* .

(3) Ord. du 27 mai 1847, *Bantouzel.*

(4) Ord. du 9 janvier 1859, *élect. de Paris.* — V. les traités de droit administratif de Batbie et Dufour.

(5) Décrets des 23 novembre 1849, *élect. de Pignan ;* 16 mars 1850, *élect.
de Barbachen.*

(6) Ord. du 25 juillet 1835, *Martin.* — Décret du 5 janvier 1850, *élect.
de Thorame.* — Dufour, *Traité de droit administratif,* t. V.

ont nommé, ne serait-il pas inique de détruire leur œuvre, peut-être à leur insu (puisque rien ne prescrit leur mise en cause), sans en même temps leur réserver le droit de recourir, pour en assurer le maintien, devant un tribunal supérieur?

Enfin le pourvoi peut être exercé par le conseiller dont l'élection a été invalidée. Dans ce cas, et aux termes de l'art. 54, § 1 de notre loi, le recours est *suspensif*, c'est-à-dire que l'élection produit effet malgré la décision du conseil de préfecture. « C'est, dit M. Herman dans son *Traité d'administration*, une dérogation au principe général en matière de pouvoir administratif; et il faut en chercher l'explication dans le respect dû au droit d'élection, qui est censé s'être exercé régulièrement tant que le contraire n'a pas été déclaré souverainement. »

Le conseiller élu pourrait également intervenir devant le conseil d'Etat pour défendre une décision du conseil de préfecture qui aurait été favorable à son élection, et, en effet, il aurait à cela un intérêt évident (1).

Nous avons vu que le conseil de préfecture est tenu de statuer dans un délai d'un mois, conformément aux prescriptions des art. 50 et 51 de la loi du 22 juin. — Qu'arrivera-t-il s'il a négligé de le faire? Quel sera le droit des réclamants? Il semble d'abord qu'ils pourront exercer contre les membres du conseil de préfecture l'action en déni de justice; mais les réclamants pourront-ils se pourvoir en conseil d'Etat pour faire invalider l'élection? Un arrêté du 12 juillet 1844 (*Verdun*) décide la négative. Il résulterait de cette jurisprudence du conseil d'Etat, ainsi que le fait observer M. de Cormenin (2), qu'il dépendrait

(1) Ord. du 9 mai 1834, *Chaumont-Quétry c. Hélix d'Hacqueville.*
(2) Cormenin, *Questions de droit*, t. II.

du conseil de préfecture de rendre illusoire le recours
donné par la loi. Les parties ont fait tout ce qu'on pouvait leur demander, quand elles ont agi dans les délais ;
il ne pouvait dépendre d'elles d'accélérer la décision du
conseil de préfecture. N'est-il pas juste, dès lors, de leur
accorder un recours contre un silence qui équivaut au
rejet de leurs réclamations ? Sans doute, il y a quelque
chose de singulier dans un recours dirigé contre une sentence qui n'existe pas ; mais l'absence de jugement produisant effet, est aussi un phénomène juridique singulier.
En tout cas, entre cette singularité et l'inconvénient de
rendre la loi illusoire, y a-t-il lieu d'hésiter, aujourd'hui
surtout que l'art. 45 de la loi du 5 mai 1855, est venu
fournir un puissant argument d'analogie en résolvant la
difficulté dans ce sens pour les élections municipales ?
Toutefois, nous chercherions en vain à dissimuler la fai-
blesse de nos raisons juridiques de décider, et nous nous
contentons, pour le moment, d'espérer que la décision
du législateur futur nous sera favorable.

Il importe d'observer en passant que la loi de 1833
n'a point dispensé de l'observation du délai de trois mois
fixé par le décret de 1806 pour exercer son recours, et
que ce délai, d'après une jurisprudence que le conseil d'Etat
a étendu en matière électorale, court du jour où le réclamant a eu connaissance de la décision des premiers
juges (1).

Le législateur n'a pas fixé le délai dans lequel le conseil
d'Etat devra statuer, comme il l'a fait pour le conseil de
préfecture. Il a, sans doute, considéré que le provisoire
étant toujours acquis au conseil élu, il ne lui importe

____

(1) Ord. des 11 juin 1834, *Vialène* ; 20 juillet 1836, *élect. de Pinols*.

guère que la sentence définitive intervienne un peu plus ou un peu moins vite.

Nous nous abstenons d'entrer dans aucun détail sur les questions innombrables auxquelles peuvent donner lieu les opérations électorales et qui sont communes à toute espèce d'élections; néanmoins, nous croyons devoir signaler ici une doctrine qui domine toute la jurisprudence du conseil d'Etat, en cette matière. Elle consiste à n'admettre *aucune nullité absolue* et à se décider en toute circonstance par *appréciation du résultat*. Que servirait, en effet, de prouver, par exemple, que dans une commune les opérations ont été irrégulières, si, en retranchant les élections de cette commune, il restait au candidat élu une incontestable majorité? L'action en nullité ne peut aboutir, tant qu'on ne démontre pas que la majorité a été viciée, et que la libre volonté des électeurs ne s'est pas manifestée avec certitude. Il suffit, du reste, que les irrégularités fassent naître des doutes sur la sincérité du suffrage, et il n'est pas nécessaire de prouver jusqu'à la certitude que la majorité a été faussée. Les irrégularités commises tournent, dans ce cas, les présomptions contre l'élu; dès lors qu'il justifie de ses pouvoirs, sinon qu'il se soumette à une plus entière manifestation de la volonté des électeurs.

II. *Compétence des tribunaux civils.* — « Si la réclamation est fondée sur l'*incapacité légale* d'un ou de plusieurs des membres élus, la question est portée devant le tribunal de l'arrondissement, qui statue sauf l'appel... » (Art. 52 de la loi du 22 juin 1833.)

Mais quel est au juste le sens de l'expression *incapacité légale?*

Faut-il entendre par ces mots l'absence de toutes les conditions dont la réunion confère la qualité d'éligible?

Ainsi comprennent-ils aussi bien les questions d'âge, d'incompatibilité, que celles relatives au domicile, à la jouissance et à l'exercice des droits civils et politiques?

Le conseil d'Etat et la cour de cassation ne sont pas d'accord sur cette question.

Le conseil d'Etat suit la doctrine exposée dans une circulaire du ministre de l'intérieur, en date du 11 août 1834, et d'après· laquelle les tribunaux ordinaires ne doivent connaître que des questions relatives au *domicile,* aux droits *civils et politiques.* Cette interprétation est fondée sur l'art. 42 de la loi municipale du 31 mars 1831, qui semble expliquer en ce sens les mots *incapacité légale* employés par l'art. 52, § 2, de la même loi. Or, le législateur du 22 juin n'ayant fait que reproduire littéralement ce dernier texte, ne doit-on pas en conclure que sa pensée a été la même? Une foule d'ordonnances et des décrets qu'il serait fastidieux de citer ont statué en ce sens, et même des décisions, ayant pour objet de prononcer sur la compétence administrative comme formellement déniée, se sont fondées pour maintenir aux conseils de préfecture la connaissance des questions d'*incompatibilité,* sur ce qu'elles ne sont pas de celles que l'art. 52 de la loi du 22 juin 1833 a dévolues aux tribunaux (1).

En d'autres termes, pour le conseil d'Etat, la juridiction des tribunaux pour connaître des questions de capacité électorale n'est pas la juridiction ordinaire; elle ne s'étend qu'aux cas qui ont été l'objet d'une réserve expresse, réserve dont les limites sont tracées par l'art. 42 de la loi municipale, et embrasse seulement les questions relatives au domicile, à la jouissance et à l'exercice des

(1) Ord. des 6 juin 1834, *Chardoillet,* et 7 août 1843, *élect. de Ribiers.* — Décret du 11 décembre 1848, *Cochart-Couéseau.*

droits civils et politiques. Toute autre question se rapportant à l'observation *des conditions légalement prescrites* (1), sans distinction entre celles qui ont trait à la
forme des opérations et celles qui règlent les droits électoraux, comme les questions relatives à l'âge de 25 ans
et aux incompatibilités, restent dans le domaine de la
juridiction administrative.

Le conseil d'Etat admet, à la vérité, que lorsque les
réclamations soulèvent des questions de droit commun,
par exemple : si l'âge du candidat est contesté, il y a
lieu de renvoyer devant les tribunaux civils, mais à titre
de question *préjudicielle* et sauf à revenir devant le conseil de préfecture pour faire prononcer l'annulation de
l'élection (2).

Par conséquent, lorsque les faits ne sont pas contestés,
et qu'il y a seulement lieu d'apprécier leur influence sur
la validité de l'élection, toute question préjudicielle dis-
paraît, et c'est au conseil de préfecture à prononcer *de
plano* sur la réclamation : c'est ce qui a été décidé notamment par décret du 31 janvier 1856. Le candidat
prétendait qu'il suffisait de courir la 25e année pour être
éligible. Le conseil d'Etat, sur le vu de l'acte de naissance
de l'élu (l'âge n'étant point contesté), a prononcé la nullité de l'élection, sans renvoyer devant le tribunal civil.

La tendance du conseil d'Etat, il faut le dire, paraît
conforme au principe de la séparation des pouvoirs et aux
traditions. « Le jugement des contestations relatives aux
assemblées électorales et aux élections, disait Desmeuniers en 1791 (3), ne peut jamais appartenir aux tribu-

(1) Loi du 22 juin 1833, art. 50.

(2) Ord. du 8 janvier 1836, *Boutarel.* — Décret du 12 septembre 1853,
élect. de Montferrier.

(3) Desmeuniers, *Rapport du 2 mars 1791.*

naux, car on les ferait sortir de la ligne judiciaire. »
Ajoutons que l'art. 47 de la loi municipale du 5 mai 1855
a confirmé, en l'étendant, la jurisprudence du conseil
d'Etat. Cette loi, en effet, ne distingue pas, comme celle
du 22 juin 1833, diverses actions, dont les unes seront
portées devant le conseil de préfecture, les autres devant
le tribunal civil : elle déclare le conseil de préfecture compétent pour statuer sur toutes les questions de nullité et
d'inaccomplissement des conditions, et ne prévoit l'intervention du tribunal civil que pour le cas où une réclamation implique la solution préjudicielle d'une question
d'état. Le conseil de préfecture doit, dans ce cas, renvoyer les parties à se pourvoir devant les tribunaux com-
pétents, et fixer un bref délai dans lequel la partie qui
aura élevé la question préjudicielle devra justifier de ses
diligences.

Ainsi la jurisprudence administrative, trouvant encore
dans la loi municipale un puissant argument d'analogie,
paraît définitivement assise dans le sens que nous avons
indiqué.

De son côté, la cour de cassation, appelée deux fois à
se prononcer sur le sens des mots *incapacité légale*, leur
a donné le sens général qu'ils paraissent naturellement
comporter :

« Attendu, dit un arrêt de la chambre civile en date
du 10 mars 1845, que par *incapacité légale*, il ne faut
pas entendre seulement l'absence des conditions d'âge,
de cens, de domicile et de jouissance des droits civiques
et de famille, mais encore *des empêchements qui, créés
par la loi*, constituent pour l'élu une cause réelle d'incapacité... »

L'interprétation de la cour suprême est plus conforme

aux termes dont s'est servi la loi du 22 juin 1833 : i
paraît naturel de comprendre, sous l'expression *incapacité légale,* toutes les conditions dont la réunion confère
la qualité d'éligible, les conditions énumérées dans les
art. 4, 5 et 6 de la loi du 22 juin (1). Si, d'ailleurs,
l'art. 42 de la loi du 21 mars 1831 s'exprime d'une
façon moins générale, si l'art. 47 de la loi du 5 mai
borne aux questions d'état *préjudizielles* la compétence
des tribunaux civils, ce sont là des dispositions spéciales
aux élections municipales, et ce n'est pas de ces élections
qu'il s'agit ici.

M. Batbie (2) admet la jurisprudence de la cour de
cassation sur l'interprétation des mots *incapacité légale,*
mais s'écarte de cette jurisprudence sur un point secondaire. Ainsi, la cour suprême considère l'action fondée sur
l'incapacité légale comme une action principale qui doit
être portée directement devant les tribunaux ; elle décide
même qu'elle n'est point soumise à la déchéance de cinq
jours imposée par l'art. 51 à l'action en nullité, et qui
n'est pas rappelée dans l'art. 52 ; elle motive, d'ailleurs,
cette distinction sur ce que le délai de cinq jours est suffisant pour vérifier les opérations et qu'il faut en général
un temps assez long pour réunir les preuves de l'incapacité (3).

Au contraire, l'auteur précité pense que, dans aucun
cas, le jugement d'une question de *capacité légale* ne devrait être soumise aux tribunaux civils qu'à titre de
question préjudicielle. « Quel que soit, dit M. Batbie, le
motif de la nullité de l'élection, l'action devrait, selon

(1) L'art. 4 combiné aujourd'hui avec l'art. 14 du décret du 3 juillet 1848.
(2) Batbie, *Droit public et administ.,* t. IV.
(3) Cass., ch. civ., 12 avril 1842, *Chabal* c. *Coste.*

moi, être portée devant le conseil de préfecture, sauf renvoi aux tribunaux pour les questions préjudicielles sur la *capacité légale.* La preuve en est que la loi ne fixe qu'un seul délai (le délai de cinq jours) pour attaquer l'élection, et qu'elle n'établit pas un délai spécial pour les réclamations relatives à l'incapacité légale. Or, il me paraît impossible de dire que l'action en nullité fondée sur l'irrégularité des opérations doit être formée dans un délai très-court, tandis que la réclamation sur l'incapacité légale serait indéfinie (1). »

Les systèmes que nous venons d'analyser se soutiennent tous assez bien, et l'on peut dire que rien ne justifie mieux l'urgence d'une solution législative. « Ce point de législation aurait besoin d'être définitivement réglé, » porte une circulaire ministérielle du 4 juin 1846. Nous espérons qu'on ne le perdra pas de vue quand la promesse de la loi transitoire du 7 juillet 1852 sera enfin exécutée. D'ici là, en pratique du moins, il sera prudent de s'en tenir à la doctrine du grand corps, dont les arrêts, revêtus de la signature impériale, prononcent le dernier mot dans les conflits de juridiction.

Aux termes de l'art. 52 de la loi du 22 juin, le tribunal d'arrondissement statue sur la question d'*incapacité légale,* sauf l'appel. Le même texte ajoute : « L'acte d'appel devra, sous peine de nullité, être notifié dans les dix jours à la partie, quelle que soit la distance des lieux. La cause sera jugée sommairement et conformément au § 4 de l'art. 33 de la loi du 19 avril 1831, » c'est-à-dire sous ministère d'avoué, après l'audition de la partie et de son défenseur, et du ministère public ; les actes judiciaires auxquels elle donne lieu sont enregistrés gratis par fa-

(1) Batbie, *l. cit.*

veur pour l'élection. Enfin, toujours par respect pour le droit électoral, l'art. 54 de la loi du 22 juin décide que « l'appel des jugements des tribunaux ne sera pas suspensif lorsqu'il sera interjeté par le préfet, » c'est-à-dire que le jugement rendu au profit de l'élu emporte effet provisoire et jusqu'à ce qu'il soit annulé par les juges du second degré.

§ 5. — Durée du mandat, — renouvellement des conseils généraux.

Aux termes de l'art. 8 de la loi du 22 juin, les membres des conseils généraux sont nommés pour *neuf ans*, renouvelés par *tiers* tous les trois ans, et indéfiniment rééligibles (§ 1).

Pour assurer l'exécution de cette disposition, le § 2 du même article décide que, « à la session qui suivra la première élection des conseils généraux, le conseil divisera les cantons en circonscriptions électorales (1) du département en trois séries, en répartissant, autant qu'il sera possible, dans une proportion égale, les cantons ou circonscriptions électorales de chaque arrondissement dans chacune des séries. Il sera procédé à un tirage au sort pour régler l'ordre de renouvellement entre les séries. Ce tirage se fera par le préfet en conseil de préfecture et en séance publique (2). »

Le tirage doit se faire de la même manière à chaque

(1) Aujourd'hui, ces circonscriptions se confondent toujours avec les cantons. Décret du 3 juillet 1848, art. 1er. — Loi du 7 juillet 1852, art. 2.

(2) Ceux de la première série seront soumis à la réélection au bout de trois ans, ceux de la deuxième au bout de six ans, ceux de la troisième au bout de neuf ans. Mais ensuite tous les nouveaux élus feront pendant neuf ans partie du conseil général.

fois que, pour une cause quelconque, il y a renouvellement intégral de l'assemblée. — Le dernier a eu lieu en 1852, à la suite des événements du 2 décembre de l'année précédente.

D'après l'art. 9 de la loi précitée, la dissolution d'un conseil général pouvait être prononcée par le roi, et en ce cas, il devait être procédé à une nouvelle élection avant la session annuelle, et au plus tard dans le délai de trois mois à dater du jour de la dissolution.

La constitution du 4 novembre 1848 avait considérablement diminué, sinon supprimé, à cet égard, le pouvoir arbitraire du chef de l'Etat; en effet, aux termes de l'art. 80 de cette constitution, les conseils généraux... étaient dissous par le président de la République, *de l'avis du conseil d'Etat.* Or, cette restriction était entendue en ce sens que la dissolution ne pouvait avoir lieu que sur l'avis conforme du conseil d'Etat, et l'on sait que les membres de ce corps étaient élus par l'Assemblée nationale. Aujourd'hui, le droit de dissolution est régi par l'art. 6 de la loi du 7 juillet 1852, qui s'est borné à reproduire textuellement les dispositions de l'art. 9 de la loi de 1833. L'empereur a donc un pouvoir absolu et illimité, et il ne lui est imposé, comme au roi, d'autre obligation que celle de faire procéder à une nouvelle élection avant la session annuelle et au plus tard dans le délai de trois mois.

On sait déjà qu'aux termes de l'art. 10 de la loi du 22 juin, « le conseiller de département élu dans plusieurs cantons... sera tenu de déclarer son option au préfet dans le mois qui suivra les élections entre lesquelles il doit opter. A défaut d'option dans ce délai, le préfet, en conseil de préfecture et en séance publique, décidera par la voie du sort à quel canton le conseiller appartiendra. Il sera procédé de la même manière lorsqu'un citoyen a été élu à la fois membre du conseil général et membre d'un ou plusieurs conseils d'arrondissement. »

Pour maintenir toujours les conseils généraux au complet, l'art. 11 statue que, « en cas de vacance par option, décès, démission, perte des droits civils ou politiques, l'assemblée électorale qui doit pourvoir à la vacance sera réunie dans le délai de deux mois. »

D'autre part, l'art. 7 porte que « lorsqu'un membre du conseil général aura manqué à deux sessions consécutives, sans excuses légitimes ou empêchements admis par le conseil, il sera considéré comme démissionnaire, et il sera procédé à une nouvelle élection conformément à l'art. 11. »

Une question trouve ici sa place : si par suite d'un renouvellement intégral, ou triennal, ou individuel, le conseil général se trouvait à être composé d'élus domiciliés hors du département, dans une proportion supérieure au quart, contrairement aux prescriptions de l'art. 14 du décret du 3 juillet 1848, quel procédé d'élimination devrait-on suivre? — Un cas paraît ne pas devoir souffrir de difficulté, c'est celui où une élection particulière viendrait à produire l'excédant prohibé. Il est évident que le dernier venu n'aurait pas de droit contre des membres légalement investis d'un mandat antérieur. Mais si le quart était dépassé par suite d'un renouvellement triennal ou intégral, ou de plusieurs élections particulières faites le même jour, alors comment parmi le trop grand nombre des appelés déterminer les vrais élus?

Le préfet devrait-il procéder à un tirage au sort en conseil de préfecture, comme au cas où un seul candidat élu dans plusieurs cantons a négligé de faire son option dans le mois (art. 10)? Il faut avouer que l'analogie serait un peu lointaine. Déciderait-on que l'élection serait acquise aux plus âgés, comme au cas où plusieurs candidats ont obtenu le même nombre de suffrages (1)? Cette dernière solution nous paraît plus conforme à l'esprit de la loi, et nous pensons que la jurisprudence l'adopterait en l'absence de tout texte pouvant fonder une solution juridique. Le législateur, quand il réformera l'organisation départementale, jugera sans doute opportun de s'expliquer sur ce point.

TITRE II

RÈGLES DE LA SESSION DES CONSEILS GÉNÉRAUX

Les dispositions comprises sous ce titre de la loi du 22 juin 1833, et qui ont été diversement modifiées en 1848 et en 1852, ont pour objet de renfermer les conseils de département dans le cercle de leur action légale et de prévenir ou réprimer les écarts qu'ils pourraient commettre.

Les règles établies dans ce but, et qui sont aujourd'hui en vigueur, se rapportent à trois ordres de faits :

1° A la réunion des conseils généraux ;

2° A leurs délibérations ;

3° A la défense qui leur est faite de correspondre entre eux et de publier des proclamations ou adresses...

(1) Lois des 22 juin 1833, art. 45 ; 3 juillet 1848, art. 16 ; 7 juillet 1852, art. 4.

§ 1. — Réunion des conseils généraux.

Les conseils généraux tiennent chaque année une *session ordinaire* pour l'expédition des affaires qui, d'après la loi, doivent leur être soumises ; ils peuvent aussi être réunis en *session extraordinaire*, si quelque affaire imprévue ou urgente l'exige.

Mais, dans l'un ou l'autre cas, « un conseil général ne peut se réunir, s'il n'a été convoqué par le préfet en vertu d'une ordonnance du roi (aujourd'hui d'un décret de l'empereur), qui détermine l'*époque* et la *durée* de la session. » (Loi du 22 juin 1833, art. 12, § 1.)

La nature même des attributions des conseils généraux, parmi lesquelles figurent en première ligne la répartition de l'impôt direct, indique que sa réunion doit être annuelle et suivre d'assez près la clôture de la session législative.

Un usage constant fixe à quinze jours la durée de la session ordinaire. Quant à la durée des sessions extraordinaires, elle est déterminée d'après l'importance et le nombre des affaires qui doivent y être traitées.

Les contraventions aux dispositions précitées encourent la sanction rigoureuse édictée par l'art. 15 de notre loi : « Toute délibération, prise hors la réunion légale du conseil général, est *nulle de droit*.

» Le préfet, par un arrêté pris eu conseil de préfecture, déclare la réunion illégale, prononce nullité des actes, prend toutes les mesures nécessaires pour que l'assemblée se sépare immédiatement, et transmet son arrêté au procureur général du ressort pour l'exécution des lois et l'application, s'il y a lieu, des peines déterminées par l'art. 258 du Code pénal. En cas de condamnation, les membres condamnés sont exclus du conseil et inéligibles aux conseils de département et d'arrondissement, pendant *les trois années qui suivront la condamnation.* »

La peine prononcée par l'art. 258 est de deux à cinq ans d'emprisonnement. On voit combien sont fortes les garanties accordées au pouvoir exécutif contre les entreprises des assemblées départementales. Hâtons-nous d'ajouter que jamais il n'y a eu l'occasion d'en faire usage.

Du principe que les conseils généraux ne reçoivent de pouvoirs que du décret de convocation et pour le nombre de jours fixés par ce décret, il résulte, fait observer M. Herman (1), qu'ils ne peuvent prolonger en quelque sorte la durée de cette mission en nommant des commissions qui s'occuperaient de certaines affaires dans l'intervalle d'une session à une autre (2).

Au jour fixé pour la réunion du conseil général, conformément à l'art. 12, § 1, le préfet donne lecture du décrét de convocation, reçoit les serments des membres nouvellement élus, et déclare au nom de l'empereur que la session est ouverte (art. 12, § 2).

Les membres nouvellement élus, qui n'ont pas assisté à l'ouverture de la session, ne prennent séance qu'après avoir prêté serment entre les mains du président du conseil général (art. 12, §§ 2 et 3). Telle est la règle, mais la force des choses y a fait déroger fréquemment dans la pratique. Ainsi, à chaque renouvellement triennal, lorsque des conseillers nouvellement élus sont appelés soit à faire partie d'un conseil de révision, soit à concourir à tout autre acte administratif, ils prêtent serment entre les mains du préfet. Cette manière de procéder admise, à

(1) Herman, *Traité d'administration départementale.*
(2) Ord. du 11 décembre 1842.

cause de son utilité, ne paraît pas avoir soulevé de réclamations sérieuses.

Le serment politique fut aboli par un décret du 1er mars 1848; mais il a été rétabli par l'art. 14 de la constitution du 14 janvier 1852, et un décret du 8 mars de la même année porte que le refus de serment sera considéré comme une démission, et que le serment ne pourra être prêté que dans les termes prescrits par l'art. 14 de la constitution. Enfin, une circulaire du ministre de l'intérieur du 15 avril 1852 déclare que les membres des conseils généraux, bien qu'ils ne soient pas expressément désignés dans l'art. 14, sont compris sous la dénomination de *fonctionnaires publics* employée par cet article, et qu'en conséquence ils doivent prêter serment. C'est donc ce qui a lieu en pratique. Or, ici, il est particulièrement vrai de dire : *Factum potentius verbis;* on ne discute pas!

Autrefois, quand la session avait été déclarée ouverte par le préfet, conformément à l'art. 12, § 2, « le conseil formé sous la présidence du doyen d'âge, le plus jeune faisant les fonctions de secrétaire, *nommait* au scrutin et à la majorité des voix son président et son secrétaire (art. 12, § 4). » Ces dispositions ont été modifiées par la loi du 7 juillet 1852, et aujourd'hui, aux termes de l'art. 5 de cette loi, les président, vice-président et secrétaires, sont nommés pour chaque session, et choisis par l'empereur parmi les membres du conseil.

Cette innovation introduite par la loi du 7 juillet souleva de graves objections dans le sein de la commission législative : « Sans méconnaître, disait le rapport, ce que peut avoir de fondé la considération mise en avant par l'exposé des motifs, et tout en s'associant au désir du gouvernement d'écarter, pour les conseils généraux, les occasions de manifestations politiques, notre commission s'est demandé si le gouvernement n'allait pas contre le but qu'il se propose; si en voulant écarter la question accidentellement politique de l'élection du président, il ne créait pas lui-même, dans les conseils généraux, une situation politique plus tranchée. » Et plus loin : « Ne doit-on pas craindre que le président nommé par le pouvoir ne puisse exercer une direction aussi efficace que le président investi par l'élection de la confiance de ses collègues? »

Ces raisons ne manquaient pas de valeur, mais les efforts de la commission vinrent se briser contre le refus du conseil d'Etat fondé sur ces deux prétextes : 1° que la loi était transitoire, et 2° qu'elle était urgente!

Il y avait pourtant près de vingt ans que les conseils généraux, devenus électifs, élisaient eux-mêmes leurs présidents, et il ne paraît pas, dit M. Vivien (1), que le gouvernement ait jamais eu sujet de s'en plaindre. « On ne saurait trop s'affliger, poursuit le savant auteur, de cette tendance à retirer partout aux citoyens des droits qui constituaient la plus légitime application du principe représentatif. »

§ 2. — Délibérations du conseil général.

D'abord un mot de la présence du préfet aux séances.

C'est, comme nous l'avons vu, ce magistrat qui installe le conseil général; mais là ne se borne pas son rôle. En effet, aux termes du § 5 de notre art. 12, « le préfet a entrée au conseil général, il est entendu quand il le demande et assiste aux délibérations. »

(1) Vivien, *Etudes administratives*, t. I.

Comme représentant du pouvoir central pour l'exécu-
t'a des lois, il surveille les délibérations et empêche
qu'elles ne sortent du cercle où elles doivent se renfermer. Comme administrateur du département, il donne
au conseil les renseignements écrits ou verbaux sur les
objets soumis à leurs délibérations; il fait des propositions
et les soutient ou les explique; il doit rendre ses comptes
d'administration; mais pendant que le conseil les examine,
la loi (art. 12, § 5, *in fine*), d'accord avec les conve-
nances, ordonne au préfet de quitter l'assemblée.

A part cette exception, le préfet peut toujours assister
aux délibérations. Quant à la question de savoir s'il doit
se retirer au moment du vote, les art. 12, §§ 5 et 13,
ont toujours été entendus dans le sens de la négative, par
la raison qu'il serait contraire à la dignité du préfet de
quitter le conseil vingt ou peut-être trente fois dans la
même séance.

« Les séances du conseil général ne sont pas publiques (loi du 22 juin 1833, art. 13). »

L'art. 18, du décret du 3 juillet 1848, dispose au contraire que « les séances des conseils de département seront publiques, à moins que la majorité des membres ne
demande le comité secret. »

L'administration centrale ne paraît pas avoir eu à se
plaindre sérieusement de ce régime de publicité, et n'en
a jamais signalé les inconvénients. Cependant la loi du
7 juillet 1852, art. 5, a de nouveau décrété le huis-clos.
En 1833 on disait, et on l'a répété depuis, que les affaires souffriraient de cette publicité qui pourrait appeler
après elle l'ostentation oratoire et les discussions passion-
nées (1); qu'il ne serait pas sans danger de voir s'établir

(1) Comme si, pour bien parler d'une affaire, il ne fallait pas l'étudier!

en France 86 tribunes, du haut desquelles tel ou tel conseiller de département pourrait chercher la popularité en critiquant, avec plus ou moins d'amertume, non pas seulement les faits et gestes de l'administration, mais encore les actes du gouvernement lui-même. Telles ont été les préoccupations du législateur et ses raisons de décider. Mais ce n'était pas assez d'écarter les profanes des conseils généraux, il fallait encore, si on leur donnait la faculté de publier tout ou partie de leurs procès-verbaux, proscrire ce qui serait de nature à satisfaire l'ambition ou l'amour-propre d'un membre de l'assemblée! Il y a été pourvu par l'art. 26 de la loi du 10 mai 1838, ainsi conçu :

« Les procès-verbaux, rédigés par le secrétaire et arrêtés au commencement de chaque séance, contiendront l'analyse de la discussion : *les noms des membres qui ont pris part à cette discussion n'y seront pas insérés.* »

La loi du 7 juillet 1852 n'a pas reproduit l'art. 26, ni renvoyé à ce texte; mais on peut croire qu'en rétablissant l'état de choses antérieur au décret du 3 juillet 1848, le législateur de 1852 a entendu rétablir une disposition qui était comme le corollaire du principe de non publicité des séances. C'est ainsi, au surplus, qu'une jurisprudence constante l'interprète, et les procès-verbaux analytiques qui sont livrés à la publicité ne contiennent jamais les noms de ceux qui ont pris part aux débats.

Notons encore une disposition de l'art. 26 qui prescrit de rédiger immédiatement le procès-verbal de la séance, de façon qu'il puisse être lu au moins au commencement de la séance suivante. Cette prescription n'a pas toujours été observée, et le ministre de l'intérieur a dû inviter les préfets à requérir la stricte observation de la loi; il leur a rappelé en outre, par une circulaire du 12 août 1840, que la mission du secrétaire cesse au moment de la clôture de la session, parce qu'alors expirent les pouvoirs de l'assemblée ; qu'en conséquence le secrétaire, après cette clôture, ne peut rester dépositaire des minutes des procès-verbaux ni en diriger l'impression. Ce soin incombe désormais au préfet seul.

L'art. 13 de la loi du 22 juin 1833, porte que le conseil général « ne peut délibérer que si la moitié plus un des conseillers sont présents. » Mais il ne dit pas s'il faut calculer cette majorité sur le nombre légal des membres, ou si l'on doit seulement se baser sur le nombre des conseillers *en exercice;* les auteurs se prononcent presque unanimement pour ce dernier parti... On peut, du reste, invoquer comme argument d'analogie ce qui se pratique pour les conseils municipaux en vertu de l'art. 17 de la loi du 5 mai 1855.

En ce qui concerne la votation au sein du conseil, elle se fait habituellement par assis et levé ; mais l'art. 13 décide que « les votes sont recueillis au scrutin secret toutes les fois que quatre des conseillers présents le réclament. »

Aux termes de l'art. 14, « tout acte ou toute délibération d'un conseil général relative à des objets qui ne sont pas légalement compris dans ses attributions sont nuls et de nul effet. La nullité sera prononcée par ordonnance du roi (aujourd'hui par décret). »

Le gouvernement a usé, à différentes reprises, du droit qui lui est conféré par cet article : c'est ainsi que, par ordonnance du 26 septembre 1835, le chef de l'Etat a annulé une délibération du conseil général des Côtes-du-Nord qui avait émis un vœu sur des matières de politique générale et blâmé un vote des chambres législatives.

Il est à remarquer que les moyens de sanction pour ces sortes d'empiétements sont moins rigoureux et moins immédiats que ceux édictés par l'art. 15 pour le cas de réunion illégale.

Cette différence se comprend : en effet, de ce qu'un conseil général, régulièrement convoqué, a eu le tort de délibérer sur une matière non comprise dans ses attributions, il est rare qu'il puisse résulter un péril bien grave pour l'autorité, le préfet pouvant toujours suspendre provisoirement l'exécution d'une pareille délibération jusqu'à ce que le pouvoir central ait pu aviser. — Si, au contraire, une assemblée départementale s'est réunie illégalement, il y a là un état de quasi rébellion qu'il a paru indispensable de faire cesser sans retard.

§ 3. — Défense faite aux conseils généraux de correspondre entre eux et de publier des proclamations ou adresses, et autres garanties contre les entreprises de ces assemblées.

Le législateur a estimé qu'un autre danger sérieux pouvait résulter du concert d'action ou de résistance des conseils généraux. Aussi, l'art. 16 de la loi du 22 juin 1833 interdit à tout conseil général « de se mettre en correspondance avec un ou plusieurs conseils d'arrondissement ou de département. En cas d'infraction à cette disposition, le conseil général sera suspendu par le préfet en attendant que le roi (l'empereur) ait statué. »

Cependant il y a des cas où il est indispensable que les conseils généraux de départements limitrophes s'entendent et se concertent, s'il s'agit, par exemple, de l'ouverture d'une route qui devrait relier les deux territoires. Alors les préfets leur servent d'organe, et il est satisfait ainsi à un besoin réel, sans qu'il puisse en résulter le moindre inconvénient.

Le même esprit qui a inspiré toutes les dispositions restrictives que nous avons passées en revue a également dicté au législateur l'art. 17 de la loi du 22 juin 1833, d'après lequel « il est interdit à tout conseil général de faire ou publier aucune proclamation ou adresse. En cas d'infraction à cette disposition, le préfet déclarera, par arrêté, que la session du conseil général est suspendue : il sera statué définitivemnt par ordonnance royale. »

Comme sanction des dispositions prohibitives des art. 16 et 17, l'art. 18 dispose que « le préfet transmettra son arrêté au procureur général du ressort pour l'exécution des lois et l'application, s'il y a lieu, des peines déterminées par l'art. 123 du Code pénal. » Il y est tout simplement question d'un emprisonnement de deux à six mois et d'une interdiction facultative des droits civiques et de tout emploi public pendant dix ans au plus!

Après cela, on comprend que les conseils généraux, depuis 1833, aient toujours respecté la défense de faire des proclamations.

Ils n'ont pas cru aussi dangereux d'enfreindre la prohibition de faire des adresses, quand elles devaient avoir un certain caractère, et il faut dire que les gouvernements, à cet égard, ont été tolérants; cette prohibition est donc à peu près tombée en désuétude; mais il est bon de ne pas oublier qu'on saurait la faire revivre, si les circonstances le demandaient.

Le législateur n'a pas voulu que les actes illégaux des conseils de département reçussent de publicité. Aussi, l'art. 19 de la loi du 22 juin décide que « tout éditeur, imprimeur, journaliste ou autre, qui rendra publics les actes interdits au conseil général par les art. 15, 16 et 17, sera passible des peines portées par l'art. 123 du Code pénal. »

Toutes les précautions que nous avons énumérées n'ont pas suffi au législateur, et il a donné au pouvoir exécutif la faculté de dissoudre arbitrairement les conseils généraux (V. ci-dessus).

Nous avons essayé de rassembler les dispositions qui forment aujourd'hui l'organisation des conseils généraux de département, et à cet effet, nous avons dû combiner la loi du 22 juin 1833 avec le décret du 3 juillet 1848, avec la loi du 7 juillet 1852 et les deux décrets du 2 février 1851 relatifs aux élections des députés, sans oublier l'art. 26 de la loi d'attributions du 10 mai 1838. Malgré cette multiplicité de textes, nous avons eu plus d'une lacune à signaler. Rien, ce nous semble, ne démontre mieux la nécessité ou du moins l'opportunité d'une nouvelle loi qui se suffise à elle-même, comme le projet de loi départmentale lue à l'Assemblée législative et insérée au *Moniteur* du 5 novembre 1851 (1). La matière est bien certainement assez importante pour mériter toute la sollicitude du législateur. Tel est l'avis d'un savant économiste, M. L. Say : « Les espérances de ceux qui croient que la civilisation ne se développe qu'au grand air de la liberté, dit-il, sont tournées en ce moment vers les conseils généraux. Ce sont eux qui, ramenés tôt ou tard vers le but naturel de leur institution, devront prendre une place de plus en plus importante dans l'administration du pays, et qui feront comprendre à la nation qu'on ne peut être bien

(1) Constitution du 4 novembre 1848, art. 78 : « Une loi déterminera la composition et les attributions des conseils généraux... »

gouverné qu'en se donnant la peine de se gouverner soi-
même (1). »

Mais pour hâter l'avénement de ce *self-government*
que les Anglo-Saxons des deux mondes ont réalisé dans
des conditions et à des degrés différents (2), il importe
encore moins d'étendre le cercle des attributions des conseils généraux que de les organiser de façon qu'ils puissent
s'y mouvoir librement.

Plusieurs modifications à l'organisation actuelle ont paru
nécessaires pour assurer cette liberté et la responsabilité
qui en est la conséquence naturelle (3).

La première condition pour qu'une assemblée soit libre,
c'est que chacun de ses membres ait été librement élu (4)
et qu'ensuite aucune crainte ou espérance personnelle ne
puisse le mettre en opposition avec ses devoirs de mandataire. Est-ce là, sous notre système de hiérarchie, de
centralisation administrative et judiciaire, la position de
beaucoup de fonctionnaires que la loi n'exclut pas des
assemblées départementales? On peut au moins en douter
et, dès lors, se demander s'il n'y aurait pas lieu d'étendre
la liste des incompatibilités de l'art. 5 de la loi du 22 juin
1833. Toutefois, à notre avis, mieux vaudrait faire disparaître les causes même des nouvelles incompatibilités
que de les créer.

(1) Léon Say, *Dict. d'écon. polit.*, v° *conseils généraux.*

(2) En Angleterre, le *self-government* est encore aristocratique ; aux
Etats-Unis, il est complétement démocratique : il s'étend à tout le peuple
dans la commune, dans l'Etat et la fédération. — En Suisse, le *self-government* existe également sur une très-large échelle. Rien n'est donc plus ab-
surde et plus contraire à la vérité que de confondre *centralisation* et *démocratie.*

(3) Voir notamment les amendements présentés par MM. Bethmont et
Magnin au projet de loi de 1866 sur les conseils généraux.

(4) Ce qui suppose la liberté de réunion et la liberté de la presse.

Une seconde réforme nécessaire à la liberté des assemblées départementales consisterait à lui rendre le droit de former leur bureau, d'élire leurs président, vice-président et secrétaires. Evidemment aucune raison sérieuse, en même temps qu'avouable, ne peut être invoquée contre une semblable mesure. Nous renvoyons, d'ailleurs, à ce que nous avons dit plus haut sur ce point.

On a réclamé ensuite pour les conseils généraux la vérification des pouvoirs de leurs membres, ou l'appréciation des faits qui sont aujourd'hui de la compétence des conseils de préfecture. En effet, ces tribunaux, composés de *fonctionnaires* qui ont tout à craindre ou à espérer du gouvernement qui les a nommés, peuvent-ils, alors qu'une compétition s'élève entre un candidat officiel et un candidat non patroné, ne pas être entraînés à prendre part à la lutte dans une certaine mesure, et en supposant même qu'ils aient une indépendance de caractère qui ne réside pas habituellement dans la nature humaine, n'est-ce pas les tenter que de les placer entre leur intérêt et leur devoir, et l'idée que leur impartialité peut n'être pas entière, n'est-elle pas de nature à ébranler tant soit peu cette confiance absolue dont la justice doit être environnée? D'ailleurs, il ne faut pas oublier que le conseil général est un corps supérieur, par son origine et même par ses fonctions, au conseil de préfecture ; et cependant ce sont des conseillers de préfecture, révocables et amovibles au gré du pouvoir exécutif, qui décident s'il faut admettre dans le sein du conseil général un élu du peuple, qui n'est ni amovible ni révocable! N'y a-t-il pas là une sorte d'anarchie, et ne serait-il pas plus conforme aux principes que l'élection du nouveau membre fût jugée par ses pairs, par ceux qui ont, comme lui, un mandat du suffrage universel? C'est, du reste, ce qui a lieu pour le Corps législatif; c'est ce qui, en Belgique, a lieu pour les conseils provinciaux.

D'aucuns objecteront, peut-être, que le conseil général n'aurait pas les lumières suffisantes pour juger les difficultés auxquelles peuvent donner lieu les opérations électorales. — Mais ces difficultés, suivant la jurisprudence même du conseil d'État, se résument toujours dans une appréciation de faits, et tout le monde conviendra que l'assemblée départementale renferme les éléments d'un excellent jury. Pourquoi, au surplus, professer sans raison, vis-à-vis de nos voisins, une infériorité humiliante?

Un autre argument contre la réforme consisterait à dire que la minorité, au sein d'un conseil général, pourrait devenir l'objet des persécutions d'une majorité intolérante. — Nous sommes loin de méconnaître la valeur de cette objection; mais elle n'a pas été trouvée assez grave pour enlever au Corps législatif la vérification des pouvoirs de ses membres; elle n'a pas non plus triomphé près du législateur belge; d'ailleurs, elle paraîtra moins décisive si l'on considère que le candidat persécuté aurait toujours le droit de faire appel à ses électeurs, et qu'il serait même facile d'obtenir, sur une plus grande échelle, le contrôle de l'opinion publique.

Nous sommes ainsi conduits à parler d'une quatrième réforme à introduire dans l'organisation départementale, la publicité des délibérations des conseils généraux. Oui, la publicité que le législateur n'a pas écarté du sanctuaire des lois pour couper court aux aspirations oratoires, qu'il n'a pas bannie des tribunaux, sous prétexte qu'un avocat, un substitut, voire même un président, pourrait d'aventure rechercher la popularité ou d'autres faveurs par l'effet d'une éloquence malsaine; la publicité, comme on l'a dit avec raison, est l'âme de la justice, et avec elle une majorité ne deviendra pas impunément oppressive et tyrannique. Cette garantie intervient donc fort à propos pour corriger ce qu'il pourrait y avoir de téméraire dans la précédente réforme, tant il est vrai que toutes les libertés sont solidaires!

En 1851, le projet élaboré au conseil d'Etat maintenait la publicité des délibérations des conseils généraux, et la commission de l'intérieur de l'Assemblée nationale s'y associait en ces termes : « Les gouvernements parlementaires doivent être des gouvernements de grande publicité, car la publicité est non-seulement la garantie des gouvernés, mais surtout celle des gouvernants, auxquels il importe que leurs intentions et leurs actes ne puissent être dénaturés... Il n'existait *aucune raison* pour en priver les conseils généraux (1). »

Il existait, au contraire, pour maintenir la publicité, cette raison décisive que l'électeur a droit de surveiller la conduite de l'élu ; que le mandant a droit de contrôler la gestion du mandataire ; or, ce contrôle devient impossible avec le régime du huis-clos. Ce régime, qui est celui de la loi du 7 juillet 1852, porte donc atteinte au principe même du suffrage universel, et il serait urgent de le faire disparaître.

Bien plus, le rétablissement de la publicité laisserait insuffisante la responsabilité de l'élu, si les électeurs n'étaient appelés à la sanctionner qu'à de trop longs intervalles. Tel est le cas de notre législation actuelle, où la durée du mandat est de neuf ans. Ainsi, un conseiller

______

(1) M. de la Boulie, *Rapport à l'Assemblée nationale.*

général est inhabile à défendre les intérêts qui lui ont été confiés, il viole ses engagements, il est en opposition sur presque tous les points avec ses commettants, et cette situation déplorable pourra durer neuf années entières!

On a dit qu'il serait dangereux de consulter plus souvent le suffrage universel. Mais alors c'est au suffrage universel lui-même qu'il faut faire le procès; c'est le principe de la souveraineté du peuple qu'il faut mettre en question, et voir s'il n'y a pas lieu de débarrasser nos institutions de ce qui y reste de formules vaines et trompeuses. Nos adversaires l'oseront-ils? Il ne faut pas s'y attendre; et, certes, ils aimeront mieux s'entêter dans un *statu quo*, condamné par la logique, en répétant qu'il serait périlleux de multiplier les luttes électorales. Ils savent, sans doute, que le suffrage universel, depuis son établissement, a donné des solutions contradictoires, mais ils paraissent oublier qu'il s'est toujours exercé avec un grand calme. D'ailleurs, le moyen d'obtenir qu'il se prononce avec discernement, ce n'est pas d'y avoir recours que le moins souvent possible; les pays où le *self-government* est le plus développé, comme les Etats-Unis et la Suisse, sont aussi les pays où les élections sont les plus fréquentes, et nous serions encore loin de les atteindre, à cet égard, en rétablissant purement et simplement le système de la première Constituante, d'après lequel les administrations de département étaient nommées pour quatre ans, et renouvelées par moitié tous les deux ans.

Nous avons vu que le conseil général ne peut se réunir qu'en vertu d'un décret impérial. En Belgique, au contraire, le conseil provincial tient de *plein droit*, chaque année, une session aux lieu et temps fixés par la loi : c'est une garantie d'indépendance qu'il conviendrait encore d'introduire dans notre organisation départementale.

Le projet de 1851 fixait à un mois au plus la durée de la session ordinaire; mais il contenait une autre disposition que le rapporteur expliquait en ces termes : « Comme dans certains départements et dans certaines circonstances, cette session pourrait ne pas suffire, votre commission vous propose encore d'accorder aux conseils généraux le droit de voter une seconde session qui devra avoir lieu dans les six mois de la délibération et dont l'époque sera fixée dans ce délai par un décret du président de la République; cette seconde session ne pourra excéder quinze jours. »

Pour faciliter aux conseils généraux l'étude des affaires intéressant le département, le même projet de 1851 établissait que quinze jours avant la session ordinaire, le préfet devrait transmettre, à chaque membre de l'assemblée, le programme des affaires dont il aurait à s'occuper, ainsi que les propositions budgétaires dans les portions réellement soumises à la décision du conseil général (1).

Cette disposition, comme la précédente, tendait à rendre plus efficace l'intervention des représentants du département. Nous croyons qu'il y aura lieu d'y revenir quand on réorganisera les conseils généraux.

On sait que le chef de l'Etat peut arbitrairement dissoudre un conseil général, à la seule condition de provoquer une nouvelle élection dans les trois mois. Un tel pouvoir est évidemment la négation de la liberté, et nous croyons qu'il devrait être soumis à des conditions ana-

(1) *Monit.* du 5 nov. 1851.

logues à celles établies par la constitution du 4 novembre
1848.

Il nous reste à signaler une innovation importante que
les partisans du *self-government* voudraient introduire dans
notre organisation départementale.

En Belgique, le conseil provincial choisit une *députation permanente* de six membres (1) pour le représenter
durant l'intervalle des sessions. On a demandé que notre
conseil général eût aussi le droit de nommer dans son
sein une commission permanente. Mais on n'est pas d'accord sur le rôle qu'il conviendrait d'assigner à cette institution.

Les uns voudraient faire des délégués du conseil une
commission exécutive sous les ordres de laquelle seraient
placés les bureaux chargés de l'expédition des affaires
départementales, comme les bureaux de la mairie sont
sous les ordres du maire et de ses adjoints...

« Tant que l'exécution ne passera pas entre les mains
des délégués du conseil général, a-t-on dit, le conseil général sera à la discrétion du préfet, car le préfet peut
tout empêcher, tout gêner, tout contrarier, tout faire
manquer, quand une délibération est contraire à ses vues
particulières. Les résolutions qu'il propose et qu'il approuve, il en fait réussir l'exécution ; celles qu'il n'a pas
proposées, qui ont été prises contre son gré, il ne les
exécute pas, ou il les exécute de façon à les faire
échouer.

» Pour que le conseil général jouisse d'une vie propre,
d'une indépendance non pas nominale, mais réelle, il faut
que l'exécution dépende de la délibération (2)..... »

(1) Art. 96, § 1ᵉʳ, de la loi du 31 avril 1836. Le nombre a été successivement de 9, 7 et enfin de 6.

(2) *Monit.* du 18 mai 1866, citation faite par M. Magnin.

Ce système pourrait invoquer l'exemple des *Etats députés* de Hollande (1).

On lui a reproché de confondre le délibératif et l'exécutif. Rien n'est plus faux; il opère plutôt une division
du pouvoir exécutif, dans le département, entre le préfet
et les délégués du conseil, division qui pourrait devenir
une source de conflits perpétuels, si les attributions n'é-
taient pas bien nettement définies.

C'est apparemment le motif pour lequel des partisans
du *self-government* préfèrent le système belge qui laisse
l'exécution au gouverneur seul. La députation permanente
de Belgique n'a, en effet, qu'une mission purement délibérative, comme le conseil provincial, dont elle émane;
elle représente le conseil du premier magistrat de la province.

Ce système nous semblerait le meilleur si le gouverneur
ou préfet était électif comme les gouverneurs aux Etats-
Unis. Mais cette hypothèse ne paraissant pas sur le point
de se réaliser, nous comprenons qu'on puisse hésiter et
même préférer le système hollandais.

En 1851, la question d'une commission permanente
administrant concurremment avec le préfet fut agitée (2);
mais elle fut écartée provisoirement, et l'on se contenta
de décider (3) que le conseil général pourrait nommer
des commissions spéciales, chargées dans l'intervalle des
sessions de préparer et d'instruire les affaires qui rentrent
dans les attributions du conseil et qu'il aurait lui-même
déterminées (4).

(1) Loi du 6 juillet 1850, art. 45 à 62, sur les Etats députés (*Gedepu-
teerde Staten*).

(2) *Monit.* du 5 novembre 1851.

(3) Art. 45 du projet de la commission.

(5) M. Vivien approuve fort cette idée. (*Etudes administratives*, t. II.)

L'institution de ces commissions spéciales n'exclut pas, d'ailleurs, celle d'une commission permanente présentant l'un ou l'autre des caractères indiqués ci-dessus (1).

Nous avons fini d'énumérer les principales réformes dont notre organisation départementale paraît susceptible et qui auraient pour résultat d'assurer la liberté d'action des conseils généraux.

LIVRE II

Attributions des Conseils Généraux.

Pour préparer l'avénement du *self-government*, il ne suffit pas de donner aux conseils généraux une organisation libérale, il faut encore leur attribuer la conduite des affaires qu'ils sont les mieux placés pour connaître et auxquelles leurs électeurs et eux sont les plus directement intéressés.

Mais quelles sont les affaires dont la solution peut être remise aux conseils généraux sans compromettre notre unité politique (comprenant l'unité de législation, l'unité de défense et de charges nationales)?

(1) La députation permanente (Belgique), sans être chargée de l'exécution des délibérations du conseil provincial, exerce une grande influence sur l'administration active, et, de plus, elle juge le contentieux administratif; mais ce contentieux a, dans la législation belge, bien moins d'extension que chez nous : ainsi, la compétence de la députation se borne aux contributions directes et aux réclamations en matière de milice, tandis que les travaux publics et d'autres matières très-importantes sont jugés par les tribunaux ordinaires. (Batbie, *Droit public et administ.*, t. IV.)

En 1851, la question était posée dans le rapport de la commission législative dans les termes suivants : « ... Ce qu'il importe, ce qu'il est difficile de régler, c'est l'action combinée de l'assemblée départementale et du pouvoir central, sur les intérêts particuliers du département; ce qui est important et difficile, c'est d'arrêter la centralisation à cette limite par delà laquelle elle cesse d'être l'unité politique pour devenir l'oppression départementale; c'est lorsque les intérêts particuliers des départements et les intérêts généraux de l'Etat se rencontrent et se mêlent de faire à chacun d'eux une juste part, qui empêche l'Etat d'opprimer le département et le département de nuire à l'Etat; c'est enfin, dans l'administration même des intérêts purement départementaux, de réserver à l'Etat un droit de surveillance et de protection nécessaires pour empêcher que l'égoïsme ou les entraînements des générations actuelles ne compromettent gravement les intérêts de l'avenir (1). »

Le projet de 1851 donnait une solution à ces difficultés; mais les événements du 2 décembre l'empêchèrent de devenir la loi, et nous n'avons pas à nous en occuper davantage.

En 1866, la question s'est posée de nouveau devant le Corps législatif à l'occasion de la loi sur les attributions des conseils généraux :

« Le gouvernement a pensé, dit M. Busson-Billault dans son rapport (2), que le moment était venu d'étendre les attributions (attributions d'après la loi du 10 mai 1838) dont ces assemblées ont usé avec tant de sagesse et au grand profit du pays, et de leur donner, sous leur res-

____

(1) M. de la Boulie, *Rapport à l'Assemblée nationale,* le 5 novembre 1851.

(2) *Monit.* du 15 mai 1866.

ponsabilité, une liberté d'action plus grande, sans toutefois porter atteinte aux droits légitimes de l'Etat.

» Il ne s'agit donc pas, il ne pouvait s'agir d'abandonner un système entré si profondément dans nos mœurs et consacré par une longue et décisive expérience, encore moins de toucher à cette organisation politique qui assure la grandeur et l'unité de la France. Mais à côté de cette centralisation politique des intérèts nationaux et qui est hors de toute controverse, il a paru possible, il a paru opportun, de diminuer notablement la tutelle organisée par la loi de 1838, et de confier aux conseils généraux la décision et, par suite, la responsabilité des affaires départementales, sans toutefois leur laisser compromettre l'intérèt supérieur du pays. Ce n'est pas changer les bases de notre législation, c'est les élargir; c'est marcher dans une voie déjà féconde, c'est simplifier et accélérer les affaires locales en les décentralisant; tout en maintenant les grands principes constitutifs de l'administration française; c'est donner aux administrations plus d'indépendance et d'autorité. »

Telle a été la pensée qui a motivé le projet de loi et la commission législative s'y est associée (1). On doit penser que c'est dans le même esprit que le Corps législatif a voté la loi, car le projet, tel qu'il est sorti avec l'assentiment du gouvernement des délibérations de la commission, a été très-peu modifié et ne l'a été que sur l'avis ou avec le consentement de la commission elle-même.

La loi votée le 23 mai 1866 et sanctionnée le 18 juillet suivant, ne touche qu'aux attributions des conseils généraux; elle n'a donc pu être, au profit des départements,

(1) *Monit.* du 15 mai 1866.

15

qu'une mesure incomplète de décentralisation ; mais dans la sphère où cette loi est intervenue, si elle laisse encore à désirer à certains égards, elle réalise néanmoins, comme nous le verrons, un véritable progrès.

Sous le bénéfice de ces indications, nous abordons l'étude des divers textes qui régissent les attributions des assemblées départementales.

Ces attributions peuvent se répartir en quatre classes, suivant le degré d'autorité délégué aux conseils généraux à l'égard des affaires qui en font l'objet.

En effet, tantôt le conseil général statue définitivement : on peut dire qu'il *vote*; tantôt il ne statue que sauf approbation d'une autorité supérieure : il *délibère*; tantôt il agit comme conseil de gouvernement : il donne des *avis*; tantôt enfin il agit comme surveillant des intérêts départementaux : il émet des *vœux*.

TITRE I

LE CONSEIL GÉNÉRAL STATUE DÉFINITIVEMENT.

CHAPITRE I

Le Conseil Général statue définitivement, comme délégué du pouvoir législatif.

C'est en vertu de cette délégation que le conseil général répartit les impôts directs entre les arrondissements, vote les centimes additionnels et les emprunts départementaux, et enfin fixe le maximum de centimes additionnels que les communes peuvent extraordinairement s'imposer.

SECTION I.

RÉPARTITION OU RÉPARTEMENT DES CONTRIBUTIONS DIRECTES.

Nous parlerons d'abord de la répartition elle-même, puis du jugement des difficultés auxquelles elle peut donner lieu.

§ 1. — Répartition des contributions directes.

Aux termes de l'art. 1, § 1, de la loi du 10 mai 1838, « le conseil général du département répartit, chaque année, les contributions directes entre les arrondissements, conformément aux règles établies par les lois. »

Pour comprendre l'objet et la portée de cette attribution de l'assemblée départementale, il est nécessaire de se faire une idée sur les diverses espèces d'impôts.

Les impôts, qui sont les charges supportées en vue des avantages de la vie sociale, et qui, en principe, pèsent sur les citoyens proportionnellement à leurs facultés imposables, se divisent en deux grandes classes : les *contributions directes* et les *contributions indirectes*. Les premières sont celles qui frappent la richesse acquise sur les possesseurs actuels, d'où la nécessité d'un rôle nominatif des redevables ; les secondes sont celles qui frappent certains faits de production, de circulation ou de consommation de la richesse, indépendamment des auteurs de ces faits, d'où la nécessité d'un tarif de taxation (1).

Les contributions directes se divisent elles-mêmes : 1° en *impôts de répartition*, ainsi nommés parce qu'ils

---

(1) Cabantous, *Droit public et administ.*

sont répartis par des pouvoirs différents avant d'atteindre le contribuable; 2° *en impôts de quotité*, qui tirent leur nom de la quote-part assignée directement au redevable d'après les conditions de la loi.

« Le caractère de ces deux modes, disait le ministre des finances (1) à la Chambre des députés, le 15 novembre 1830, est facile à saisir : l'impôt de répartition est un abonnement avec les localités; on traite à forfait avec elles, en leur laissant le soin de répartir, comme elles l'entendent, la somme qu'on leur demande; naturellement l'autorité qui abonne fait un sacrifice de la quantité du produit en faveur de la certitude de la rentrée. L'impôt de quotité est l'opposé du précédent; loin d'abonner, le gouvernement, dans ce cas, assied et lève l'impôt lui-même; il a les avantages de la plus-value et court les chances de la perception. »

De ce qui précède il résulte que la somme totale des contributions de répartition peut être fixée d'avance avec certitude, et elle l'est, en effet, au budget des recettes de chaque année (2); tandis que le montant des contributions de quotité n'est et ne peut être porté au budget que pour un chiffre approximatif.

Parmi les contributions directes, au nombre de *quatre*, trois sont des contributions de répartition, ce sont : 1° la contribution *foncière*; 2° la contribution *personnelle-mobilière*; 3° la contribution des *portes et fenêtres*. La quatrième, c'est-à-dire la contribution des *patentes*, est une contribution de quotité.

— *L'impôt des patentes* frappe tout individu, français ou

(1) M. Laffitte.

(2) Voir, toutefois, les lois des 17 août 1835, art. 2, et 4 août 1844, art. 2, et la circ. minist. du 18 août 1835.

étranger, qui exerce en France un commerce, une industrie, une profession non expressément compris dans les exceptions déterminées par la loi. Il se compose d'un droit *fixe*, qui est déterminé par un tarif, et d'un droit *proportionnel*, qui est en général du vingtième de la valeur locative (1).

C'est tout ce qu'il nous paraît utile d'en dire ici, et nous passons aux trois premiers impôts auxquels seuls s'applique l'opération de la répartition.

I. *Contribution foncière.* — L'impôt foncier est celui qui frappe le revenu net des propriétés immobilières, bâties ou non bâties.

Le travail de répartition de cet impôt se réduirait à un calcul mathématique bien simple, si l'échelle d'évaluation étant la même pour la surface entière de l'empire, on n'avait qu'à se baser sur ses résultats. En effet, une fois déterminé le revenu des particuliers, il serait facile de connaître successivement celui de la commune, celui de l'arrondissement et celui du département. Le partage des charges se ferait ensuite à chaque degré proportionnellement aux facultés imposables. Ce système est empreint d'un caractère d'unité et d'exactitude trop frappant pour ne pas s'être présenté à la pensée de l'Assemblée constituante. Mais cette assemblée dut craindre qu'une réforme si radicale appliquée tout d'un coup à une matière aussi délicate que la répartition de l'impôt, et se produisant comme une conséquence de la nouvelle division territoriale, ne compromît celle-ci sans retour. « On se résigna donc, dit M. Dufour, pour déterminer la part à assigner à chaque division territoriale, à calculer les impôts de

(1) Voir les lois des 25 avril 1844, 15 mai 1850, 4 juin 1858, 2 juillet 1862, et 29 juin 1866.

tout genre supportés par les terres dans toute la France, *y compris ce que les privilégiés auraient dú payer*, et à répartir la contribution foncière entre les localités au marc le franc des anciennes contributions.

» Les bases d'évaluation posées par la loi ne furent destinées qu'à servir à la répartition entre les individus du contingent de la commune (1). »

Toutefois, en subissant le joug des abus du passé, on n'avait pas perdu l'espoir de le voir briser à l'avenir. L'Assemblée constituante décréta l'exécution du cadastre. L'idée d'établir la répartition entre les départements, les districts ou arrondissements et les communes sur la même base que la répartition individuelle, ne fut abandonnée ni sous la République, ni sous l'Empire, du moins jusqu'à 1813 (2).

Mais, à cette époque, la proposition d'employer les évaluations obtenues après divers essais comme éléments d'une péréquation générale de l'impôt entre les cantons cadastrés, ne fut point accueillie, et la péréquation fut restreinte d'abord à l'étendue de chaque département par l'art. 14 de la loi du 20 mars 1813, à l'étendue de chaque arrondissement par la loi du 15 mai 1818, enfin à l'étendue de chaque commune par l'art. 20 de la loi du 31 juillet 1821. D'après cette dernière loi, le cadastre n'a plus pour objet que la rectification de la répartition individuelle.

Toutefois, en désertant le projet d'une péréquation générale, on n'avait pas renoncé à la pensée d'établir une

(1) Dufour, *Droit public et administ.*, t. III. — Voir la loi du 23 novembre 1790, et l'instruction annexée à cette loi.

(2) Décret du 24 mars 1793 ; arrêté du 27 vendémiaire an XII ; lois des 15 septembre 1807 et 27 janvier 1808.

plus équitable répartition des charges entre les départements. La loi du 15 mai 1818 avait ordonné de compléter les travaux déjà faits sur les forces contributives des départements, et la loi du 31 juillet 1821 consacra cet important travail en fixant, dans chacun d'eux, la proportion du revenu à l'impôt.

Depuis cette époque, la répartition du contingent par département a toujours été faite conformément aux proportions fixées par le tableau C, annexé à cette loi (1).

La même loi du 31 juillet, par son art. 19, prescrivit l'application aux arrondissements et aux communes des bases qui venaient de servir à la répartition générale, et restreignit, comme nous l'avons vu, aux cotisations individuelles la suite des opérations du cadastre parcellaire.

La nécessité de maintenir, pour favoriser les transactions et encourager les améliorations agricoles, la fixité des charges incombant à la propriété foncière, ne permet de réviser qu'à de longs intervalles les bases des contingents.

Mais on a pensé que les mêmes motifs ne s'appliquaient pas, avec une autorité égale, à la portion de ces charges qui porte spécialement sur les propriétés bâties dont la valeur est beaucoup plus sujette à changement.

En effet, l'art. 2 de la loi du 17 août 1835, par une disposition commune à deux des impôts de répartition, est venu statuer que, « à partir du 1er janvier 1836, les maisons et usines nouvellement construites et reconstruites et devenues imposables seront, d'après une matrice rédigée dans la forme accoutumée, cotisées comme les

(1) Malgré le progrès accompli, la proportion du revenu à l'impôt était encore loin d'être partout égale, puisque le tableau C lui-même constate qu'elle varie, suivant les départements, depuis 1/6 jusqu'à 1/17.

autres propriétés bâties de la commune où elles sont situées, et accroîtront le contingent dans la contribution
foncière et dans la contribution des *portes et fenêtres* de
la commune, de l'arrondissement et du département.

» Les propriétés bâties, qui auront été détruites ou
démolies, feront l'objet d'un dégrèvement dans la contribution foncière et dans la contribution des portes et fenêtres, pour la commune, l'arrondissement et le département où elles étaient situées, jusqu'à concurrence de la
part que lesdites propriétés prenaient dans leurs matières
imposables..... »

Le but de cet article est facile à saisir. Autrefois, les
constructions nouvelles étaient bien soumises à l'impôt,
mais il n'en résultait aucune augmentation de recette pour
l'Etat. La cotisation des contributions nouvelles entrait
dans le contingent de la commune qui restait le même ;
les autres cotes individuelles en étaient diminuées d'autant. Sous la loi du 17 août 1835, il n'en est plus de
même ; l'art. 2 réserve pour l'Etat les chances de la plus-
value résultant de nouvelles constructions ou reconstructions ; il est vrai qu'en principe et en droit il court aussi
les chances de perte ; mais le législateur n'avait agi qu'à
bon escient.

Aux termes du même art. 2, « l'estimation des propriétés bâties, devenues imposables, sera faite par les
commissaires répartiteurs, assistés du contrôleur des contributions directes...

» L'état des nouvelles cotisations et des dégrèvements
par département sera annexé au budget de chaque année.»

On voit que l'application de la loi de 1835 a dû modifier successivement les bases primitives de la répartition
établies conformément aux dispositions de la loi du 31 juillet 1821.

Notons, du reste, que la loi du 17 août, en vertu du principe de non-rétroactivité écrit dans l'art. 2 du Code Napoléon, ne s'applique pas aux constructions et démolitions antérieures au 1er janvier 1836.

II. *Contribution personnelle-mobilière.* — Cet impôt, comme l'indique son nom, se compose de deux taxes distinctes :

1° La taxe *personnelle* qui frappe quiconque a des moyens d'existence ;

2° La taxe *mobilière* qui frappe les loyers d'habitation.

L'Assemblée constituante fit, pour la répartition de l'impôt *mobilier* (1), ce qu'elle avait fait provisoirement pour l'impôt foncier ; elle taxa les départements, non en proportion de leurs moyens, mais suivant ce qu'ils payaient avant 1789.

Pour corriger ces inégalités originaires, la loi du 23 juillet 1820 décida que le contingent *mobilier* (2) des départements, des arrondissements et des communes serait fixé uniquement d'après le montant des valeurs locatives d'habitation (art. 29).

Quant à la contribution personnelle, le contingent des arrondissements et des communes devrait être fixé par le conseil général du département et par les conseils d'arrondissement d'après le nombre des contribuables non indigents, multiplié par le prix de trois journées de travail. Le prix de la journée de travail pouvait varier de 0 fr. 50 à 1 fr. 50, et le conseil général fut chargé de le fixer pour toutes les communes (art. 28).

Ces bases, tracées pour la répartition de la contribution

(1) Cette expression comprenait alors la taxe personnelle.

(2) Le mot ne comprenait plus la taxe personnelle.

personnelle, étaient d'une exécution simple et facile; mais
il n'en était pas ainsi pour fixer, dans chaque département, le montant des valeurs locatives devant servir de
base à la péréquation générale de la contribution mobilière. Un premier travail, fait en exécution de la loi du
23 juillet, servit pour faire la répartition depuis 1826.
Mais avant de réaliser la péréquation générale projetée,
l'administration voulut encore recueillir de nouveaux éléments, et une vérification des premiers résultats obtenus
constata, en effet, des inégalités importantes au préjudice
de 48 départements...

En 1832, le législateur profita des travaux antérieurs
de l'administration, pour faire cesser, autant que possible, les inégalités signalées. Mais pour ne pas opérer
un changement trop brusque, il adopta, pour la répartition du contingent de chaque département, les bases
suivantes :

Un tiers au centime le franc du montant des taxes
personnelles de 1831 ;

Un tiers d'après les contingeñts mobiliers de 1830;

Et un tiers d'après les valeurs locatives d'habitation.
(Voir la loi du 21 avril 1832, art. 4, et l'état B, n° 2,
qui y est annexé.)

Ces bases ne devaient être elles-mêmes que provisoires,
et l'art. 31 de la loi du 21 avril 1832, portait qu'il serait
soumis aux chambres dans la session de 1834, et ensuite,
de cinq années en cinq années, une révision des contingents. Mais cette disposition ne fut pas exécutée. Il en
fut de même d'une autre disposition de la loi du 14 juillet
1838, qui ordonnait de présenter un projet semblable à
la session de 1842, et ensuite de dix années en dix années.

En 1842, le législateur prorogea le délai jusqu'à la session de 1844. Mais, en 1844, le gouvernement a reconnu qu'il était encore hors d'état de fournir des documents certains. Force était donc d'ajourner de nouveau ou d'adopter un système différent.

C'est à ce dernier parti qu'on s'arrêta en décidant que le mode déterminé par l'art. 2 de la loi du 17 août 1835, pour la contribution foncière et la contribution des portes et fenêtres, serait suivi pour la contribution personnelle et mobilière.

En effet, l'art. 2 de la loi du 4 août 1844 est ainsi conçu : « A dater du 1er janvier 1846, le contingent de chaque département, dans la contribution personnelle et mobilière, sera diminué du montant en principal des cotisations personnelles et mobilières afférentes aux maisons qui auront été détruites.

» A partir de la même époque, ce contingent sera augmenté proportionnellement à la valeur locative des maisons nouvellement construites ou reconstruites, à mesure que ces maisons seront imposées à la contribution foncière; l'augmentation sera du vingtième de la valeur réelle des *locaux consacrés à l'habitation personnelle.*

» Il sera procédé, à cet égard, de la manière prescrite par l'art. 2 de la loi du 17 août 1835.

» L'état par département, des augmentations et des diminutions, sera annexé au budget annuel. »

Le provisoire établi par la loi du 21 avril 1832 était d'ailleurs maintenu, et voici quelques dispositions de cette loi sur notre matière :

Aux termes de l'art. 9, « le contingent assigné à chaque département sera réparti entre les arrondissements par le conseil général, et entre les communes par le conseil d'arrondissement, d'après le *nombre des contribuables passibles de la taxe personnelle* et d'après les *valeurs locatives d'habitation (loi du 23 juillet 1820, art. 27 et 29).* »

« La taxe personnelle, ajoute l'art. 10, se compose de la valeur de trois journées de travail. Le conseil général, sur la proposition du préfet, déterminera le prix moyen de la journée de travail dans chaque commune, sans pouvoir néanmoins le fixer au-dessous de 0 fr. 50 ni au-dessus de 1 fr. 50 (*loi du 23 juillet 1820, art. 28*). »

Art. 11. « Le directeur des contributions formera, chaque année, un tableau présentant, par arrondissement et par commune, le nombre des individus passibles de la taxe personnelle et le montant de leurs valeurs locatives d'habitation.

» Ce tableau servira de renseignement au conseil général et aux conseils d'arrondissement pour la répartition de la contribution personnelle et mobilière. »

Il n'est pas besoin de rappeler que les résultats constatés d'après la loi du 21 avril 1832, sont annuellement modifiés par l'application de la loi du 4 août 1842, art. 2.

III. *Contribution des portes et fenêtres.* — Cet impôt, dont l'idée a été empruntée à l'Angleterre, frappe les portes et fenêtres des bâtiments.

La loi du 4 frimaire an VII en avait fait un impôt de quotité; celle du 13 floréal an X l'érigea en impôt de répartition. Ce caractère lui fut retiré par la loi du 26 mars 1831; mais il lui fut rendu par celle du 21 avril 1832. En effet, l'art. 24 de cette loi porte qu'à partir du 1er janvier 1832, la contribution des portes et fenêtres sera établie, par voie de répartition, entre les départements, les arrondissements, les communes et les contribuables, conformément au tarif ci-après, sauf les modifications proportionnelles qu'il sera nécessaire de lui faire subir pour remplir les contingents :

POPULATION des VILLES et DES COMMUNES.	POUR LES MAISONS à					POUR LES MAISONS à six ouvertures et au-dessus.		
	une ouverture.	deux ouvertures.	trois ouvertures.	quatre ouvertures.	cinq ouvertures.	portes cochères, charretières et de magasin.	Portes ord. et fenêt. du rez-d-ch. de l'entr. des 1er et 2e étages.	Fenêtres du 3e étage et des étages supérieurs.
	fr. c.	fr. c.	fr. c.	fr. c.	fr. c.	fr. c.	fr. c.	fr. c.
Au-dessus de 5,000 habit.	0,30	0,45	0,90	1,60	2,50	1,60	0,60	0,60
de 5,000 à 10,000......	0,40	0,60	1,35	2,20	3,25	3,50	0,75	0,75
de 10,000 à 25,000.....	0,50	0,80	1,80	2,80	4,00	7,40	0,90	0,75
de 25,000 à 50,000.....	0,60	1,00	2,70	4,00	5,50	11,20	1,20	0,75
de 50,000 à 100,000....	0,80	1,20	3,60	5,20	7,00	15,00	1,50	0,75
au-dessus de 100,000...	1,00	1,50	4,50	6,40	8,50	18,80	1,80	0,75

Art. 25. « Le contingent assigné à chaque département sera réparti entre les arrondissements par le conseil général et entre les communes par les conseils d'arrondissements, d'*après le nombre des ouvertures imposables.* »

Art. 26. « Le directeur des contributions directes formera, chaque année, un tableau présentant : 1º le nombre des ouvertures imposables des différentes classes; 2º le produit des taxes d'après le tarif; 3º le projet de répartition.

» Ce tableau servira de renseignement au conseil général et aux conseils d'arrondissement pour fixer le contingent des arrondissements et des communes. »

On sait, du reste, que les dispositions de l'art. 2 de la

loi du 17 août 1835 (1) s'appliquent à la contribution des portes et fenètres.

Maintenant, nous pouvons résumer en deux mots le mécanisme de la répartition.

Le pouvoir législatif, après avoir fixé, chaque année, pour toute la France, le montant de chacune des trois contributions *foncière, personnelle-mobilière* et des *portes et fenétres*, détermine, dans un état annexé à la loi des finances, la part que chaque département devra supporter dans chacun des trois impôts, en suivant les proportions établies conformément aux lois. De même le conseil général les répartit entre les arrondissements, et les conseils d'arrondissement entre les communes. Quant à la répartition individuelle, elle est faite, dans chaque commune, par une commission de répartiteurs nommée par le sous-préfet et assistée du contrôleur des contributions directes (2).

Le conseil général, les conseils d'arrondissement et même la commission de répartiteurs agissant en cette matière comme délégués du pouvoir législatif, leurs décisions

(1) Remarque.—Le tarif en vigueur, pour l'impôt des portes et fenètres, a le défaut de ne pas tenir compte de la différence des quartiers dans l'étendue d'une même commune, ce qui donne lieu aux inégalités les plus choquantes, surtout dans les grandes villes. En 1850, les conseils généraux furent invités à se prononcer sur les réformes qu'il conviendrait d'introduire pour faire disparaître les inconvénients signalés par plusieurs d'entre eux. Le conseil général de la Seine émit le vœu qu'il fût proposé une disposition législative permettant aux conseils municipaux d'établir des tarifs spéciaux, combinés de manière à tenir compte à la fois de la *valeur locative* et du *nombre des ouvertures*. Des essais tentés, d'après ces principes, à Paris d'abord, et plus tard à Lyon et à Bordeaux, ont produit de bons résultats et peuvent devenir le point de départ d'une réforme s'étendant à toute la France.

(2) Il serait conforme aux principes que cette commission fût nommée par les électeurs de la commune ou tout au moins par le conseil municipal.

sont souveraines de leur nature. Toutefois, ainsi que nous le verrons, le défaut de recours n'existe qu'à l'égard des décisions du conseil général.

Le législateur a dû prévoir le cas où un conseil général omettrait de faire la répartition des contributions directes et il a pourvu à cette éventualité par l'art. 27 de la loi du 10 mai 1838, ainsi conçu : « Si le conseil général ne se réunissait pas, ou s'il se séparait sans avoir arrêté la répartition des contributions directes, les *mandements* des contingents assignés à chaque arrondissement seraient délivrés par le préfet, d'après les bases de la *répartition précédente*, sauf les modifications à apporter dans les contingents en exécution des lois. »

Le mandement est l'acte par lequel le préfet rend exécutoire le contingent annuellement assigné à chaque arrondissement dans chacun des trois impôts de répartition. L'envoi de ce mandement est comme la promulgation de la loi rendue par le conseil général.

Remarquons ici, qu'en pratique, la répartition des contingents se fait toujours d'après les bases de l'année précédente, et que ces contingents sont modifiés au moment de la confection des rôles, en raison des résultats constatés en exécution des lois des 17 août 1835 et 4 août 1844, pendant la tournée annuelle des mutations (1).

§ 2. — Jugement des réclamations auxquelles la répartition peut donner lieu.

I. — Avant d'effectuer la répartition des contributions directes entre les arrondissements de son ressort, le conseil général statue sur les demandes délibérées par les

(1) Circ. du 18 août 1835.

conseils d'arrondissement en réduction du contingent assigné à l'arrondissement (loi du 10 mai 1838, art. 1, § 2).

Pour expliquer cette disposition, il est nécessaire de
rappeler les termes des art. 39 et 40 de la loi du 10 mai
1838 :

Art. 39. « La session ordinaire du conseil d'arrondissement se divise en deux parties : la première précède et
la seconde suit la session du conseil général. »

Art. 40. « Dans la première partie de la session, le
conseil d'arrondissement délibère sur les réclamations auxquelles donnerait lieu la fixation du contingent de l'arrondissement dans les contributions directes. »

La délibération prise par le conseil d'arrondissement
est soumise par le préfet au conseil général, qui l'apprécie
et prononce, comme il est dit ci-dessus, *avant de procéder à la répartition.*

« Il a paru convenable..., dit M. Vivien dans son rapport, de déclarer en termes exprès les devoirs imposés
au conseil général et d'indiquer qu'en cas de réclamation
d'un arrondissement, il ne peut se dispenser de rendre à
son égard une décision. Cette décision est le préliminaire
indispensable de la répartition; elle s'y lie intimement;
elle la prépare. »

Constatons, d'ailleurs, qu'elle est rendue d'une manière
souveraine.

II. — Le conseil général prononce encore définitivement
sur les demandes en réduction formées par les communes
et *préalablement* soumises au conseil d'arrondissement (loi
du 10 mai 1838, art. 2).

Ainsi, quand les communes ont à se plaindre de la répartition faite par le conseil d'arrondissement (sous-ré-
partement), c'est devant lui qu'elles doivent porter

d'abord leurs réclamations; il en *délibère;* mais cette dé-libération n'a pas le caractère d'une sentence; c'est plutôt un acte d'instruction, les demandes devant toujours aboutir au conseil général qui seul, en cette matière, rend une véritable décision (1). Notre interprétation résulte des termes mêmes employés par la loi : « Dans la pre-mière partie de la session, porte l'art. 40 de la loi du 10 mai 1838, le conseil d'arrondissement *délibère* sur les demandes en réduction de contributions formées par les communes. » Or, le mot *délibérer* n'est pas ici synonyme de *statuer* : le rapport de M. Vivien et la discussion de la loi du 10 mai le démontrent surabondamment.

La décision du conseil général sur les réclamations des communes ne peut pas affecter le contingent à assigner à l'arrondissement. Il n'est donc pas indispensable qu'elles soient jugées par cette assemblée avant la fixation dudit contingent. Aussi la loi n'a-t-elle rien prescrit à cet égard. « Le conseil d'arrondissement, porte l'art. 46 de la loi du 10 mai 1838, est tenu de se conformer, dans la répar-tition, aux décisions rendues par le conseil général sur les réclamations des communes.

» Faute par le conseil d'arrondissement de s'y être conformé, le préfet, en conseil de préfecture, établit la répartition d'après lesdites décisions... »

Toutes les questions relatives à la répartition de l'impôt entre les arrondissements et les communes sont donc ré-solues, en définitive, par le conseil général : qu'il s'agisse de la répartition en elle-même, de la réclamation des ar-rondissements contre la part qui leur a été assignée par le conseil général, ou de celles des communes contre la part qui leur a été assignée par le conseil d'arrondisse-

____

(1) Cabantous, *Droit public et administ.*

16

ment, c'est toujours le conseil général qui prononce souverainement et en dernier ressort.

Ce n'est pas à la vérité sans discussion que le législateur de 1838 se résigna à maintenir à l'assemblée départementale ce pouvoir souverain; mais la difficulté pratique d'organiser un recours qui ne violât pas trop ouvertement les principes du gouvernement constitutionnel entraîna sa décision. Au surplus, le rapporteur de la loi faisait observer que si le système du projet pouvait offrir des inconvénients, si des excès étaient possibles dans l'exercice d'un pouvoir où la majorité pouvait impunément abuser de sa force, ces excès et ces inconvénients trouveraient un frein et des limites dans le sentiment de dignité qui prévaut dans les assemblées, dans l'obligation de se soumettre aux règles établies par les lois et dans le droit qui appartiendrait au gouvernement de refuser l'exécution des actes par lesquels le conseil général serait sorti de ses attributions et aurait excédé ses pouvoirs (1).

SECTION II

VOTE DES CENTIMES ADDITIONNELS DÉPARTEMENTAUX.

La seconde attribution qui appartient au conseil général comme délégué du pouvoir législatif, c'est le *vote des centimes additionnels* au principal des contributions directes.

Le *principal* des contributions directes est la somme originairement fixée pour chacune d'elles, lors de son établissement, sauf les dégrèvements qui, à diverses époques,

____

(1) Vivien, *Rapport à la Chambre des députés.*

ont été imputés sur cette somme originaire (1). Les *centimes additionnels* sont les sommes successivement ajoutées au principal. Ils sont ainsi nommés parce qu'ils ont toujours été imposés par corrélation au principal, à raison de tant de centimes par franc. Le principal est imposé pour les besoins permanents de l'Etat, tandis que les centimes additionnels ne le sont qu'en vue de nécessités accidentelles et temporaires, ou dans l'intérêt des *services locaux*.

Ils peuvent porter sur une ou plusieurs des quatre contributions directes ; mais à l'égard de la contribution personnelle-mobilière, la taxe *mobilière seule* peut être grevée de centimes additionnels (loi du 21 avril 1832, art. 19).

Les centimes *additionnels* se divisent en *généraux*, *départementaux* et *communaux*, suivant leur destination.

Quant aux centimes additionnels départementaux, la loi du 10 mai 1838 les subdivisait :

1° En centimes *ordinaires* et centimes *du fonds commun*, autorisés ou plutôt établis par la loi annuelle de finances, et affectés aux *dépenses ordinaires* des départements ;

2° En centimes *facultatifs*, destinés aux *dépenses facultatives* d'utilité départementale ;

3° En centimes *spéciaux*, réservés à des dépenses d'une nature spéciale, *cadastre*, *instruction primaire* et *chemins vicinaux ;*

4° Enfin, en centimes *extraordinaires*.

Le conseil général votait les centimes *facultatifs* et *spéciaux* dans les limites déterminées annuellement par la

(1) Ces dégrèvements, pour l'an V, l'an VI et l'an VII, furent de 51,459,000 fr.; pour l'an IX et suivants jusqu'à l'an XIII, de 17,381,000 francs, etc.

loi de finances pour tous les départements; mais il fallait une loi spéciale pour autoriser un conseil général à voter des centimes *extraordinaires*.

La nouvelle loi du 18 juillet 1866 a considérablement modifié la classification antérieure des centimes départementaux. Il résulte, en effet, des art. 2, 6, 7 et 12 de cette loi, qu'il n'y aura plus désormais (à partir de l'exercice 1868) que trois catégories de centimes :

1° Les centimes dits *ordinaires*, comprenant à la fois les anciens centimes ordinaires, les centimes du fonds commun et les centimes facultatifs;

2° Les centimes *spéciaux* maintenus en principe dans leur affectation spéciale;

3° Les centimes *extraordinaires*.

Les conseils généraux pourront voter des centimes ordinaires, spéciaux ou extraordinaires dans les limites fixées annuellement par la loi de finances.

On voit que la délégation législative sera bien plus étendue que sous la loi du 10 mai 1838. Elle continuera, au reste, d'être *spontanée* de la part du législateur, *annuelle* et *générale*, c'est-à-dire applicable à tous les départements.

Mais quand les conseils généraux voudront établir des impositions excédant les limites tracées par la loi de finances, ils devront, comme par le passé, demander et obtenir l'autorisation législative, une autorisation particulière à chaque cas; ils voteront alors, en vertu d'une délégation *spéciale*, et cette délégation, à la différence de la première, pourra être accordée pour plusieurs années.

Nous nous bornons, pour le moment, à ces indications sommaires sur les centimes additionnels départementaux; nous y reviendrons en traitant plus tard de la composition des budgets du département.

SECTION III

Le droit de voter des emprunts départementaux constitue la troisième attribution du conseil général comme délégué du pouvoir législatif.

Sous l'empire de la loi du 10 mai 1838, art. 34, un emprunt voté par un conseil général pour subvenir à des dépenses de département ne pouvait être contracté qu'en vertu d'une loi.

Emprunter c'est engager l'avenir; c'est pour les départements, qui n'ont guère de biens productifs de revenus, absorber fatalement une partie des centimes additionnels; c'est un véritable acte de disposition, et le législateur l'a cru assez important pour fonder son intervention.

Pourquoi n'en est-il pas de même des autres actes de disposition que les départements peuvent consentir? On a considéré sans doute qu'ils présentaient beaucoup moins de gravité en raison du peu d'importance du patrimoine départemental; peut-être aussi a-t-on pensé que l'égoïsme des générations présentes qui ne s'arrêterait point devant la perspective de grever l'avenir, consentirait moins facilement à un dépouillement immédiat. Quoi qu'il en soit, la loi du 10 mai 1838, art. 4 et 5, et postérieurement le décret-loi du 25 mars 1852, n'ont exigé que l'approbation du pouvoir exécutif pour les délibérations du conseil général relatives aux aliénations, échanges, acquisitions, transactions... à passer au nom du département.

De graves innovations à l'égard de tous les actes précités ont été introduites par la loi du 18 juillet 1866.

Et d'abord, aux termes de l'art. 2 de cette loi, les conseils généraux pourront à l'avenir voter des emprunts départementaux remboursables, dans un délai qui ne pourra excéder douze années, sur les ressources ordinaires ou sur les centimes extraordinaires imposés par ces conseils dans la limite du maximum fixé annuellement par la loi de finances.

Désormais donc (à partir de l'année financière 1868, voir l'art. 12) le conseil jouira, quant aux emprunts départementaux, d'une véritable délégation législative.

Nous renvoyons, pour de plus amples détails sur les emprunts, à l'endroit où nous traiterons du budget.

Quant aux autres actes de disposition, aliénations, échanges, etc., il en sera question quand nous étudierons les attributions que le conseil général exerce comme délégué du pouvoir exécutif.

SECTION IV

FIXATION DU MAXIMUM DES CENTIMES ADDITIONNELS QUE LES COMMUNES POURRONT VOTER.

« Le conseil général, porte l'art. 4 de la loi du 18 juillet 1866, fixe, chaque année, le maximum du nombre des centimes *extraordinaires* que les conseils municipaux sont autorisés à voter pour en affecter le produit à des dépenses extraordinaires d'utilité communale...

» Le maximum ne peut dépasser 20 centimes. »

C'est la quatrième attribution qui appartient au conseil général, délégué du pouvoir législatif. L'assemblée, en effet, est investie, par la nouvelle loi, du droit de faire elle-même une délégation de la puissance souveraine.

Mais ce pouvoir tout nouveau devait être contenu dans de certaines limites sous peine de faire brèche au grand principe de l'unité de législation, et même de compromettre plus ou moins gravement dans leur source la fortune publique et la puissance nationale : aussi, un maximum de 20 centimes basé sur l'expérience acquise, est-il dès à présent fixé.

Mais ce maximum lui-même peut n'être pas partout nécessaire ; dans certains départements, il peut même être trop élevé eu égard à l'aisance publique et aux charges des contribuables. Le conseil général, qui est l'autorité élective la mieux placée pour apprécier ces circonstances, déterminera pour chaque département le maximum particulier dans la limite duquel devra être renfermé le vote des conseils municipaux. C'est pour permettre à l'assemblée d'exercer utilement son action à cet égard que l'art. 5 de la loi prescrit au préfet de lui présenter, chaque année, « le relevé de tous les emprunts communaux et de toutes les contributions extraordinaires communales qui ont été votés depuis la session précédente, avec indication du chiffre total des centimes extraordinaires et des dettes dont chaque commune est grevée. »

Si le conseil général se séparait sans avoir fixé le maximum susceptible d'être voté par les assemblées municipales, le maximum arrêté pour l'année précédente serait maintenu jusqu'à la session suivante (art. 4).

Dans ce cas, en effet, le conseil général serait présumé avoir voulu conserver le *statu quo*.

Il est bon de faire remarquer, en cet endroit, que la délégation faite par le conseil général, bien qu'elle soit souveraine, ne l'est cependant pas toujours et sans restriction au profit de la représentation élective de la commune.

C'est ce qui résulte des art. 3 et 5 de la loi municipale du 24 juillet 1867, dont voici les dispositions :

« Les conseils municipaux, porte l'art. 3, peuvent voter dans la limite du maximum fixé, chaque année, par le conseil général, des contributions extraordinaires n'excédant pas 5 centimes pendant cinq années, pour en affecter le produit à des dépenses extraordinaires d'utilité communale.

» Ils peuvent aussi voter 3 centimes extraordinaires exclusivement affectés aux chemins vicinaux ordinaires.

» Les conseils municipaux votent et règlent, par leurs délibérations, les emprunts communaux exclusivement remboursables sur les centimes extraordinaires votés comme il vient d'être dit au § 1 du présent article ou sur les ressources ordinaires, quand l'amortissement en ce dernier cas ne dépasse pas douze années.

» *En cas de désaccord entre le maire et le conseil municipal, la délibération ne sera exécutoire qu'après l'approbation du préfet.* »

Or comme il dépendra du bon plaisir du maire de n'être pas d'accord avec la représentation communale, l'autorité déléguée à celle-ci sera assez précaire.

D'un autre côté, l'art. 5 de la même loi décide que les conseils municipaux ne voteront que « sauf l'approbation du préfet :

» 1° Les contributions extraordinaires qui dépasseraient 5 centimes, sans excéder le maximum fixé par le conseil général et dont la durée ne serait pas supérieure à douze années;

» 2° Les emprunts remboursables sur ces mêmes contributions extraordinaires ou sur les revenus ordinaires dans un délai excédant douze années (1). »

En définitive, on le voit, la délégation souveraine faite par le conseil général ira, pour une bonne part, accroître la puissance du préfet; elle y aboutira même tout entière dans les cas où le gouvernement, usant du droit consacré par l'art. 22 de la loi du 24 juillet 1867, jugera à propos de remplacer le conseil électif par une commission municipale pour un délai plus ou moins long; sans que toutefois il puisse excéder trois ans.

Il nous reste à mentionner une disposition de l'art. 5, de notre loi du 18 juillet :

« Le préfet, dit le § 2 de cet article, soumet... au conseil général le compte annuel de l'emploi des *ressources municipales* affectées aux chemins vicinaux de grande communication et d'intérêt commun. »

Les art. 5, 6, 7, 8 et 9 de la loi du 21 mai 1836 mettent en effet ces ressources à la disposition du préfet; mais il est à peu près impossible que le compte en soit rendu à chaque conseil municipal. La pratique a depuis longtemps suppléé au silence de la loi, et les préfets, d'habitude, fournissent ce compte au conseil général; c'est un excellent usage, et la commission législative a

---

(1) Voir aussi les art. 18 et 42 de la loi du 18 juillet 1837, auxquels renvoie l'art. 6 de la nouvelle loi municipale. — Aux termes de la loi du 24 juillet 1867, art. 7 : « Toute contribution extraordinaire dépassant le maximum fixé par le conseil général, et tout emprunt, remboursable sur ressources extraordinaires dans un délai excédant douze années, sont autorisés par décret impérial.

» Le décret est rendu au conseil d'Etat, s'il s'agit d'une commune ayant un revenu supérieur à 100,000 fr.

» Il est statué par une loi si la somme à emprunter dépasse un million, ou si ladite somme réunie au chiffre d'autres emprunts non encore remboursés dépasse un million. ».

proposé de l'inscrire dans la nouvelle loi comme une obligation (1). Le conseil d'Etat a adopté cette proposition, et lui a donné la formule du § 2.

CHAPITRE II

Le Conseil Général statue définitivement comme délégué du pouvoir administratif.

Sous ce chapitre II nous avons à parler d'importantes attributions que le conseil général exerce en tant que préposé aux intérêts du département, personne civile. C'est donc le lieu de nous demander si cette personnalité, qui a été contestée, existe bien réellement distincte de celle de l'Etat.

Il semble qu'aujourd'hui la question soit bien oiseuse, après le rapport de M. Busson-Billault, après le vote et la promulgation de la loi du 18 juillet 1866 qui, au point de vue exclusif où elle s'est placée, a développé d'une manière notable l'individualité départementale.

Mais il est tels auteurs qui, au nom de je ne sais quelles terreurs chimériques, continueront à nier l'évidence, jusqu'à ce que le législateur ait écrit textuellement : *le département est une personne civile.*

Disons donc quelques mots de la controverse.

Et d'abord, comme le constate le rapporteur de la loi de 1866, l'Assemblée constituante avait, dès l'origine, reconnu des intérêts distincts aux nouvelles divisions territoriales qu'elle venait de créer. Les lois des 7 février et 6 août 1791 déterminent les formalités à remplir pour que les départements soient autorisés à *acquérir* ou à *louer*

(1) M. Busson-Billault, *Rapport au Corps législatif.*

des immeubles nationaux pour l'installation des corps administratifs et judiciaires; la loi du 24 août 1793 reconnaît formellement que les départements et même les districts peuvent être *débiteurs* et transportent une partie de ces dettes à la charge de l'Etat.

A la vérité, un autre décret de la Convention nationale du 19 fructidor an II (5 septembre 1793), en supprimant la distinction entre les dépenses de l'Etat et celles du département, a pu supprimer du même coup l'état de choses antérieur, mais ce décret n'a pas tardé à être rapporté lui-même par la loi du 28 messidor an IV qui rétablit, en la précisant davantage, la division des dépenses en deux catégories : les unes qui devaient être à la charge du trésor public, les autres qui devaient être à la charge des départements et être imputées sur le produit des sols additionnels départementaux. Les lois des 15 frimaire an VI et 11 frimaire an VII s'expliquaient encore plus nettement sur ces derniers points. Que si nous passons sous silence d'autres documents législatifs attestant plus ou moins clairement l'individualité départementale pour arriver au décret du 9 avril 1811, nous nous trouvons en présence d'une situation où le doute ne nous paraît plus raisonnable.

En effet, ce décret, par son art. 1er, concède « gratuitement aux départements la *pleine propriété* des édifices et bâtiments *nationaux* occupés par le service de l'administration, des cours et tribunaux... » et pour la plus *grande partie desquels l'Etat ne recevait aucun loyer* (1).

Avons-nous besoin d'ajouter que la loi du 16 juin 1824 confirma, au moins implicitement, leur droit de *recevoir des donations et des legs;* qu'à des époques qu'il est inu-

---

(1) Rapport du ministre des finances précédant le décret du 9 avril 1811.

- tile de préciser, on leur a reconnu le droit d'*aliéner*, d'*ester en justice* et de *transiger;* que la loi du 10 mai 1838 a consacré, d'une manière formelle au profit des départements, les droits dont ils jouissaient antérieurement d'acquérir, d'aliéner, de recevoir à titre gratuit, de s'imposer extraordinairement et d'emprunter, etc., c'est-à-dire de faire tous les actes qui constituent la personnalité civile; que le rapport de la commission législative de 1851 et plus tard celui de la commission législative de 1866 ne mettent pas en doute l'existence de cette personnalité, et n'y a-t-il pas lieu de s'étonner qu'on ose encore soutenir la controverse? Sur quoi donc peut-on se fonder?

Voici : on cite d'abord, et c'est le principal argument, l'instruction de l'Assemblée constituante du 8 janvier 1790 : « L'Etat est un; les départements ne sont que des sections du même tout; une administration uniforme doit les embrasser tous dans un régime commun... »

On a donné à ces mots, croyons-nous, une portée qu'ils n'avaient pas, même dans l'esprit des rédacteurs de cette instruction; car dès l'origine nous voyons les départements admis par l'Assemblée constituante à faire les principaux actes des *personnes civiles*; nous pensons donc que cette grande assemblée ne s'est placée qu'au point de vue *politique* quand elle a écrit que les départements n'étaient que les sections du même tout; elle a voulu dire que les mêmes lois et mêmes réglements d'administration publique seraient partout applicables, et ce principe forme encore la base du gouvernement de la France; mais l'Assemblée n'a pas tranché, par son instruction du 8 janvier, la question qui nous occupe.

En second lieu, on invoque deux avis du *comité des finances* du conseil d'Etat, en date des 20 novembre 1818 et 15 octobre 1819, lesquels nous sont en effet contraires; mais ces avis ont été contredits par un avis postérieur du conseil d'Etat en *assemblée générale*, à la date du 27 août 1834.

Enfin, l'on nous oppose ce passage du rapport de M. Vivien : « Le département touche de si près à l'Etat tout entier, qu'il se confond souvent avec lui; *rarement il a ses intérêts propres, le plus ordinairement il n'est qu'une fraction du grand tout, une division purement administrative.* »

Ces lignes, bien qu'elles soient écrites au point de vue centralisateur qui préoccupait le législateur de 1838, sont loin de nous être défavorables. Le rapporteur n'admet-il pas, en effet, d'une manière implicite il est vrai, mais qui n'en a pas moins de force, que le département ne se confond pas toujours avec l'Etat, qu'il a quelquefois ses intérêts *propres*, que dans certains cas il peut n'être pas considéré comme une division purement administrative? et qu'est-ce, si ce n'est reconnaître son individualité?

Quant aux terreurs qui paraissent encore assiéger certains esprits, et qu'ils évoquent pour tenir lieu d'arguments, en vérité, on aura quelque peine à s'en rendre compte si l'on veut examiner combien sont solides les bases de notre unité politique.

N'hésitons donc pas, en présence d'objections si peu sérieuses, à conclure que le département est une personne civile et comme telle peut avoir un domaine propre.

Ce point établi, nous constatons que le domaine du département, comme celui de l'Etat, comme celui de la commune, se divise en *domaine public* et en *domaine privé*.

Les routes départementales forment le principal, pour ne pas dire le seul élément du domaine public du dépar-

tement ; encore faut-il distinguer entre les routes départementales existant antérieurement au décret du 16 décembre 1811, lesquelles, aux termes d'un avis du conseil
d'Etat du 27 août 1834 et contrairement à ce qui est dit
dans le rapport de M. Busson-Billault, sont restées dans
le domaine public national (1), et celles construites postérieurement au décret de 1811 aux frais des départements et entretenus par eux.

Les routes départementales, tant qu'elles conservent leur
destination publique, sont inaliénables et imprescriptibles
(art. 538 et 2286 Cod. Nap.). Si cette destination vient
à cesser, elles tombent, suivant les distinctions que nous
avons faites, dans le domaine privé de l'Etat ou dans le
domaine privé du département.

Le domaine privé départemental se compose de divers
éléments. Le premier élément consiste dans les immeubles,
bâtiments et édifices, tels que palais de justice, hôtels de
préfecture et sous-préfectures, casernes de gendarmerie,
prisons, asiles d'aliénés..., etc., affectés soit à un service
public, soit à un service d'utilité départementale. (Décret
du 25 mars 1852, modifié par celui du 13 avril 1861,
tableau A, 2°, lettre *f*.)

Ici une question d'interprétation du décret du 9 avril
1811, qui intéresse le domaine privé des départements
où siégent des cours impériales, a été soulevée : il s'agissait de savoir si, en prononçant la concession aux départements des bâtiments nationaux, alors occupés par le ser-

____

(1) En effet, le décret du 16 décembre 1811 voulant alléger le budget de
l'Etat, met bien à la charge des départements l'entretien des routes impériales de 3ᵉ classe ; mais ne les en déclare pas propriétaires, comme l'avait
fait le décret du 9 avril de la même année quant aux immeubles nationaux
occupés par les corps administratifs et judiciaires.

vice des *cours* et *tribunaux*, le décret a compris dans cette désignation les édifices affectés aux cours d'appel.

Le conseil d'Etat, consulté sur cette question, a émis, dans sa séance du 5 décembre 1838, un avis dans le sens de la négative : les cours dont il s'agit dans le décret de 1811 sont les *cours d'assises* et non les cours d'appel, dont les dépenses de construction et de grosses réparations ont été classées parmi les dépenses communes à tous les départements, au moins à partir de la loi de finances du 25 mars 1817, et dont les dépenses d'entretien figurent elles-mêmes non au budget départemental, mais à celui de l'Etat, depuis la loi de finances du 14 juillet 1838.

Le deuxième élément du patrimoine départemental consiste dans le mobilier des préfectures et sous-préfectures, des cours d'assises, des tribunaux civils et de commerce...

En troisième lieu, le domaine privé du département comprend les immeubles non affectés à un service quelconque, et dont le département tire des revenus. Cet élément de la fortune départementale est peu considérable, si l'on en juge par le revenu qui, d'après M. Ducrocq (1), ne s'élevait pas, en 1863, au-dessus de 400,000 fr. pour tous les départements.

Enfin, et c'est un quatrième élément de leur domaine privé, les départements peuvent avoir des rentes, des créances et d'autres droits dits incorporels.

Après ces indications dont on verra l'utilité, nous devons exposer les matières qui font l'objet de notre chapitre II.

Sous l'empire de la législation antérieure à 1866, le

(1) Ducrocq, *Cours de droit administratif.*

conseil général ne statuait définitivement, comme délégué du pouvoir administratif, que sur le classement des chemins de grande communication, sur leur direction et la désignation des communes qui doivent contribuer à leur entretien (loi du 21 mai 1836, art. 7).

Aujourd'hui la délégation faite au profit de l'assemblée départementale est beaucoup plus étendue, et sauf certaines restrictions que nous aurons à signaler, elle décide d'une manière souveraine des affaires comprises sous les paragraphes suivants :

§ 1. — Acquisitions, aliénations et échanges de propriétés départementales mobilières ou immobilières.

Aux termes du décret-loi du 25 mars 1852, qui a modifié l'art. 29 de la loi du 10 mai 1838, il appartenait au préfet d'approuver en matière d'*acquisitions*, d'*aliénations* ou d'*échanges* les délibérations des conseils généraux réglant les conditions de ces actes. Aujourd'hui, qu'il s'agisse de propriétés mobilières ou immobilières, le droit de statuer est transporté à l'assemblée départementale (loi du 18 juillet 1866, art. 1, 1°) (1).

Toutefois, le conseil, toujours compétent lorsqu'il s'agit d'un contrat passé à l'*amiable* avec le vendeur, cesse de l'être s'il y a lieu de recourir à l'*expropriation* pour cause d'utilité publique. Dans ce cas, la loi du 3 mars 1841 et les ordonnances royales qui la complètent conservent tout leur empire (2).

(1) En ce qui concerne particulièrement l'aliénation de propriétés départementales, aucune disposition de loi, de décret ou d'ordonnance réglementaire n'a déterminé dans quelles formes elle devait avoir lieu ; mais comme la vente aux enchères publiques est la règle pour les propriétés de l'Etat et des communes, c'est elle qui a toujours été suivie pour celles du département, et il est à croire qu'elle continuera à l'être dans l'avenir.

(2) Circ. int. du 4 août 1866.

De même, le conseil général ne statue pas souverainement dans les cas exceptés par l'art. 1, 1°. Un décret
en conseil d'Etat est, en effet, nécessaire si la *vente* ou
l'*échange* porte sur un hôtel de préfecture ou de sous-
préfecture, ou sur un immeuble affecté, soit aux services
judiciaires du département, soit au casernement de la gendarmerie. La nature des choses commandait cette restriction. Il s'agit ici, en effet, d'un intérêt général auquel
l'autorité supérieure ne peut rester étrangère, et l'on
comprend qu'elle se réserve le droit de contrôle que lui
a conféré l'art. 29 de la loi du 10 mai 1838 (1).

§ 2. — Mode de gestion des propriétés départementales.

L'art. 30 de la loi du 10 mai 1838 soumettait, sauf
des cas d'urgence, à l'approbation du ministre de l'intérieur les délibérations relatives au mode de gestion des
propriétés départementales. Il en résultait des lenteurs.
Pour accélérer la décision, le décret du 25 mars 1852
avait déclaré le préfet compétent dans tous les cas. L'attribution est aujourd'hui transférée au conseil général
(art. 1, 2°) (2).

Il est très-rare que les départements fassent gérer directement les propriétés dont ils peuvent tirer un revenu;
ce mode de gestion, en effet, est celui qui convient le
moins pour les propriétés appartenant à des établissements publics. Aussi sont-elles généralement données à
loyer (3).

(1) Circ. int. du 4 août 1866.
(2) Circ. int. du 4 août 1866.
(3) Herman, *Traité d'administration départementale*, t. I.

§ 3. — Baux de biens donnés ou pris à ferme ou à loyer, quelle qu'en soit la durée.

La loi du 10 mai 1838 n'avait pas compris les baux parmi les actes sur lesquels le conseil général devait délibérer ; elle maintenait, par son silence, les règles suivies depuis l'ordonnance du 16 octobre 1825 et la circulaire ministérielle du 22 du même mois, aux termes desquelles les baux passés par les préfets étaient soumis à l'approbation de l'autorité supérieure. Le décret du 25 mars donna, pour ces actes, libre compétence aux préfets. Néanmoins il leur était loisible de les soumettre aux conseils généraux ; la circulaire du 5 mai 1852 leur recommandait même de provoquer leur examen sur les baux qui engageraient pour un long temps l'avenir et les ressources du département. Cette obligation leur est désormais indistinctement imposée (art. 1, 3°) : « Quels qu'en soient le prix et la durée, porte la circulaire du ministre de l'intérieur du 4 août 1866, tous les baux de biens *donnés* ou *pris* en location devront être soumis au conseil, et seul il aura qualité pour en ratifier les conditions. La loi du 18 juillet n'établit même pas d'exception en ce qui concerne les baux des immeubles occupés par la gendarmerie. Mais les nécessités de ce service spécial exigent impérieusement l'examen préalable du ministre de la guerre. » En conséquence, il est recommandé aux préfets de transmettre, quelques mois avant l'ouverture de la session, les projets d'actes à ce dernier ministre, afin que, s'il y a lieu, le département de la guerre puisse formuler ses observations en temps utile. « Les dispositions des décrets des 1er mars 1854 et 18 février 1863, continue la circulaire précitée, se trouveront ainsi conciliées, dans une juste mesure, avec celles de la nouvelle loi. »

§ 4. — Changement de destination des propriétés et des édifices départementaux.

Aux termes de l'art. 4, 3°, de la loi de 1838, le conseil général ne pouvait prendre à cet égard qu'une simple délibération et la décision appartenait toujours à l'autorité supérieure (art. 29). Le décret de 1852 ne modifia que légèrement cet état de choses et il n'attribua aux préfets que le droit de statuer sur l'affectation d'une propriété départementale à un service d'utilité départementale, lorsque cette propriété n'était déjà affectée à aucun service. Désormais, en vertu de notre art. 1, 4°, les délibérations du conseil général changeant la destination d'un immeuble départemental seront exécutoires de plein droit, à l'exception du cas où il s'agirait d'un hôtel de préfecture ou de sous-préfecture, d'une prison ou d'un local affecté à la cour d'assises, aux tribunaux ou à la gendarmerie. Il faut alors que la délibération du conseil soit approuvée par décret impérial, le conseil d'Etat entendu (lois des 10 mai 1838, art. 29, et 18 juillet 1866, art. 1, 4°). L'observation faite au § 1 trouve ici son application naturelle : il s'agit encore d'un intérêt général en faveur duquel la restriction s'explique.

§ 5. — Acceptation ou refus des dons et legs faits au département.

Sous l'empire de la loi du 10 mai 1838, art. 4 et 31, l'acceptation ou le refus des dons et legs faits aux départements ne pouvaient jamais être autorisés que par une ordonnance royale, le conseil d'Etat entendu.

Une modification partielle à cette disposition fut introduite par le décret du 25 mars 1852, art. 1, tableau A, 7°, qui conférait aux préfets le droit de statuer sur l'acceptation ou le refus des dons faits aux départements sans *charge ni affectation immobilière*, et des legs présentant le même caractère ou ne *donnant pas lieu à réclamation.*

La loi du 18 juillet 1866, art. 1, 5°, a transféré ce droit aux conseils généraux avec les mêmes réserves. Ainsi, dans les cas où la libéralité implique des *conditions onéreuses* ou une *affectation immobilière*, ou si elle provoque des *réclamations* de la part de la famille ou des intéressés, un décret seul pourra statuer (1).

« On a pu craindre, disait l'instruction ministérielle du 5 mai 1852 pour expliquer ces restrictions, que le département ne fût pas suffisamment dégagé de préoccupations intéressées, dans les questions de cette nature. Il appartient à l'Etat de veiller à ce que des dispositions particulières ne privent pas complétement des familles peu aisées (2) de leurs légitimes espérances ou ne créent pas des charges aux départements sous l'apparence de libéralités. »

Au surplus, pour les cas où elle est conservée, la tutelle du pouvoir central continuera à s'exercer d'une *manière absolue*, c'est-à-dire, et cela résulte des termes mêmes de l'art. 31 de la loi du 10 mai, que la délibération du conseil général se prononçant pour l'acceptation ou pour le refus d'une libéralité, ne liera pas le pouvoir central, qui demeurera maître d'en prononcer l'acceptation par le département, malgré la délibération contraire de ses élus (3), et réciproquement.

(1) Circ. int. 4 août 1866. — Le décret sera ou non rendu en assemblée générale du conseil d'Etat, suivant qu'il s'agira d'une libéralité atteignant ou n'atteignant pas la valeur de 50,000 fr. (Décret du 25 mars, lettre *h.*)

(2) Voir pour les formalités protectrices des familles l'ordonnance du 14 janvier 1831.

(3) C'est là une exception à peu près unique résultant d'un texte et qu'il ne faut pas étendre. — Voir en ce sens Ducrocq, *Cours de droit administ.*

Le gouvernement pourra de même, et par *a fortiori*, écarter tout ou partie des conditions que le conseil général aurait proposé de mettre à l'acceptation; mais les conditions mises à la libéralité par le donateur ou le testateur ne pourraient être modifiées par le décret; ces conditions doivent être acceptées ou répudiées dans leur entier; si elles sont reconnues trop onéreuses, le legs doit être refusé. Que si elles sont contraires aux lois, à l'ordre public et aux bonnes mœurs, elles doivent, aux termes de l'art. 900 du Code Napoléon, être réputées non écrites (1).

Faisons remarquer en passant que le refus des legs ou des donations ne peut être autorisé que dans la même forme que s'il s'agissait d'une acceptation, c'est-à-dire par un décret, si c'est au pouvoir central qu'il appartient de statuer (2).

Nous avons vu les cas où l'art. 31 de la loi du 10 mai 1838 est resté en vigueur; une autre disposition du même article, qui n'a pas été abrogée par la législation subséquente, est ainsi conçue : « Le préfet peut toujours, à titre conservatoire, accepter les legs et dons faits au département... » L'art. 31 ajoutait que l'ordonnance d'autorisation qui intervenait ensuite avait effet du jour de cette acceptation.

Cet effet rétroactif résulte aujourd'hui, suivant les distinctions connues, ou de l'acceptation faite d'une manière

---

(1) Toutefois, quand les libéralités faites sous des conditions illicites sont des *donations*, la jurisprudence administrative se montre défavorable à l'acceptation. (Voir la circulaire ministérielle du 10 avril 1862.)

(2) Ord. 12 janvier 1836, *hospices de Compiègne*; — 6 avril 1836, *commune de Croissy*. Ces ordonnances ne sont pas intervenues au sujet de libéralités concernant les départements; mais les principes sont les mêmes.

définitive par le conseil général, ou du décret impérial qui intervient dans des hypothèses déterminées.

Grâce à l'effet rétroactif, l'acceptation provisoire du préfet peut, dans certains cas, empêcher la caducité des legs et surtout des donations; et, en second lieu, elle donne à ce magistrat le droit de faire une demande en délivrance pour donner cours aux fruits et intérêts (Cour de Paris, arrêt du 19 mai 1851). Cela a été décidé pour les communes; mais l'art. 31 de notre loi et l'art. 48 de la loi municipale du 18 juillet 1837 consacre les mêmes principes et sont conçues d'une manière identique.

Les libéralités faites aux départements paraissent avoir été jusqu'ici très-peu nombreuses, et n'ont guère été de nature à augmenter leur patrimoine privé. Nous pouvons même ajouter que les départements n'y ont guère figuré que parce que les donateurs ou testateurs avaient besoin de trouver un établissement public qu'ils pussent utilelement charger d'exécuter leurs intentions. Ainsi, suivant le témoignage de M. Herman (1), les legs et dons faits aux départements, jusqu'à 1855, l'ont été à charge de l'emploi de la valeur de la libéralité, soit à la fondation, soit à l'entretien d'écoles, soit à l'amélioration du sort des détenus, soit à d'autres œuvres qui ne rentrent pas dans le cercle de l'action habituelle des établissements de bienfaisance.

§ 6. — Service des routes départementales.

Aux termes des §§ 6 et 9 de l'art. 1 de la loi du 18 juillet, les conseils généraux statueront désormais d'une manière définitive sur le classement, la direction et le dé-

---

(1) Herman, édit. 1855.

classement des routes départementales. Ils statueront également sur les projets, plans et devis des travaux à exécuter pour la construction, la rectification et l'entretien des routes départementales.

Mais si la route à classer ou la direction à déterminer se prolongent sur le territoire d'un autre département par une *voie de communication du même ordre*, ou même, suivant la circulaire du ministre de l'agriculture, du commerce et des travaux publics du 4 août 1866, par un chemin de *grande communication* ou d'*intérêt commun* (1), le conseil général n'est pas compétent pour statuer définitivement. « Il en est de même, ajoute la circulaire, en ce qui concerne les projets de rectifications qui, devant s'étendre sur les territoires de deux départements limitrophes, impliquent un changement de direction intéressant à la fois ces deux départements. »

Le conseil général n'est pas non plus compétent pour prononcer définitivement le déclassement des routes qui se prolongent sur le territoire d'un autre département, soit par une route départementale, soit par un chemin de grande communication ou d'intérêt commun (2).

Dans ces différents cas, le conseil général se bornera à *délibérer*, comme sous le régime de la loi du 10 mai 1838, et l'opération restera subordonnée à l'intervention d'un décret.

Pour les classements qui n'intéressent qu'un département, l'instruction ministérielle précitée distingue deux hypothèses : dans la première, il s'agira simplement de faire passer du domaine de la *petite voirie* dans celui de la *grande voirie* des chemins déjà établis qui n'exigeront

(1) Nous reviendrons sur ce point en parlant des chemins vicinaux.
(2) Circ. du ministre des travaux publics, du 4 août 1866.

aucune acquisition de terrain pour leur élargissement ou leur amélioration; dans la seconde, qui sera plus fréquente, la voie classée devra être ouverte ou rectifiée, et il faudra procéder à des expropriations.

Dans l'une et l'autre hypothèse, la mesure à prendre a paru trop importante, eu égard aux intérêts qui s'y rattachent, pour qu'il soit possible de la voter sans appeler d'abord les intéressés à présenter leurs observations. D'ailleurs, comme le constate la circulaire ministérielle, « rien n'autorise à croire que, sous ce rapport, la loi du 20 mars 1835 ait été abrogée. Il conviendra donc de procéder à une enquête d'utilité publique, suivant les formes prescrites par l'ordonnance du 18 février 1834, aussi bien pour les classements ne nécessitant aucune acquisition de terrain que pour ceux qui en exigeront. » Seulement, dans le premier cas, l'enquête servira simplement à constater, aux yeux du conseil général, l'utilité et l'opportunité de la mesure; tandis que dans le second elle aura, en outre, pour effet de mettre le ministre compétent à même de provoquer le décret sans lequel il ne serait pas possible au département de poursuivre les expropriations.

L'enquête devra également avoir lieu lorsqu'il s'agira d'un déclassement, pour que les localités en possession de la route puissent présenter leurs contredits, avant que le conseil général prenne une résolution définitive. (*Ibid.*)

Mais le conseil peut, sans information préalable, approuver les projets de construction, de modification ou de tous autres travaux à exécuter sur les routes départementales, sauf à procéder, pour les rectifications qui exigeraient des acquisitions de terrain, à l'enquête du titre Ier de la loi du 3 mai 1841 et à remplir les formalités voulues pour obtenir la déclaration d'utilité publique.

Cette déclaration nécessaire pour vaincre la résistance des propriétaires opposants, l'est encore pour obtenir la franchise des droits de timbre et d'enregistrement stipulée par l'art. 58 de la loi du 3 mai 1841.

Quant aux projets de classement, de construction ou de rectification des routes situées dans la zone des servitudes militaires, il conviendra de satisfaire aux prescriptions du décret du 16 août 1853, la nouvelle loi n'ayant apporté aucune modification aux réglements relatifs aux travaux mixtes. (*Ibid.*)

§ 7.—Projets, plans et devis de tous autres travaux à exécuter sur les fonds départementaux.

Le conseil général a désormais le droit de statuer définitivement sur tous les projets, plans et devis de travaux exécutés au compte du département. Ce droit appartenait, sous la loi de 1838, art. 32, au préfet, si la valeur des travaux ne dépassait pas 50,000 fr., et au ministre de l'intérieur, si elle était supérieure à ce chiffre. Le décret du 25 mars supprima cette limite de la compétence du préfet; mais l'instruction ministérielle du 5 mai 1852, rappelant d'autres instructions précédentes (1), maintenait certaines restrictions, qui ont été de nouveau confirmées, au moins partiellement, par la circulaire du ministre de l'intérieur du 4 août 1866 : « La construction des édifices départementaux, porte cette instruction, a souvent donné lieux à de regrettables mécomptes, et, au moment de s'engager dans une coûteuse entreprise, le

(1) Circ. int. des 26 décembre 1838 et 31 mars 1842.

conseil reconnaîtra plus que jamais la nécessité de soumettre à une vérification sérieuse les projets proposés à
son adoption. A défaut du conseil général des bâtiments
civils dont l'examen ne sera plus obligatoire, il conviendra de recourir aux lumières d'un comité local, composé de praticiens exercés...

» En ce qui touche le service des *prisons départementales, une réserve paraît devoir être exprimée.* Entre ces
travaux et ceux qui intéressent d'autres édifices, la loi
n'a pas établi de distinction. Le conseil général a les
mêmes pouvoirs à l'égard des uns et des autres; mais s'il
peut fixer lui-même la dépense, simplifier ou compléter
les projets qui lui sont soumis, il est des règles essentielles dont les administrations locales ne sauraient s'affranchir. *Notre législation pénitentiaire s'opposerait à ce
que deux prévenus ou deux condamnés fussent traités diffé-
remment,* uniquement parce qu'ils seraient placés dans deux
prisons différentes; le principe de l'uniformité des peines
doit recevoir partout la même application, et le ministre,
à qui incombe cette responsabilité, ne saurait admettre
que des catégories de détenus fussent séparées ici en
vertu des dispositions du code d'instruction criminelle et
maintenues là en état de réunion. De même, le système
cellulaire ne pourrait être pratiqué dans tel ou tel département, alors que le gouvernement se serait prononcé
en faveur d'un autre régime. »

En conséquence, le ministre de l'intérieur recommande
aux préfets de continuer à lui soumettre tous les projets
qui engageraient des questions de système, ces projets,
dit-il, ne devant être portés devant le conseil général
qu'avec son assentiment préalable. « *Les mêmes observations,* ajoute l'instruction du 4 août, *s'appliquent, dans*

une certaine mesure, aux travaux des asiles publics d'a-
liénés. »

Le conseil général ne doit pas, d'ailleurs, oublier que les règles auxquelles l'administration est assujétie dominent également ses délibérations et que ses nouveaux pouvoirs doivent nécessairement s'exercer sous l'empire des principes établis par la législation générale ou par les réglements qui en découlent.

Au surplus, pour les travaux de toute nature, *le principe de l'adjudication publique est maintenu.* On devra continuer d'observer, à cet égard, les prescriptions de l'ordonnance du 4 décembre 1836. (*Ibid.*)

§ 8. — Service des chemins vicinaux de grande communication et d'intérêt commun.

Nous avons vu plus haut que la loi du 21 mai 1836 avait déjà conféré au conseil général le droit de statuer définitivement sur le classement des chemins vicinaux de *grande communication,* sur leur direction et sur la désignation des communes qui doivent contribuer à leur construction et à leur entretien. La loi du 18 juillet consacre ce pouvoir au profit de l'assemblée départementale, avec cette seule différence qu'un droit d'initiative absolu, bien que non exclusif de celui du préfet, lui est désormais attribué. (Art. 1, 7°. — V. ci-après.)

En ce qui concerne le classement des chemins vicinaux *d'intérêt commun* et la désignation des communes qui doivent concourir à leur construction et à leur entretien, la loi du 18 juillet donne aux conseils généraux une attribution toute nouvelle qui semble bien justifiée par l'importance que ces voies de communication ont prise depuis une vingtaine d'années.

Mais qu'il s'agisse des chemins de grande communication ou d'intérêt commun, le conseil général ne pourra statuer que sur l'avis des conseils municipaux et d'arrondissement. Cet avis devra être provoqué par le préfet dans l'intervalle des sessions, sans qu'il y ait à distinguer si les projets émanent de son initiative ou de celle du conseil général.

Aux termes des art. 6 et 7 de la loi du 21 mai 1836, il appartenait au même magistrat de fixer les contingents à fournir par les communes pour les chemins vicinaux et de statuer sur les offres faites par les particuliers, associations de particuliers et les communes. Ces dispositions restent en vigueur.

Mais l'art. 8 de la même loi du 21 mai qui confiait au préfet la distribution des subventions accordées sur les *fonds départementaux, sous l'obligation d'en rendre compte au conseil général*, a subi une modification très-importante. Cette répartition aura lieu désormais par les soins du conseil lui-même pour les chemins de *grande communication* et *d'intérêt commun*. Le préfet devra mettre sous les yeux de cette assemblée tous les documents de nature à éclairer sa décision et particulièrement le compte annuel de l'emploi des ressources municipales affectées à ces chemins : l'art. 5, § 2, de la loi du 18 juillet, lui en impose l'obligation formelle (1).

La loi du 21 mai 1836 ne s'expliquait pas sur le déclassement des chemins vicinaux de grande communication ; mais la jurisprudence a suppléé à ce silence en appliquant les règles suivies en matière de classement. Ces règles restent les mêmes, si ce n'est que, dorénavant, le conseil général aura un droit d'initiative en concur-

(1) Circ. int. du 4 août 1866.

rence avec celui du préfet. La loi du 18 juillet, art. 1,
9°, tout en constatant le pouvoir de l'assemblée à l'égard
des chemins de grande communication, l'étend au déclassement des chemins d'intérêt commun. Toutefois, sa
compétence est limitée au cas où « *leur tracé* (des routes
à déclasser) *ne se prolonge pas sur le territoire d'un ou de
plusieurs départements.* »

Mais que doit-on entendre par cette dernière disposition de l'art. 1, 9°?

Il semble que le conseil général cesse d'être compétent
uniquement dans le cas où s'exécuterait sur le territoire
du département voisin, une voie de communication appartenant à *la même catégorie* que celle dont le déclassement est projeté. « Mais est-ce là, dit la circulaire ministérielle du 4 août 1866, le vrai sens de la loi? Que
s'est-elle proposé? De sauvegarder les intérêts réciproques
des départements voisins, c'est-à-dire d'empêcher que,
par un déclassement précipité ou intempestif, on ne ré-
duise à l'état d'impasses les voies de communication qui
ont été ouvertes pour créer des débouchés vers des marchés importants ou de grands centres industriels. Ce but
serait-il atteint si le conseil général pouvait statuer définitivement sur le déclassement d'un chemin vicinal de
grande communication, par ce motif que la voie publique
qui y fait suite dans le département voisin est une route
départementale ou un chemin vicinal d'intérêt commun?
Une telle interprétation ne serait point admissible. » Le
ministre de l'intérieur est donc d'avis que toutes les fois
que le chemin à déclasser aura pour prolongement dans
un département voisin une des voies publiques énumérées
dans l'art. 1, 9°, c'est-à-dire une ligne vicinale de
grande communication ou d'intérêt commun ou une route

départementale, la délibération du conseil général ne devra pas être considérée comme une décision. Des considérations semblables ont, sans doute, déterminé le ministre des travaux publics (1) à donner une solution analogue quant au classement et déclassement des routes départementales.

La restriction des 6° et 9° de notre art. 1 réduit singulièrement l'effet décentralisateur de la loi du 18 juillet, et selon nous, il eût mieux valu que le législateur ne l'établît que pour le seul cas où les départements n'eussent pu se mettre d'accord sur la mesure à prendre. Une pareille disposition nous eût semblé d'autant plus désirable, que nous cherchons vainement le danger qu'il peut y avoir à permettre l'entente entre départements voisins sur des questions de classement et de déclassement de chemins vicinaux et départementaux. L'ombre même de péril pouvait être écartée en obligeant les conseils généraux à correspondre par l'intermédiaire des préfets. C'est ainsi que l'avaient entendu les auteurs du projet de 1851.

La disposition de la loi du 18 juillet, qui a fait naître la question que nous venons de résoudre, en soulève une seconde, que voici :

Par quelle autorité devra-t-il être statué sur le *classement* des chemins vicinaux de grande communication et d'intérêt commun qui forment le prolongement des voies publiques dans les départements voisins?

La loi, en effet, n'a pas désigné le pouvoir chargé de prononcer dans ce cas spécial; mais elle s'est expliquée en ce qui concerne le *déclassement* des routes départementales et celui des chemins vicinaux de grande communi-

(1) Circ. du ministre des travaux publics du 4 août 1866.

cation et d'intérêt commun, dont elle a fait l'objet d'une *seule et même disposition;* ne peut-on pas en conclure, par voie d'analogie, que les mêmes règles sont applicables à chacune de ces voies, et qu'il y a lieu d'étendre aux chemins vicinaux de grande communication et d'intérêt commun qui auraient pour prolongement dans un département voisin une des voies publiques désignées dans l'art. 1, 9°, les dispositions afférentes au classement des routes départementales (art. 6, 1°)? Ce classement, dans l'hypothèse prévue, nécessitera dès lors l'intervention d'un décret du chef de l'Etat.

§ 9.—Désignation des services auxquels sera confiée l'exécution des travaux sur les chemins vicinaux de grande communication et d'intérêt commun, et mode d'exécution des travaux à la charge du département, autres que ceux des routes départementales.

Aux termes de l'art. 1, 10°, de notre loi, le conseil général est investi du droit de désigner les services auxquels sera confiée l'exécution des travaux sur les chemins vicinaux de *grande communication* et d'*intérêt commun;* en d'autres termes, il est appelé à choisir entre les ingénieurs des ponts-et-chaussées et les agents-voyers.

L'art. 11 de la loi du 21 mai 1836 attribue au préfet la nomination des agents-voyers, mais il réservait au conseil la fixation de leur traitement. Le droit du préfet est donc subordonné à la condition que le conseil général consente à voter le traitement de ces agents; et les assemblées ont pu trouver jusqu'à présent, dans le vote des ressources, le moyen de faire prévaloir leurs préférences. La loi du 18 juillet étend, sur ce point, leurs attributions; car si elle laisse au préfet le droit de nommer

les agents-voyers, elle l'oblige à demander préalablement
au conseil général à quel ordre d'agents doit être confiée
l'exécution des travaux sur les chemins de grande communication et d'intérêt commun.

On avait d'abord songé à faire de même pour les routes
départementales, dont les ingénieurs des ponts-et-chaussées sont spécialement chargés aux termes de l'art. 24 du
décret du 16 décembre 1811. Mais on a craint que laisser
à cet égard la liberté aux conseils généraux, ce ne fût
amener la désorganisation d'un corps dans les attributions
duquel le service desdites routes entre pour moitié environ, et cette considération a prévalu, non toutefois sans
une vive discussion.

§ 10. — Assurance des bâtiments départementaux.

Sous l'empire de la loi du 10 mai 1838 et du décret
du 25 mars 1852, l'intervention du conseil général pour
la passation des contrats d'assurances n'était pas exigée,
et le préfet jouissait à cet égard d'un entier pouvoir.
Désormais, c'est l'assemblée départementale qui décidera
dans quels cas les bâtiments devront être assurés, et sera
juge des conditions faites au département par les compagnies d'assurances.

§ 11. — Actions à intenter ou à soutenir au nom du département.

Le département est une personne civile, ayant des droits
et pouvant avoir des actions à exercer.

Aux termes de l'art. 36, § 1, de la loi du 10 mai
1838, le préfet ne pouvait exercer les actions du département comme demandeur qu'en vertu d'une délibération
du conseil général approuvée par le roi en conseil d'Etat;

et une nouvelle autorisation était nécessaire pour procéder devant un autre degré de juridiction (§ 2). Quant aux actions intentées contre le département, le préfet pouvait y *défendre* en vertu des délibérations du conseil général et sans autre autorisation (§ 3). Le décret du 25 mars 1852 vint transporter le droit d'approbation au préfet dans les cas où il était nécessaire de recourir au chef de l'État. Aujourd'hui les délibérations prises par les conseils généraux sur les actions à *intenter* ou à *soutenir* au nom du département, en matière administrative ou judiciaire, sont dispensées de toute approbation ; elles constituent donc des décisions souveraines, qui sont nécessaires pour autoriser les préfets à agir au premier ou second degré de juridiction (art. 1, 13°). Toutefois, dans les cas d'urgence, le préfet pourra, conformément aux dispositions de l'art. 36, § 4, de la loi du 10 mai 1838, *intenter* toute action ou y *défendre*, sans délibération du conseil général, sauf, bien que la loi ne le dise pas formellement, à rendre compte à l'assemblée des motifs de sa détermination.

Mais, comme l'a rappelé la circulaire du 10 juillet 1856 et après elle la circulaire du 4 août 1866, le droit du conseil général reste entier, de telle sorte que si, au moment de la session le procès n'était pas encore terminé, une délibération suffirait pour qu'il n'y ait pas lieu à le suivre. Le § 5, de l'art. 36 précité, porte que le préfet fait tous les actes conservatoires ou interruptifs de la déchéance. Cette disposition reste en vigueur. Enfin, le § 6 du même article continuera également à être appliqué en cas de litige entre le département et l'Etat. L'Etat sera représenté par le préfet et le département par le conseiller de préfecture le plus ancien en fonctions.

18

Nous pensons, toutefois, que les termes du § 6 ne sont applicables d'une manière absolue que s'il s'agit de litiges à intenter ou à soutenir contre l'Etat devant les *tribunaux civils*, auquel cas le préfet est nécessairement le représentant de l'Etat (art. 69, proc. civ.).

Quant aux litiges de la compétence administrative qui surgissent, pour la plupart, de l'exécution du décret. du 9 avril 1811, portant concession de bâtiments domaniaux aux départements, ou de décrets rendus à d'autres époques, mais de même nature, la solution de l'affaire dépendant absolument de l'interprétation du décret de concession, cette interprétation ne peut être donnée que par l'empereur en conseil d'Etat. Or, dans ce cas, l'Etat est représenté devant cette haute juridiction par l'administration des finances et non par le préfet. Rien n'empêche donc ce magistrat de représenter le département, et dès lors, le concours du doyen du conseil de préfecture devient sans objet.

Cette opinion a été admise implicitement par plusieurs ordonnances royales, notamment par celles des 6 février 1839 (*Ain*) et 20 juin 1844 (*Moselle*).

Il nous reste à faire connaître les dispositions de l'art. 37 de la loi du 10 mai 1838. D'après cet article qui n'a pas été abrogé, « aucune action judiciaire, autre que les actions possessoires, ne peut, à peine de nullité, être intentée contre un département, qu'autant que le demandeur a préalablement adressé au préfet un mémoire exposant l'objet et les motifs de la réclamation. Il lui en est donné récépissé. L'action ne peut être portée devant les tribunaux que deux mois après la date du récépissé, sans préjudice des actions conservatoires. Durant cet intervalle, le cours de toute prescription demeurera suspendu. »

On le voit, l'art. 37 règle le cas spécial où un département est *défendeur* à une action *judiciaire*.

Si le demandeur est l'Etat, le mémoire doit être adressé par le préfet au doyen du conseil de préfecture, qui le soumettra au conseil général comme l'eût fait le préfet lui-même.

L'obligation pour le demandeur de présenter un mémoire et d'attendre deux mois ne peut préjudicier à la conservation de ses droits : il peut donc, dans ce délai, faire des actes conservatoires, et, de plus, le cours de toute prescription demeure suspendu.

Quant à la restriction de notre article, en ce qui concerne les *actions possessoires*, elle s'explique par le caractère d'urgence que présentent presque toujours ces sortes de demandes. Presque toujours aussi, il y a urgence pour le préfet à défendre à l'action possessoire intentée, et il use alors du droit qui lui est attribué en pareil cas.

§ 12. — Transactions concernant les droits des départements.

Les délibérations du conseil général relatives aux transactions qui devaient être approuvées par ordonnance du roi en conseil d'Etat, sous la loi de 1838, art. 38, et par un arrêté du préfet depuis 1852, sont aujourd'hui exécutoires par elles-mêmes; l'autorité du conseil à cet égard est donc souveraine. Néanmoins, pour suppléer autant que possible à l'examen du conseil d'Etat et assurer aux intérêts du département une garantie sérieuse, la circulaire du 4 août 1866 recommande de se pourvoir de l'avis de trois jurisconsultes, comme le veut l'arrêté du 21 frimaire an XII, pour les transactions qui intéressent les communes.

§ 13. — Recettes et dépenses des établissements d'aliénés appartenant au département; — approbation des traités passés avec des établissements privés ou publics pour le traitement des aliénés du département.

I. — D'après la loi du 30 juin 1838, art. 26, et le décret du 25 mars 1852, art. 1, tableau A, la dépense des aliénés indigents était réglée par le préfet. Le conseil général avait seulement à exprimer un avis (circ. du 5 août 1839). La loi nouvelle transporte cette attribution au conseil général (art. 1, 15°). Ce conseil, porte la circulaire du 4 août 1866, devient également compétent « pour régler, dans les asiles *départementaux,* les frais de transport et ceux de séjour provisoire des aliénés, le tarif des classes diverses de pension et la part proportionnelle laissée à la charge des communes et des familles. Par une conséquence nécessaire, le réglement des budgets et l'approbation des comptes de ces asiles lui appartiendront aussi (1). »

Cette délégation a une importance considérable. Pour mettre les conseils généraux à même de l'exercer utilement, la circulaire du 4 août recommande aux préfets de leur communiquer toutes les pièces propres à les éclairer. « Les propositions des directeurs des asiles, dit l'instruction ministérielle, devront être rédigées dès les premiers jours d'août, de telle sorte que, chaque année, le conseil général puisse, dans sa session ordinaire, arrêter le budget du prochain exercice; les chapitres additionnels de l'exercice en cours lui seront également soumis à la même

---

(1) Voir sur le service des aliénés la loi du 30 juin 1838, les circ. des 5 août 1839, 5 août 1840, 16 août 1840, 12 août 1841, etc.

époque. Il conviendra d'y prévoir avec soin toutes les dépenses supplémentaires, afin de ne laisser en souffrance ni les intérêts du service, ni ceux des créanciers de l'établissement. » Quant aux comptes, le ministre ordonne de les lui transmettre dans le courant du mois d'avril, afin qu'il puisse les examiner et les renvoyer vers la fin de juillet, pour ensuite être soumis au conseil général avec les observations que leur examen lui aurait suggérées.

Ce qui précède, ainsi qu'il résulte du texte même de la loi, ne s'applique pas aux asiles publics dont le département n'est pas propriétaire.

II. — L'approbation des traités passés entre le département et les établissements publics ou privés pour le traitement des aliénés, était comprise depuis le décret du 25 mars 1852 dans les attributions du préfet. Aujourd'hui, ce droit appartient au conseil général. Comme le fait observer la circulaire du 4 août 1866, il sera prudent de limiter à une année la durée des traités ou d'y introduire une clause de résiliation. Ces réserves, dont l'expérience a démontré la sagesse, sont essentielles lorsqu'il s'agit d'asiles privés faisant fonction d'établissements publics.

Remarquons que les attributions nouvelles des conseils généraux, en ce qui concerne les aliénés, sont exclusivement financières. Ces conseils fixent les recettes et votent les crédits qui ne peuvent, en aucun cas, être dépassés. Mais le surplus est réservé à l'administration; elle conserve la direction des asiles que lui confère la loi du 30 juin 1838; le service des aliénés soulève, en effet, des questions de police, d'ordre public et de liberté individuelle qu'on n'a pas voulu confier aux assemblées départementales (1).

(1) Voir le rapport de M. Busson-Billault. — Circ. int. du 4 août 1866.

§ 14. — Service des enfants assistés.

L'expression *enfants assistés* comprend les enfants trouvés, les enfants abandonnés et les orphelins pauvres, et même d'autres enfants temporairement secourus.

La nouvelle loi (art. 1, 16°) attribue aux conseils généraux tout ce qui concerne l'organisation et la dépense du service dit *extérieur* des enfants assistés, le vote du contingent à fournir par le département, la fixation de la part contributive des communes, etc.

Du reste, en cette matière, fait observer la circulaire du 4 août 1866, tout ou presque tout a été déjà réalisé et prévu : des réglements départementaux, postérieurs pour la plupart à l'enquète de 1860, et s'inspirant tous de la pensée des conseils généraux, ont tracé d'une manière aussi libérale que précise les dispositions qui gouvernent le service au point de vue départemental.

Quant au service dit *intérieur* des enfants assistés, il est resté soumis aux prescriptions du décret du 19 janvier 1811. Le préfet continue à régler, sous l'autorité du ministre de l'intérieur, tout ce qui s'y rattache.

§ 15. — Offres faites pour concourir à des dépenses d'intérêt départemental.

« L'Etat, les communes, des associations ou des particuliers peuvent offrir de concourir, sous des formes diverses, à des dépenses d'intérêt départemental. Pour les immeubles, l'acceptation formelle du conseil général sera toujours nécessaire. Pour les subventions en argent, l'inscription ultérieure au budget suffira. Les sommes ainsi offertes peuvent, en effet, n'avoir qu'une importance minime, et, dans tous les cas, il est de l'intérêt du dépar-

tement de n'en point retarder la réalisation (circ. int. du
4 août 1866). » (Loi du 18 juillet 1866, art. 1, 8°.)

§ 16. — Emploi des fonds libres provenant d'emprunts ou d'impositions extraordinaires recouvrés ou à recouvrer dans le courant de l'exercice.

Les lois d'impositions et d'emprunts attribuant aux
ressources ainsi créées une destination précise, les conseils
généraux ne pouvaient, sans une nouvelle autorisation
législative, modifier l'affectation des fonds restés sans
emploi (1).

Désormais, l'intervention du législateur ne sera plus
exigée, et les assemblées départementales jouiront à cet
égard de l'autorité souveraine.

Remarquons que ce pouvoir rentrerait plutôt dans la
catégorie des attributions que nous avons énumérées sous
le titre précédent; mais nous n'avons pas cru devoir séparer les dispositions de l'art. 1 de la nouvelle loi.

— On peut constater, d'après ce qui précède, que l'art. 1
de la loi du 18 juillet 1866 a réalisé un véritable progrès
dans la voie de la décentralisation. Pour qu'il ne fût pas
possible d'en douter, il a été bien entendu que le conseil
général serait investi, non-seulement du droit de décision
à l'égard des affaires ci-dessus énumérées, mais encore
du droit d'initiative nécessaire à sa liberté d'action.
Différents numéros du projet primitif portaient les
mots : *sur la proposition du préfet*, qui ont disparu de la
rédaction définitive : « On pouvait craindre, dit à ce
sujet M. Busson-Billault dans son rapport, que ces mots
ne fussent entendus comme subordonnant le vote du con-

(1) Circ. du 4 août 1866.

seil à l'initiative exclusive du préfet. MM. les commissaires du gouvernement nous ont déclaré que tels n'étaient ni le but ni la pensée du projet de loi. Il est évident pour tous, et par la nature même des matières qui en font l'objet, que presque toujours les délibérations des conseils généraux ne peuvent intervenir qu'après une instruction préalable (1) et sur les propositions du préfet. Mais pour éviter toute difficulté et réserver aussi bien l'*initiative* que le droit du conseil général de *modifier les dispositions à lui soumises*, nous avons demandé la suppression de ces mots, sans vouloir restreindre d'ailleurs l'initiative de l'administration. »

Le rapporteur a développé, sans soulever de contestation, la même théorie lors de la discussion du projet de loi. Il est donc hors de doute, et nous l'avons admis à diverses reprises comme chose établie, que les conseils généraux jouissent d'un droit d'initiative parallèle à celui du préfet.

Tel est le côté libéral de l'art. 1 de la loi du 18 juillet; mais le 16° de cet article contient une restriction des plus graves : « Les délibérations prises par les conseils généraux sur les matières énoncées aux numéros 6, 7, 15 et 16 ci-dessus, sont exécutoires *si, dans un délai de deux mois à partir de la clôture de la session, un décret impérial n'en a pas suspendu l'exécution.* »

Quelle est au juste la portée d'une restriction qui s'étend aux principales attributions des conseils généraux : services des routes départementales et vicinales, travaux départementaux, service des aliénés et service des enfants

(1) « Ainsi il est impossible d'ordonner des travaux sans études approfondies, sans enquête que la loi prescrit souvent, que le bon sens et la logique prescrivent toujours.,. » (Busson-Billault, *rapport au Corps législatif.*)

assistés? Quelle est la nature du droit de suspension réservé au pouvoir central? — C'est d'être absolu, illimité; les explications données au Corps législatif par le rapporteur de la commission, le ministre président du conseil d'Etat et le ministre d'Etat ne laissent aucun doute à cet égard. Toutefois, l'exercice du pouvoir donné au gouvernement sera tempéré en fait par la nécessité de respecter un grand principe qui domine toutes les difficultés, c'est que, *dans aucun cas, rien ne pourra remplacer le vote du conseil général*. Le gouvernement, s'il juge une délibération mauvaise, pourra bien en suspendre l'effet, mais sans jamais rien inscrire au budget. Ce principe étant posé, **deux** situations peuvent se présenter :

1° Il s'agit d'un service qui ne peut rester en souffrance, par exemple de la dotation des *aliénés* ou des *enfants assistés*. Le conseil général a voté un chiffre que le gouvernement trouve insuffisant ou excessif; ce dernier use de son droit de *veto* et suspend la délibération. Mais comme il ne peut suppléer au vote du conseil général, il faudra bien provoquer une nouvelle délibération dans le délai relativement court qui s'écoulera entre la clôture de la session et le commencement de l'exercice.

Si le conseil, malgré les raisons données par l'administration, persiste dans sa première délibération, le gouvernement pourra lui-même persister dans son droit de suspension; mais, dans une pareille situation, la nature des choses et la force des circonstances domineront le droit extrême; oui, le gouvernement pourra paralyser encore le vote du conseil général, mais à la condition de *désorganiser un service essentiel* et d'encourir une responsabilité déplorable.

2° Supposons maintenant qu'indépendamment de la

question de dotation, il s'agisse d'un changement à introduire dans le régime des enfants assistés, du classement d'une route départementale ou vicinale, le gouvernement trouve la délibération inopportune ou dangereuse, il use du droit de *veto*. L'affaire n'étant pas urgente de sa nature, une convocation en session extraordinaire n'est pas indispensable. A la session ordinaire de l'année suivante le conseil général réitère sa délibération; le gouvernement renouvelle l'exercice de son droit de *veto;* une troisième délibération peut être frappée d'une troisième suspension, et ainsi indéfiniment. Sans doute, le chef de l'Etat ayant le droit de dissoudre le conseil général pourra, comme on l'a dit, soumettre le différend au jugement des électeurs; mais rien ne l'y forcera, et si l'ayant fait, ce jugement lui déplait, la loi lui permettra de ne pas en tenir compte. En définitive donc, il ne tiendra qu'à lui d'empêcher, d'une manière absolue, que l'affaire ait une solution conforme aux vœux de l'assemblée départementale. Ce pouvoir, qu'il faut bien entendre ainsi, peut au surplus devenir aux mains du gouvernement une arme puissante pour faire triompher ses préférences; car, le plus souvent, le conseil général placé dans l'alternative de voir maintenir un *statu quo* qu'il trouve détestable ou d'adopter un projet qui lui paraît vicieux, mais propre cependant à réaliser certaines améliorations, prendra ce dernier parti.

Il est donc vrai de dire que la disposition finale de l'art. 1 affaiblit sensiblement le caractère décentralisateur de la loi du 18 juillet.

Nous pensons qu'il eût été plus conforme aux principes et qu'il eût dû suffire au législateur de 1866 de réserver au chef de l'Etat un simple droit de *veto suspensif*, droit qui eût pu s'exercer dans les conditions suivantes :

A la prochaine session *ordinaire* ou *extraordinaire*, le gouvernement eût renvoyé au conseil général, avec des observations, la délibération frappée de *veto*. L'assemblée ainsi appelée à délibérer de nouveau, après un temps suffisant de réflexion, eût admis les raisons du gouvernement, auquel cas elle eût abandonné son projet ou l'eût modifié; ou bien eût persisté dans sa première décision; alors sa délibération, sans nouveau renvoi, eût acquis force exécutoire. Un droit ainsi limité eût permis au gouvernement de dégager sa responsabilité sans nuire aux libertés départementales.

Au reste, le système du *veto* suspensif n'eût pas empêché l'application de l'art. 3 de la loi du 18 juillet 1866, ainsi conçu : « Les délibérations par lesquelles les conseils généraux statuent définitivement sont exécutoires, si dans un délai de deux mois, à partir de la clôture de la session, elles n'ont pas été annulées pour excès de pouvoir, ou pour violation d'une disposition de la loi, ou d'un réglement d'administration publique.

» Cette annulation ne peut être prononcée que par un décret rendu dans la forme des réglements d'administration publique. »

Le droit d'annulation conféré au gouvernement par l'art. 3 s'applique à tous les cas où le conseil général statue définitivement, soit en vertu de la loi du 10 mai 1838, soit en vertu de celle du 18 juillet 1866, et nonseulement aux seize cas prévus par l'art. 1 de cette dernière loi. Le texte, en effet, est général et ne comporte aucune exception.

On a demandé, lors de la discussion au Corps législatif, que l'article fût rédigé de manière à comprendre aussi les cas où le conseil général ne statue pas définitivement.

Il a été répondu qu'une pareille précaution serait inutile, attendu que les simples *délibérations* ne sont exécutoires qu'après approbation du pouvoir exécutif ou du pouvoir législatif. Rappelons, d'ailleurs, que l'art. 14 de la loi du 22 juin 1833, confère au chef de l'Etat le droit d'annuler tout acte ou toute délibération du conseil général relatifs à des objets non légalement compris dans ses attributions.

Le droit d'annulation de l'art. 3, qu'il ne faut pas confondre avec le droit de *veto* de l'art. 1, *in fine*, est un droit que l'autorité supérieure exerce dans l'intérêt de l'unité et en vertu de ce principe général d'ordre public que toute décision contraire aux lois doit être annulée.

Le délai réservé au gouvernement pour aviser est de deux mois; une délibération du conseil général qui statue d'une manière définitive ne pourra donc être exécutée que sous deux mois; mais ce délai a paru suffisant au législateur. Il n'a pas voulu, dans une pensée qu'il est aisé de comprendre, que l'incertitude pesât trop longtemps sur les délibérations du conseil général. Est-il besoin de faire observer que, pour les délibérations relatives aux affaires énoncées sous les numéros 6, 7, 15 et 16 de l'art. 1, le gouvernement a deux droits distincts :

1° Le droit de suspension indéfinie, droit arbitraire qu'il peut exercer comme il l'entend, pourvu qu'il agisse dans les deux mois;

2° Le droit d'annulation qu'il ne peut invoquer que dans le cas spécial de violation d'une loi ou d'un réglement d'administration publique,

TITRE II

LE CONSEIL GÉNÉRAL STATUE, SAUF L'APPROBATION
D'UNE AUTORITÉ SUPÉRIEURE.

Il y a des cas où le conseil général ne statue que sauf la sanction d'une autorité supérieure (loi du 10 mai 1838, art. 5 et 33). On dit alors que cette assemblée *délibère*.

Il est hors de doute que la loi consacre au profit du pouvoir central le droit d'approuver et par suite de rejeter une délibération pour le tout; mais l'approbation ou le rejet peuvent-ils être partiels?

En d'autres termes, le gouvernement (1) peut-il scinder les clauses délibérées pour ne valider que celles qu'il trouve conformes à ses vues, peut-il modifier la délibération?

Malgré l'autorité de M. Herman, nous n'hésitons pas à nous prononcer pour la négative. Et d'abord, le droit de donner force exécutoire à une volonté régulièrement exprimée, n'implique pas celui de la modifier ni de la diviser en écartant pour partie les éléments qui ont contribué à la former. Un droit si contraire à l'ordre naturel ne pourrait résulter que d'un texte de loi positive; mais où est le texte qui pose en règle la faculté pour le gouvernement de modifier les délibérations des conseils généraux?

On trouverait bien quelques cas, notamment en ma

(1) En employant ici le mot gouvernement, nous n'avons pas l'intention d'écarter d'une manière absolue les cas où l'approbation appartient au pouvoir législatif. En effet, malgré sa toute-puissance, le législateur ne .doit pas modifier arbitrairement les règles qu'il s'est tracées à lui-même.

tière de dons et legs faits au département (1), où le pouvoir central possède ce droit; mais ce sont des exceptions résultant de textes.

Il est vrai encore que l'art. 14 de la loi du 18 mai permet au gouvernement d'inscrire d'*office*, à la 1re section du budget, les dépenses dites *ordinaires;* mais l'art. 14 n'a même pas besoin d'être une exception pour ne rien prouver contre notre système; il s'explique par le caractère que le législateur de 1838 attribue aux centimes ordinaires : « Le conseil général, dit le rapporteur M. Vivien (2), est étranger à leur création... » Et pour qu'il soit bien entendu que la disposition de l'art. 14 ne préjudiciera en rien aux droits du conseil général, le législateur, dans l'art. 18 relatif aux dépenses facultatives, déclare que les allocations portées au budget par le conseil général ne pourront être *changées* ni *modifiées.* Le gouvernement pourra bien refuser son approbation à celles qui lui paraissent mauvaises, il pourra user de son droit de *veto,* même après les deux mois, et amener ainsi le conseil général à une transaction ; mais il n'aura pas le droit de porter les allocations d'un chapitre sur un autre; il ne pourra ni les réduire ni les augmenter.

Si, comme nous le croyons, cette solution de l'art. 18 devait être généralisée sous l'empire de la loi de 1838, elle doit l'être *à fortiori* sous la loi du 18 juillet 1866, d'après laquelle presque toutes les dépenses du budget seront des dépenses facultatives.

Toutefois, il est bon de remarquer qu'en matière administrative il est difficile de poser un principe si absolu qu'il ne comporte aucun tempérament dans la pratique.

(1) Voir ci-dessus.
(2) Vivien, *rapport sur la loi de 1838.*

Ainsi, sur le point qui nous occupe, pour une clause assez insignifiante à éliminer, l'administration évitera le plus souvent, sous sa responsabilité, l'alternative de laisser inexécutée une délibération qu'elle trouve bien conçue d'ailleurs, ou de forcer les membres conseillers généraux à un déplacement onéreux.

Avons-nous besoin d'ajouter que si, sous l'intitulé *délibération*, le conseil général a en réalité pris deux résolutions sur deux affaires indépendantes, le gouvernement pourra approuver l'une et rejeter l'autre! Ce n'est pas là, du reste, une restriction à la règle, c'en est plutôt une application juste et intelligente.

Sous l'empire de la loi du 10 mai 1838, l'approbation des délibérations du conseil général appartenait, pour certaines matières, au pouvoir législatif; pour d'autres, beaucoup plus nombreuses, au chef de l'Etat, au ministre compétent ou au préfet, selon les cas déterminés par les lois ou les réglements d'administration publique (art. 5, 33 et 34).

Cet état de choses a été singulièrement modifié par la loi du 18 juillet 1866. Ainsi, l'intervention spéciale du législateur est rendue moins fréquente par suite de la délégation qu'il a faite au bénéfice des conseils généraux.

D'autre part, le décret du 25 mars 1852 qui avait fait de l'approbation par le préfet la règle générale, et n'exigeait l'autorisation du chef de l'Etat ou du ministre compétent que dans les cas exceptionnels, a été modifié lui-même en ce sens que le conseil général est investi du droit de décision dans la plupart des cas où sa délibération devait être soumise à l'approbation du préfet. Par suite, on a vu disparaître presque complétement cette anomalie qui fait du préfet le supérieur d'un corps chargé de le contrôler, et diminuer d'une manière notable les cas de délibération proprement dite mentionnés d'une manière non limitative dans l'art. 4 de la loi du 10 mai 1838. Nous avons déjà signalé incidemment plusieurs de ceux qui ont été conservés par la nouvelle loi ; rappelons-les en énumérant, sous les paragraphes qui vont suivre, les affaires sur lesquelles les conseils généraux continuent à délibérer, soit sous le contrôle du pouvoir législatif, soit sous le contrôle du pouvoir exécutif.

CHAPITRE I

Cas où les délibérations du Conseil général doivent être approuvées par le pouvoir législatif.

§ 1.

Le conseil général délibère sur les contributions extraordinaires à établir, quand elles dépassent le maximum de centimes additionnels qui sera fixé par la loi de finances. Une loi interviendra pour autoriser cette imposition (lois du 16 mai 1858, art. 4 et 33, et du 18 juillet 1863, art. 2 et 15. — Renvoi au budget).

§ 2.

Le conseil général délibère sur les emprunts à contracter, lorsque ces emprunts sont remboursables dans un délai de plus de 12 ans, ou à l'aide de ressources extraordinaires créées en dehors des limites fixées par la loi des finances.

Pour ces cas, l'intervention du législateur sera encore nécessaire (loi du 10 mars 1838, art. 4 et 34, 18 juillet 1866, art. 2 et 15. — Renvoi au budget).

CHAPITRE II

Cas où les délibérations du Conseil général doivent être approuvées par le pouvoir exécutif.

§ 1.

Le conseil général délibère sur les acquisitions, aliénations et échanges des propriétés départementales affectées aux hôtels de préfecture et de sous-préfecture, aux cours et tribunaux, au casernement de la gendarmerie et aux prisons. Ces délibérations, pour être exécutoires, doivent être approuvées par décret en conseil d'Etat (lois des 10 mai 1838, art. 29, et 18 juillet 1866, art. 1 et 15).

§ 2.

Le conseil général délibère dans les mêmes conditions sur le changement de destination des propriétés départementales affectées à l'un des services ci-dessus énumérés.

§ 3.

La nouvelle loi n'a pas conféré à l'assemblée départementale le droit de statuer définitivement sur l'acceptation ou le refus des dons et legs faits au département avec charges ou affectation immobilière, ou quand les dons et legs donnent lieu à réclamation.

Nous devons même rappeler qu'en présence de l'art. 31 de la loi de 1838, qui subordonne le *refus* aussi bien que *l'acceptation* à l'intervention d'un décret rendu en conseil d'Etat, la délibération du conseil général se réduit en droit à n'être qu'un simple avis.

19

§ 4.

Le conseil général délibère sur le classement et la direction des routes départementales et des chemins vicinaux de grande communication et d'intérêt commun, *lorsque leur tracé se prolonge sur un ou plusieurs autres départements.* Ces projets ne peuvent encore être réalisés sans l'intervention d'un décret (décret du 30 janvier 1852; — loi du 18 juillet 1866, art. 1, 6° et 9°).

Nous croyons opportun de signaler ici certaines dispositions particulières à l'établissement des *routes départementales* intéressant plusieurs départements. Aucune difficulté ne peut s'élever si les conseils généraux sont d'accord pour adopter ou rejeter la proposition; mais il est arrivé souvent que, sur le refus absolu de l'un d'eux, une route s'est trouvée arrêtée à la limite d'un département, au grand préjudice de la viabilité. La loi du 25 juin 1841 a donné le moyen de vaincre une pareille résistance : elle a décidé que, lorsqu'un département sur lequel doit s'étendre une route départementale refuse de classer ou d'exécuter la portion qui doit traverser son territoire, le classement ou l'exécution peut être ordonné par une loi. Cette loi doit être, d'ailleurs, précédée d'une enquête dans les formes tracées par l'ordonnance du 7 septembre 1842. Cette même loi déterminera la proportion dans laquelle chaque département intéressé contribuera à la dépense. — Les dispositions qui précèdent étant spéciales aux routes départementales, nous ne croyons pas qu'on doive les étendre par analogie aux chemins vicinaux de grande communication et d'intérêt commun.

§ 5.

Le conseil général délibère sur le déclassement des

routes départementales et des routes vicinales de grande
communication et d'intérêt commun intéressant plusieurs
départements. Les délibérations sont sanctionnées par décrets impériaux (loi du 18 juillet 1866, art. 1, 9°, et décret du 30 janvier 1852, arg.).

<h2 style="text-align:center">§ 6.</h2>

Le conseil général ne statue que sauf approbation
donnée par décret en conseil d'Etat sur les projets, plans
et devis de tous travaux à exécuter sur les fonds départementaux, lorsque ces ouvrages donnent lieu à l'expropriation pour cause d'utilité publique (loi du 18 juillet,
art. 1, 6°, et sénatus-consulte du 25 décembre 1852).

<h2 style="text-align:center">§ 7.</h2>

Le conseil général délibère sur la concession à des associations, à des compagnies ou à des particuliers des
travaux des routes départementales. En vertu du décret
du 25 mars 1852, maintenu sur ce point par la loi du
18 juillet, art. 1, et 15, c'est au préfet qu'il appartient
d'homologuer les délibérations prises à cet égard.

La concession peut être faite moyennant un prix déterminé et, dans ce cas, après l'entier achèvement des
travaux et leur réception définitive, le département doit
en accepter le prix. Elle peut aussi être consentie moyennant l'établissement temporaire de taxes ou de droits de
péage à percevoir par les concessionnaires.

Le tarif de ces taxes ou droits doit être proposé par
la délibération du conseil général votant la concession.
Mais il n'est définitivement réglé que par un décret rendu
dans la forme des réglements d'administration publique
(décrets des 30 janvier et 25 mars 1852).

Suivant le témoignage de M. Herman, on n'a recours

que dans des cas très-rares à ce dernier mode d'exécution et seulement pour les travaux des routes départementales.

Quant à la concession à des associations, à des
compagnies ou à des particuliers de tous autres travaux
d'intérêt départemental, nous croyons qu'aux termes de
la disposition finale du n° 10 de l'art. 1 de la loi du
18 juillet, le conseil général est compétent pour statuer
d'une manière définitive.

§ 8.

Le conseil général délibère « sur la part contributive
à imposer au département dans la dépense des travaux
exécutés par l'Etat et qui intéressent le département (loi
du 10 mai 1838, art. 4, 12°). »

Interprétée rigoureusement, cette disposition suppose-
rait le droit de modifier les propositions du conseil général; mais, jusqu'à présent, elle ne semble guère avoir
été appliquée en ce sens. Nous croyons qu'aujourd'hui,
plus que jamais, le décret à intervenir devrait se borner
à sanctionner les offres de l'assemblée départementale. Au
reste, si le département devait être imposé d'office pour
une dépense qui n'a pas été comprise dans les dépenses
obligatoires par l'art. 10 de la loi du 18 juillet, ce ne
pourrait être qu'en vertu d'une loi spéciale, comme le
porte la loi du 16 septembre 1807, art. 29.

§ 9.

Le conseil général délibère « sur la part contributive
du département aux dépenses des travaux qui intéressent
à la fois le département et les communes (loi du 10 mai
1838, art. 4, 13°). »

L'application de cette disposition qui a consacré le

principe posé dans la loi du 16 septembre 1807, art. 29,
devient de jour en jour plus rare, au moins comme mesure coërcitive à l'égard des communes; l'avis du conseil
d'Etat du 15 mai 1844, se fondant sur l'esprit et le texte
de la loi de 1838, décide même que les communes ne
pourront être appelées d'une *manière obligatoire* à contribuer aux dépenses soit de construction, soit d'entretien
des routes départementales, et ce sont cependant là les
travaux qui pourraient, le plus fréquemment, motiver un
appel au concours des communes (1). En fait, il n'y
aura donc à statuer que sur des offres de concours faites
par celles-ci, et à cet égard le conseil général est aujourd'hui compétent (loi du 18 juillet, art. 1, 8°).

Que si, par extraordinaire, l'occasion se présente d'appliquer le principe que semble contenir l'art. 4, 13°, de
la loi de 1838, cette application se fera d'après l'art. 35
de la même loi, ainsi conçu : « En cas de désaccord sur
la répartition de la dépense de travaux intéressant à la
fois le département et les communes, il est statué par ordonnance du roi (aujourd'hui par décret), les conseils
municipaux, les conseils d'arrondissement et le conseil
général entendus. » Dans ce cas, la délibération du conseil général sur la part contributive à fournir par le département, se réduirait à n'être qu'un simple avis.

§ 10.

Le conseil général délibère « sur l'établissement et
l'organisation des caisses de retraite ou autre mode de
rémunération en faveur des employés des préfectures et
des sous-préfectures (loi du 10 mai 1838, art. 4, 14°). »

Ces employés ne sont pas rémunérés *directement* par

(1) Herman, *Traité d'administ. départ.*, t. I.

l'Etat; leur traitement est payé sur le fonds dit d'*abonnement,* qui est mis à la disposition de chaque préfet pour couvrir les frais de bureau, de tournées et autres dépenses accidentelles à sa charge.

Il est statué par un décret en conseil d'Etat sur les délibérations prises par les conseils généraux, en exécution de la disposition précitée (décret du 30 janvier 1852).

§ 11.

BUDGETS DÉPARTEMENTAUX.

Parmi les attributions des conseils généraux, la plus essentielle et la plus importante, consiste à *délibérer* sur les recettes et dépenses du budget départemental.

Celui de 1867 est le dernier qui ait été délibéré et réglé dans les conditions fixées par la loi du 10 mai 1838, c'est-à-dire en observant la division en cinq ou six sections, suivant la nature des recettes et des dépenses *ordinaires, facultatives, extraordinaires,* des *chemins vicinaux,* de l'*instruction primaire* et du *cadastre.*

Chaque section du budget devait, aux termes de ladite loi, être maintenue en recettes et en dépenses dans sa spécialité (art. 15 et 19), à la seule exception de la seconde : recettes et dépenses facultatives (art. 16).

La première section comprenait les *dépenses ordinaires* qui, sous le régime antérieur à la loi du 18 juillet, étaient au nombre de vingt-trois, à savoir :

1° Les grosses réparations et l'entretien des édifices et bâtiments départementaux;

2° Les contributions dues pour les propriétés du département;

3° Le loyer des hôtels de préfecture et de sous-préfecture ;

4° L'ameublement et l'entretien du mobilier de ces hôtels ;

5° Le casernement ordinaire de la gendarmerie ;

6° Les loyer, mobilier et menues dépenses des cours d'assises et tribunaux et les menues dépenses des justices de paix ;

7° Le chauffage et l'éclairage des corps-de-garde des établissements départementaux ;

8° Les travaux d'entretien des routes départementales et des ouvrages d'art qui en font partie ;

9° Les dépenses des enfants assistés, ainsi que celles des aliénés, pour la part afférente au département, conformément aux lois ;

10° Les frais de route accordés aux voyageurs indigents ;

11° Les frais d'impression et de publication des listes d'électeurs pour les juges des tribunaux de commerce, les frais d'impression des cadres pour la formation des listes électorales, des listes du jury et des cartes d'électeurs ;

12° Les frais d'impression des budgets et des comptes des recettes et des dépenses du département ;

13° La portion à la charge des départements dans les frais des tables décennales de l'état civil ;

14° Les frais relatifs aux mesures qui ont pour objet d'arrêter le cours des épidémies et des épizooties ;

15° Les primes fixées par les réglements d'administration publique pour la destruction des animaux nuisibles ;

16° Les dépenses de garde et de conservation des archives du département ;

17° Les dépenses des bureaux d'assistance judiciaire;

18° Les frais de poursuite et de procédure pour contravention en matière de roulage sur les routes départementales;

19° Les dépenses des chambres d'agriculture;

20° Les dépenses des locaux et des imprimés pour l'administration et la comptabilité des sociétés de secours mutuels *en cas d'insuffisance des ressources communales;*

21° Les dépenses des locaux et du mobilier nécessaire à la réunion du conseil départemental de l'instruction publique, du local des bureaux de l'inspecteur d'académie et de ses frais de bureau;

22° Les dépenses ordinaires de l'enseignement primaire *en cas d'insuffisance des ressources communales;*

23° Les dettes départementales contractées pour des dépenses ordinaires (1).

Les dépenses de la première section, comme du reste celles des autres sections, étaient réparties dans un certain nombre de sous-chapitres, subdivisés eux-mêmes en articles (2).

M. Vivien, dans son rapport sur la loi de 1838, caractérisait les *dépenses ordinaires* en ces termes : « Elles intéressent l'Etat autant que les départements; elles font, à vrai dire, partie des dépenses générales, et si elles n'étaient pas imputées sur les budgets départementaux, elles devraient l'être sur celui que vous votez chaque année. »

L'art. 13 de la loi du 10 mai décida qu'il y serait pourvu au moyen :

(1) Lois des 10 mai 1838, art. 12 et 20; 7 août 1850; 5 mai 1855, art. 13; 22 janvier 1851, art. 28. — Décrets des 26 mars 1852, art. 9; 28 mars 1852. — Lois des 15 mars 1850, art. 40; 14 juin 1854, art. 10. — Décret réglementaire sur la comptabilité publique du 31 mai 1862.

(2) V. le cadre du budget.

1º Des centimes affectés à cet emploi par les lois de finances et portant sur les contributions foncière et mobilière (10 c. 5/10 en 1867);

2º De la part allouée au département dans le fonds commun, lequel était formé du produit de 7 centimes additionnels au principal des mêmes contributions (1850 à 1867);

3º Des produits éventuels énoncés aux nos 6, 7 et 8 de l'art. 10.

L'art. 14 ajoutait que les dépenses ordinaires « peuvent *être inscrites ou augmentées d'office, jusqu'à concurrence du montant des recettes destinées à y pourvoir*, par l'ordonnance royale qui règle le budget. »

En ce qui concerne les dépenses ordinaires de l'instruction primaire, elles n'étaient guère en pratique imputées sur les recettes ordinaires à cause de l'insuffisance de ces fonds; mais il y était pourvu obligatoirement au moyen de ressources spéciales dont nous parlerons tout à l'heure (loi du 15 mars 1850, art. 35 et 40; — loi du 14 juin 1854, art. 10).

De ce que les dépenses ordinaires du budget départemental avaient un caractère obligatoire, il s'ensuivait que les délibérations du conseil général relatives à ces dépenses n'avaient que la valeur de simples propositions dont l'administration supérieure pouvait ne pas tenir compte.

Il n'en était pas de même des *dépenses facultatives* de la seconde section, auxquelles le conseil général pourvoyait au moyen : 1º de centimes facultatifs établis par son vote souverain dans les limites du maximum fixé par la loi annuelle de finances (7 c. 5/10 en 1867); 2º des produits énoncés au nº 5 de l'art. 10 de la loi de 1838 (art. 17).

En effet, aux termes de l'art. 18, « aucune dépense ne peut être inscrite d'office dans cette seconde section, et les allocations qui y sont portées ne peuvent être ni *changées* ni *modifiées* par l'ordonnance royale qui règle le budget. »

« Le gouvernement, disait M. Vivien, a peu d'autorité sur la section des dépenses facultatives; il peut refuser son approbation à celles qui lui paraissent mauvaises; mais il n'a le droit ni d'en inscrire d'office aucune, ni de changer celles qu'il maintient, c'est-à-dire de les porter d'un chapitre dans un autre, ni enfin de les modifier, c'est-à-dire de les réduire ou de les augmenter. »

Par leur nature même, les recettes facultatives pouvaient être employées à toute dépense d'utilité départementale, à toute dépense se rapportant à des objets compris dans la sphère d'attributions des conseils généraux.

Le conseil général pouvait donc faire sur elles des prélèvements en vue d'augmenter les ressources spéciales des chemins vicinaux, de l'instruction primaire; il pouvait aussi, et la loi de 1838 est formelle à cet égard, inscrire des *dépenses ordinaires* dans la seconde section du budget (art. 16, § 2).

L'initiative de l'assemblée sur le point qui nous occupe était tellement respectée, que même lorsqu'il s'agissait de dettes devenues exigibles, le législateur, à la différence de ce qu'il avait décidé pour les dettes de la 1re section (art. 20, § 1), refusait au gouvernement le droit de les inscrire d'office. En effet, l'art. 20, § 2, portait : « Les dettes contractées pour pourvoir à d'autres dépenses (que les dépenses ordinaires), seront inscrites par le conseil général dans la 2e section; et dans le cas où il aurait *omis* ou *refusé* de faire cette inscription, il y sera pourvu au moyen d'une contribution extraordinaire établie par une loi spéciale. »

Ainsi donc, quelque incontestable ou quelque minime que fût la dette, il était indispensable de recourir au pouvoir législatif pour suppléer l'absence du vote du conseil général ou pour vaincre sa résistance. Ce n'était même pas alors sur le produit des centimes facultatifs que pouvait être imputé le paiement de la dette; il devait être établi une imposition extraordinaire; tandis que, pour les dettes *ordinaires*, on ne recourait à cette mesure que quand les ressources *ordinaires* étaient complétement épuisées (loi du 10 mai 1838, art. 13, 14, 20, § 1 et 33).

La 3ᵉ section ouverte au budget départemental, en exécution de l'art. 19 de la loi de 1838, était destinée aux dépenses d'utilité départementale pour lesquelles, en raison de l'*insuffisance des centimes facultatifs*, il fallait créer des *ressources extraordinaires*. Dans cette section, comme dans la seconde, aucune dépense ne pouvait être inscrite d'office, et les allocations qui y étaient portées par le conseil général ne pouvaient être ni changées ni modifiées par l'autorité chargée de régler le budget.

A la vérité, l'application de ce principe à la 3ᵉ section n'était pas formellement établie; mais elle découlait incontestablement de l'esprit même de la loi. Ainsi, pour que le gouvernement pût inscrire des crédits d'office à la 1ʳᵉ section, ou modifier les crédits votés par le conseil général, le législateur avait cru devoir en donner le droit d'une manière explicite. Mais ce droit n'étant consacré qu'à l'égard de la 1ʳᵉ section, il s'ensuivait qu'il n'existait pas à l'égard des autres.

On sait, d'ailleurs, que l'art. 20 de la loi de 1838 établissait une différence radicale entre les dettes contractées pour dépenses ordinaires et celles contractées pour *toutes autres dépenses;* que l'art. 28, en cas de non réunion ou d'abstention du conseil général, ordonnait au préfet, en conseil de préfecture, d'établir d'office le budget des *dépenses ordinaires,* qui devait ensuite être réglé par ordonnance ou décret, tandis que le législateur n'autorisait rien de semblable en ce qui concernait les autres dépenses. Enfin, il est à considérer que les dépenses de la 3ᵉ section n'étaient, en réalité, que le complément de celles de la 2ᵉ section, et que, par conséquent, elles étaient régies par le même principe. Toute la différence consistait en ce que l'emploi des centimes extraordinaires était spécialisé par les lois particulières qui en autorisaient la création.

Mais, dans la sphère déterminée par ces lois, le conseil général avait sa liberté d'action.

« Le gouvernement, portait l'avis du conseil d'Etat du 6 mars 1845, peut, par son refus d'approbation, rendre sans effet les propositions délibérées par les conseils généraux, pour l'*emploi du produit* desdites impositions (extraordinaires); mais il ne peut point les changer et les modifier. »

Les centimes extraordinaires pouvaient porter sur les quatre contributions directes, et c'est en général ce qui avait lieu.

Ce que nous venons de dire de la troisième section était applicable à la quatrième, *dépenses spéciales des chemins vicinaux* (arg. loi du 10 mai 1838, art. 9, 14, 19, 20, 28). Le maximum de centimes spéciaux, que le conseil général pouvait affecter à ces dépenses, était annuellement fixé à cinq, depuis la loi du 21 mai 1836.

Sauf d'importantes restrictions, résultant des lois des 15 mars 1850, art. 35 et 40, et 14 juin 1854, art. 10, ce que nous venons de dire de la quatrième section était vrai de la cinquième, *dépenses de l'instruction primaire* (arg. loi du 10 mai 1838, art. 9, 14, 19...).

La majeure partie de ces dernières dépenses étant devenues obligatoires, le conseil général, pour suppléer à l'insuffisance des ressources ordinaires ou facultatives du département, devait y pourvoir au moyen de centimes spéciaux, dont le maximum, autorisé chaque année par la loi de finances, ne devait pas excéder deux centimes au principal des quatre contributions directes. A défaut du vote du conseil général, l'imposition, dans ces limites, était établie par décret (loi du 15 mars 1850, art. 40).

Ce n'était donc qu'après avoir pourvu aux dépenses obligatoires de l'instruction primaire, que le conseil général était libre de l'emploi des centimes spéciaux affectés à ce service.

Pour ce qui est des dépenses spéciales du cadastre, le conseil général pouvait voter jusqu'à cinq centimes, maximum fixé depuis la loi du 2 août 1829; mais cet impôt ne porta que sur la contribution foncière.

Le chiffre moyen des centimes extraordinaires, pour tous les départements, était de 13, en 1865.

Outre le produit des centimes ordinaires facultatifs, spéciaux et extraordinaires, les recettes du budget départemental comprenaient divers *produits éventuels* et *les fonds restés libres* de l'exercice pénultième, lesquels étaient cumulés avec les ressources du budget nouveau, suivant la nature de leur origine (loi du 10 mai 1838, art. 21).

Quant aux fonds qui n'avaient pu recevoir leur emploi dans le cours de l'exercice, ils devaient être reportés, après clôture, sur l'exercice en cours d'exécution, avec l'affectation qu'ils avaient au budget voté par le conseil général (loi du 10 mai 1838, art. 21).

Telle était l'économie du système établi par le législateur de 1838, et pratiqué une dernière fois pour l'exercice 1867. Nous avons essayé d'en préciser le véritable caractère, pour mieux saisir la portée de la réforme introduite par la loi du 18 juillet 1866.

Aux termes de l'art. 6 de cette loi, « le budget départemental est divisé en *budget ordinaire* et en *budget extraordinaire.* »

Les cinq ou six sections de l'ancien budget disparaissent donc pour faire place à une division analogue à celle adoptée pour le budget de l'Etat et celui de la commune.

Le buget *ordinaire* est formé de la réunion des deux premières sections de l'ancien budget et des sections spéciales autres que celles des recettes et dépenses *extraordinaires* (loi du 18 juillet 1866, art. 6). Le budget ordinaire restera destiné de préférence à tous les services qu'exigent l'allocation d'un crédit annuel et qui présentent en quelque sorte un intérêt permanent. Cette règle n'est cependant pas absolue et, pour l'inscription d'une dépense à l'un ou à l'autre des budgets, le conseil général aura moins à consulter le caractère de la dépense que celui de la recette qui devra en assurer le paiement.

Nous allons d'abord indiquer les recettes et les dépenses du *budget ordinaire.*

BUDGET ORDINAIRE.

Recettes du budget ordinaire.

Jusqu'à présent les ressources affectées aux dépenses départementales étaient loin de répondre aux besoins constatés par les conseils généraux. Chaque année l'insuffisance se révélait plus manifeste, et le déficit dépassait la somme de 7,000,000 fr. en 1866. En parlant des recettes et des dépenses des budgets départementaux, nous aurons l'occasion de signaler les moyens que le législateur a cru devoir prendre afin d'y rétablir l'équilibre.

Les recettes du budget ordinaire sont énumérées dans l'art. 6 de la loi du 18 juillet 1866. Elles se composent de *centimes additionnels* et de *produits éventuels* et sont réparties en plusieurs articles dans le cadre du nouveau budget.

CENTIMES ADDITIONNELS.

Art. 1.

Centimes ordinaires. — Ce premier article comprend le produit des centimes additionnels portant sur les contributions *foncière* et *personnelle-mobilière* votés par le conseil général dans les limites déterminées par la loi de finances (loi du 18 juillet 1866, art. 6).

Le maximum à inscrire en recette au budget ordinaire de 1868 a été fixé, par la loi du 31 juillet 1867, à *vingt-cinq* centimes sur les deux premières contributions directes : ce sont les 10 c. 1/2 ordinaires, les 7 c. 1/2 facultatifs de l'ancien budget, et les 7 c. qui formaient le fonds commun au moment de la présentation de la loi du 18 juillet. Les art. 6 et 7 de cette loi ont supprimé implicitement l'ancien fonds commun ; mais de la combinaison de l'art. 6 avec l'art. 12, il résulte qu'à partir de l'exercice 1868, les centimes de ce fonds seront compris dans le maximum à déterminer par la loi annuelle de finances.

Les 25 c. en question ne sont pas étendus à l'impôt des portes et fenêtres, ni à celui des patentes. Mais comme il a été tenu compte, lors de la fixation du principal des patentes et lors du dégrèvement opéré en 1850, sur les deux premières contributions directes, de la différence des charges additionnelles qui viennent s'y ajouter, l'art. 6 de la loi de 1866 a décidé que « tout centime additionnel, soit ordinaire, soit extraordinaire qui serait ultérieurement établi en sus de ceux actuellement autorisés, porterait sur toutes les contributions directes. »

Le nouveau centime ajouté, par la loi de finances du 31 juillet 1867, aux 25 c. des deux premiers impôts, se trouve donc régi par cette disposition, et il en sera toujours ainsi dès que le maximum dépassera le total des anciens centimes.

Les centimes qui forment le 1er article de recette du budget ordinaire, bien qu'ils aient pris (voir ci-après) sous la nouvelle loi le caractère des anciens centimes facultatifs, seront désignés désormais sous le nom de *centimes ordinaires* pour les distinguer des *centimes extraordinaires* du budget extraordinaire, et aussi des centimes des chemins vicinaux, de l'instruction primaire et du cadastre, dont l'affectation *spéciale* est maintenue en principe par l'art. 6.

Art. 2.

Centimes imposables d'office. — Si un conseil général omet d'inscrire au budget un crédit suffisant pour l'acquittement des dépenses qui ont conservé un *caractère obligatoire* sous l'empire de la loi du 18 juillet 1866 (renvoi), il y est pourvu, aux termes de l'art. 10 de cette loi, au moyen d'une contribution spéciale portant sur les quatre contributions directes, et établie par un décret dans les limites d'un maximum, fixé annuellement par la loi de finances, où par une loi spéciale si la contribution devait excéder ce maximum.

Le maximum fixé par la loi de finances du 31 juillet 1867 est de *deux* centimes.

Art. 3.

Centimes spéciaux de la vicinalité. — Au 3ᵉ article des recettes du budget ordinaire sont inscrits les centimes des *chemins vicinaux*. Le maximum dans les limites duquel l'initiative des conseils généraux pourra s'exercer, est suivant le principe général fixé, chaque année, par la loi de finances (lois des 21 mai 1836 et 18 juillet 1866). Celle du 31 juillet 1867 a élevé ce maximum de *cinq* à *sept* centimes portant sur les quatre contributions directes.

Art. 4.

· *Centimes spéciaux de l'instruction primaire.* — Cet article comprend les centimes affectés aux dépenses de l'*instruction primaire*. Le maximum à voter par le conseil général est porté à *trois* centimes, par la loi de finances précitée.

Il n'est pas besoin de rappeler que ces centimes portent sur les quatre contributions directes (lois des 15 mars 1850, art. 40, et 18 juillet 1866, art. 6).

Art. 5.

Centimes spéciaux du cadastre. — Dans les départements où il y aurait des dépenses à faire, soit pour l'achèvement du cadastre, soit pour la révision des opérations, ou la conservation des matrices cadastrales, il serait loisible au conseil général de voter jusqu'à *cinq* centimes sur la contribution *foncière* (1). Le maximum fixé par la loi du 2 août 1829 a été constamment maintenu depuis (lois des 2 août 1829, 7 août 1850, art. 7). Il y a très-peu de départements où il y aura lieu de faire figurer cet article de recette au budget départemental.

Remarques. — A propos des *centimes additionnels*, il est bon d'observer que l'art. 6 de la loi du 18 juillet 1866 a introduit un élément nouveau dont il faut tenir compte pour les prévisions de recettes départementales. A partir de 1868 (art. 6 et 12), les forêts de l'Etat doivent supporter les centimes départementaux, dans la proportion de la moitié de leur valeur imposable : les dispositions de l'art. 13 de la loi du 21 mai 1836 et de l'art. 3 de la loi du 12 juillet 1865 sont, d'ailleurs, maintenus, c'est-à-dire que la contribution des forêts domaniales, pour les travaux des chemins vicinaux et des chemins de fer d'intérêt local, doit être calculée, non sur la moitié, mais sur la totalité du principal des biens de l'Etat.

D'un autre côté, la loi de finances du 31 juillet 1867, en autorisant l'imposition de quatre nouveaux centimes additionnels au principal des quatre contributions directes (produisant plus de 12,000,000 fr.), a facilité le rétablissement de l'équilibre dans les budgets départementaux.

(1) Conformément à la loi de finances du 7 août 1850, le gouvernement a procédé à une nouvelle évaluation des revenus territoriaux ; mais on n'a pas encore appliqué les résultats de ce travail.

PRODUITS ÉVENTUELS.

Art. 6.

Les *produits éventuels* constituent un élément important dans les recettes d.: budget ordinaire. La loi du 18 juillet a innové sur ce point, et certaines recettes qui figuraient autrefois à la première ou à la seconde section de l'ancien budget, appartiennent aujourd'hui au budget extraordinaire. Une nouvelle nomenclature des produits éventuels a été établie en exécution de l'art. 6.

Nous donnons cette nomenclature en suivant le cadre tracé par le ministre de l'intérieur.

Les produits éventuels du budget ordinaire sont les suivants :

1° Revenus des propriétés départementales :

Loyer de terrain et bâtiments, etc. (Lois des 10 mai 1838, art. 10, n°° 5 et 6, et 18 juillet 1866, art. 6.)

2° Produits des expéditions d'anciennes pièces ou d'actes de la préfecture déposés aux archives (lois des 10 mai 1838, art. 10, n° 6, et 18 juillet 1866, art. 6);

3° Produits des droits de péage autorisés par le gouvernement au profit du département, ainsi que des autres droits et perceptions concédés aux départements par les lois :

Péages établis sur les routes départementales (lois du 14 floréal an X et du 11 juin 1859);

Amendes pour contraventions en matière de roulage (loi du 30 mai 1851);

Amendes et confiscations affectées au service des enfants assistés (arrêté du 25 floréal an VIII).

Là se termine la liste des produits éventuels dressés en vertu de l'art. 6. Mais il existe d'autres produits éventuels :

4° Subventions pour les dépenses du budget ordinaire :

Subvention allouée sur les fonds de l'Etat (loi du 18 juillet 1866, art. 7) ;

Contingent des communes pour le service des enfants assistés (circ. du 22 décembre 1862).

. . . .

Un des produits éventuels qui trouvent leur place sous ce n° 4, donne lieu à des explications en partie rétrospectives. Nous savons qu'en établissant comme obligatoires certaines dépenses d'une nature mixte, intéressant l'Etat autant que le département, le législateur de 1838 avait voulu qu'elles fussent couvertes par les centimes ordinaires que la loi de finances mettait à la disposition des conseils généraux.

Le nombre de ces centimes était le même; mais le produit en était fort inégal dans tous les départements; il variait de 3 à 6,000 fr. en Corse et dans les Alpes, tandis qu'il s'élevait de 57 à 176,000 fr. dans la Seine-Inférieure, le Nord et la Seine. Les charges à imposer aux contribuables pour payer des dépenses reconnues d'un intérêt général, ne pouvaient pas être inégalement réparties, et les départements, solidaires les uns des autres, devaient se prêter un mutuel concours. Telles furent les raisons, à la fois équitables et politiques, qui firent adopter la combinaison financière créée sous le nom de *fonds commun* (1).

Dans la pensée du législateur, ces ressources assuraient la marche des services obligatoires, et les conseils généraux devaient user rarement de la faculté qui leur était

______

(1) Nous avons dit que ce fonds, depuis 1850, était formé de 7 centimes additionnels aux deux premières contributions directes.

laissée d'inscrire, au besoin, dans la seconde section de leur budget, les dépenses de la première.

Dès la mise en vigueur de la loi, ces prévisions furent déçues. La dotation de la 1re section fut insuffisante; l'exception devint la règle; les conseils généraux furent obligés de consacrer aux dépenses obligatoires leurs ressources facultatives. Par suite, ils réclamèrent tous une part sur le fonds commun, et cette institution, qui n'était destinée qu'à assister les départements pauvres, fut faussée dans son principe comme dans son application (1).

On sait que la loi de 1838 ne classait dans les dépenses obligatoires que l'entretien des routes départementales. Mais il était bien difficile à l'administration supérieure de reconnaître où s'arrêtait l'entretien, où commençait les grosses réparations, et il lui était plus difficile encore d'apprécier la valeur de la main-d'œuvre et le prix des matériaux qui varient selon les localités. C'est ce qui rendait presque inévitable un abus du fonds commun expliqué en ces termes par M. Herman (2) :

« En inscrivant à la première section la dépense d'entretien des routes départementales sur laquelle on ne peut exercer qu'une surveillance presque nominale, le législateur y a introduit un élément de perturbation pour les finances du département.....

» Il est à remarquer, d'ailleurs, que cette situation consacre une véritable injustice envers certains départements, et porte préjudice aux plus pauvres en faveur des plus riches. En effet, les départements pauvres n'ont pu construire que peu de routes, et ils n'en construisent même pas depuis qu'ils ne peuvent plus y affecter les

(1) Exposé des motifs de la loi du 18 juillet 1866.
(2) Herman, *Traité d'administration départ.*

fonds de la première section du budget. Les départements riches, au contraire, continuent à construire des routes départementales, parce qu'ils trouvent les moyens, soit sur le produit de leurs centimes facultatifs qui est considérable, soit en s'imposant quelques centimes extraordinaires. Or, les centimes qui forment le fonds commun sont imposés également sur tous les départements : les départements pauvres, qui ont peu de routes à entretenir, reçoivent peu sur le fonds commun pour cette nature de dépenses; les départements riches, qui ont un grand parcours de routes, reçoivent beaucoup. Il s'ensuit que les départements dépourvus de routes contribuent à l'entretien des routes des départements riches, ce qui n'a pu être la pensée de l'art. 12 de la loi de 1838. »

Les départements qui classaient des routes nouvelles y trouvaient un double avantage : d'une part, ils s'assuraient une allocation plus importante sur le fonds commun; de l'autre, ils exonéraient leurs contribuables d'une partie des contingents affectés aux chemins vicinaux. Plusieurs départements riches, grâce à d'habiles combinaisons, avaient vu convertir en routes presque tous leurs chemins de grande communication. On avait intérêt à multiplier le nombre des routes départementales comme à exagérer leurs dépenses d'entretien. L'insuffisance des ressources et les plaintes que soulevait le fonds commun tenaient beaucoup à cette cause. Le maintien des routes, dans la première section, c'était le fonds commun détourné de sa véritable destination, c'était aussi le déficit sans cesse renaissant, le déficit en permanence.

Le principe fondamental de la loi de 1838 était donc violé. La division du budget en sections obligatoire et facultative n'était plus qu'apparente et la liberté si restreinte ćes conseils généraux tendait à devenir purement nominale.

En présence des réclamations que cet état de choses soulevait, le gouvernement crut devoir demander l'avis des conseils généraux sur divers systèmes proposés pour rétablir l'équilibre dans les budgets départementaux.

Sur la question du fonds commun, les départements, au nombre de cinquante, qui apportaient à ce fonds plus qu'ils n'en retiraient, en demandèrent la suppression ; les autres, au nombre de trente-neuf, opinèrent pour son maintien. La majorité émit le vœu que le fonds commun fût remplacé par un fonds de secours (1).

C'est, en effet, le parti qui a été adopté par le législateur : le fonds commun, tel que nous venons de l'examiner, a été aboli, et l'art. 7 de la loi du 18 juillet 1866 décide qu'il sera créé, sur les ressources générales du budget, un fonds sur lequel les départements, dont la situation financière l'exige, recevront une allocation.

Le fonds est fixé par ladite loi, à *quatre millions*. Il est inscrit au budget du ministère de l'intérieur, et la répartition en est réglée annuellement par un décret rendu en conseil d'Etat (art. 7).

Le législateur, contrairement à la demande qui en a été faite, n'a d'ailleurs soumis cette distribution à aucune règle ; il s'est borné à en exclure les départements qui, pouvant disposer d'un excédant de ressources sur le produit des centimes spéciaux de la vicinalité et de l'instruction primaire, n'appliqueraient pas ce surplus aux dépenses du budget ordinaire (art. 8).

Pour justifier l'absence de toute base légale de la répartition du fonds commun, il a été dit, au nom de la

(1) Exposé des motifs de la loi du 18 juillet.

commission législative, que les règles sur ce point sont en quelque sorte impossibles à tracer, qu'on ne peut réduire un semblable travail à une opération mathématique, qu'il oblige nécessairement à une opération d'appréciation, une opération *administrative* qui devrait, dans tous les cas, servir de base...

« Ce qui est arrivé sous l'empire de la loi de 1838, a ajouté l'organe de la commission, se produira sous l'empire de la loi nouvelle. Les départements, qui se croiront des titres au fonds de secours, présenteront à l'administration un budget de dépenses qui pourra paraître exagéré, qu'on sera obligé d'apprécier. Le conseil d'Etat, chargé de cette opération, sera obligé de faire ce que faisait M. le ministre de l'intérieur. Souvent il fera des réductions, et ce n'est qu'après que ce travail aura été fait qu'il sera possible de faire l'opération mathématique de la répartition d'après des bases positives, afin d'arriver à une distribution proportionnelle aux besoins constatés (1).

La circulaire du 29 juillet 1867 s'est inspirée de la même idée quand elle déclara que « la répartition du crédit inscrit chaque année au budget général, a pour base une étude d'ensemble de la situation financière des départements... »

La substitution du conseil d'Etat au ministre, telle est donc, pour l'opération de répartition du fonds commun, la seule innovation de la loi. Nous ne pensons pas qu'une réforme si minime soit de nature à faire disparaître les inconvénients signalés plus haut; et il est à craindre, notamment, que l'émulation pour les dépenses et les situations tendues, ne continue à être stimulée par l'appât

(1) *Monit.* du 20 mai 1866.

du fonds commun. D'un autre côté, nous ferons remarquer que le fonds institué par l'art. 7 n'est plus exclusivement applicable, comme l'ancien fonds commun, aux
services obligatoires; il pourrait être appliqué à des dépenses purement départementales, et, en cela, on pourrait dire qu'il exagère le principe de solidarité entre les
départements.

Le fonds de secours, avons-nous dit, a été fixé par
la loi du 18 juillet à *quatre millions*. Il a été bien entendu, d'ailleurs, au moment de la discussion, que ce
chiffre n'était pas immuable : chaque année, lors du vote
du budget de l'Etat, il pourra donc être modifié suivant
les besoins reconnus (1).

Au lieu d'être prélevé sur le principal des contributions
foncière et *personnelle-mobilière*, le nouveau fonds commun l'est sur tous les produits de l'impôt. Une conséquence de ce changement sera, nous le croyons, un allé-
gement pour les départements pauvres. A ce point de vue,
on peut constater une amélioration réelle.

Enfin, tant que le nouveau fonds restera moins élevé
que n'était l'ancien, les erreurs du pouvoir chargé de le
répartir auront naturellement des suites moins graves.

Nous avons interrompu la nomenclature des produits
éventuels pour parler, à propos de l'un d'eux, d'une réforme qui a beaucoup préoccupé le législateur de 1866;
nous reprenons notre liste :

5° Ressources éventuelles du service vicinal.

Parmi ces ressources figurent :

> Le contingent des communes;
> Les souscriptions des communes;
> Les souscriptions particulières;
> Et les prestations converties en argent.

(1) *Monit.* du 20 mai 1866.

6° Remboursement d'avances.

Reversement pour trop payé sur les ressources ordinaires.

L'énumération que nous avons faite n'est pas limitative, et des recettes imprévues pourront, sans doute, d'après leur analogie, se grouper sous les titres génériques, indiqués par le ministre (circ. du 29 juillet 1867).

Quant aux *fonds libres*, donc l'existence est constatée, lors du réglement des comptes départementaux, et dont le cadre du budget fait mention sous chacun des articles de recette (le second excepté), on sait qu'aux termes de l'art. 21 de la loi du 10 mai 1838, ils étaient cumulés avec les ressources du *nouveau budget*. C'est ainsi que les fonds libres de l'exercice 1866 ont encore été cumulés avec les ressources du budget de 1868, lors du vote de ce budget, en 1867. Les dispositions édictées par la nouvelle loi n'étaient, en effet, applicables qu'à partir du 1er janvier 1868. Mais, dans la session de 1868, le conseil général pourra user de la faculté qui lui est accordée par l'art. 9 de la loi du 18 juillet : aux termes du § 2 de cet article, les fonds libres seront cumulés, suivant la nature de leur origine, avec les ressources de l'exercice *en cours d'exécution*, pour recevoir l'affectation nouvelle qui pourra leur être donnée par le conseil, dans le budget rectificatif de l'exercice courant. » Il peut y avoir des fonds libres sur le produit des centimes ordinaires, sur le produit des centimes spéciaux, des chemins vicinaux, de l'instruction primaire et du cadastre, ou sur les produits éventuels... (renvoi ci-après pour d'autres explications sur les fonds libres).

Avant d'en finir avec les recettes du budget ordinaire, nous devons faire remarquer que parmi les produits éventuels, il en est plusieurs qui conservent leur spécialité.

Ainsi, les contingents votés par les communes pour les travaux des chemins vicinaux, les souscriptions particulières, les prestations converties en argent ne sont applicables qu'aux besoins du service vicinal, et le montant de la dépense à inscrire au budget doit être égal à la recette prévue. Il en est de même pour les subventions allouées par l'État ou par un conseil municipal, en vue d'une entreprise déterminée : le produit annuel d'une rente faite au département pour l'entretien d'une fondation, les amendes affectées au service des enfants assistés, les contingents des communes pour le même service, le remboursement d'avances pour travaux d'intérêt public, à la charge des tiers, doivent également conserver leur destination spéciale; mais les autres produits éventuels du budget ordinaire sont applicables à toutes les dépenses de ce budget, et reçoivent l'emploi que le conseil général leur attribue (1).

Maintenant que nous connaissons les différentes sources de recette du budget ordinaire, il nous reste à parler des *dépenses* auxquelles leurs produits sont affectés.

Le budget ordinaire (et il en est de même du budget extraordinaire) a été divisé en sous-chapitres (2) dans lesquels les dépenses ont été groupées suivant leur importance et leur analogie. « Cette classification, qui n'apporte aucune restriction au libre vote du conseil général, était réclamée dans un intérêt d'ordre et de comptabilité; elle était, en outre, indispensable pour assurer l'emploi régulier des ressources qui conservent une destination spéciale (circ. du 29 juillet 1867). »

(1) Circ. des 29 juillet et 24 décembre 1867.
(2) Les sous-chapitres ont été divisés en articles.

DÉPENSES DU BUDGET ORDINAIRE.

SOUS-CHAPITRE I.

Dépenses obligatoires. — Ce sous-chapitre est destiné à l'inscription des crédits votés pour les dépenses auxquelles l'art. 10 de la loi du 18 juillet a conservé le caractère obligatoire, en raison de l'intérêt général qu'elles présentent.

Les dépenses qui, sous l'empire de la législation antérieure à 1866, pouvaient donner lieu à inscription d'office étaient nombreuses, et nous les avons énumérées ci-dessus.

Elles sont aujourd'hui réduites à trois (1) :

1° Loyer et entretien des hôtels de préfecture et sous-préfecture;

2° Casernement ordinaire des brigades de gendarmerie;

3° Loyer, mobilier et menues dépenses des cours et tribunaux, et menues dépenses des justices de paix.

Il faudrait y ajouter : 4° les dettes contractées pour dépenses obligatoires.

Le rapport de la commission déclare, en effet, d'une manière formelle, que « quant aux dettes départementales, il y est pourvu par l'art. 20 de la loi du 10 mai 1838 qui, sur ce point, n'est pas modifiée (2). » Or, aux termes du § 1 de l'art. 20, les dettes contractées pour dépenses obligatoires sont soumises à toutes les règles applicables à ces dépenses.

(1) Sans préjudice des dispositions des lois spéciales en ce qui concerne les dépenses ordinaires de l'instruction primaire (renvoi).

(2) Rapport de M. Busson-Billault.

Prévoyant le cas où un conseil général omettrait de voter un crédit pour les dépenses obligatoires ou n'y affecterait qu'un crédit insuffisant, l'art. 10 de la loi du 18 juillet donne au gouvernement, ainsi que nous l'avons déjà constaté, le droit et le moyen d'y pourvoir par l'établissement d'une imposition spéciale portant sur les quatre contributions directes. Cette imposition, si elle ne dépassait pas un maximum que la loi du 31 juillet 1867 a fixé à deux centimes, serait établi par décret rendu dans la forme des réglements d'administration publique et inséré au Bulletin des lois (art. 10). Au-delà du maximun déterminé, une loi spéciale statuerait (art. 10).

Remarquons, d'ailleurs, que la loi nouvelle n'a pas abrogé l'art. 28 de la loi du 10 mai 1838, d'après lequel, si le conseil général ne se réunissait pas ou se séparait sans avoir arrêté le buget des *dépenses obligatoires*, le préfet, en conseil de préfecture, établirait d'office ce budget, qui serait ensuite réglé par décret.

Les dépenses qui conservent le caractère obligatoire sont énumérées par la loi d'une manière limitative, il s'ensuit que toutes les autres dépenses restent ou deviennent facultatives. En effet, aux termes de l'art. 11, « aucune dépense autre que celles énoncées en l'article précédent (art. 10) ne peut être inscrite d'office dans le budget ordinaire, et les allocations qui y sont portées par le conseil général ne peuvent être changées ni modifiées par le décret impérial qui règle le budget. »

Il résulte même clairement de l'art. 10 précité que le conseil général ne peut être contraint d'affecter tout ou partie du produit des centimes ordinaires aux dépenses qui ont conservé le caractère obligatoire. L'assemblée peut en disposer absolument comme elle disposait des centimes facultatifs sous la loi de 1838. Quant aux centimes des chemins vicinaux et de l'instruction primaire, le pouvoir du conseil général demeure ce qu'il était antérieurement. Toutefois, la loi nouvelle a introduit une innovation importante, car, aux termes de l'art. 8, « les départements qui, pour assurer le service des chemins vicinaux et de l'instruction primaire, n'auront pas besoin de faire emploi de la totalité des centimes spéciaux établis en exécution des lois des 1 mai 1836 et 15 mars 1850, pourront en appliquer surplus aux autres dépenses de leur budget ordina.

» Les départements qui seraient en situation d'user de la faculté autorisée par le paragraphe précédent, et n'en feraient pas usage, ne pourront recevoir aucune allocation. »

On voit que l'art. 8 porte une atteinte très-grave au principe de la spécialité que l'art. 6 semble avoir voulu maintenir.

Enfin, nous rappéllerons que l'assemblée peut affecter à toute dépense d'utilité départementale, les produits éventuels qui ne sont pas rattachés seulement pour ordre ou avec une destination spéciale (1).

SOUS-CHAPITRE II.

Propriétés départementales immobilières. — Ce sous-chapitre est destiné, en premier lieu, à l'inscription des crédits votés pour les travaux des édifices départementaux, autres que les travaux d'entretien et les réparations indispensables à la conservation des hôtels de préfectures et sous-préfectures, dépenses obligatoires qui doivent être comprises dans les prévisions du sous-chapitre I.

(1) Circ. des 29 juillet et 24 décembre 1887.

Il est destiné, en outre, aux allocations votées pour le paiement des acquisitions d'immeubles et des soultes résultant d'échanges, pour l'acquittement des charges inhérentes aux propriétés immobilières des départements, etc...

Le ministre de l'intérieur, dans son instruction du 29 juillet 1867, relative à l'exécution de la loi nouvelle, commande aux préfets de consigner exactement au budget tous les renseignements dont l'indication est prévue dans le cadre sur la situation des entreprises en cours d'exécution. Il importe, en effet, au conseil général, non moins qu'à l'administration elle-même, que la dépense à laquelle donne lieu ces opérations, soit toujours nettement précisée.

SOUS-CHAPITRE III.

Mobilier départemental. — Les dépenses qui ont pour objet l'ameublement des cours d'*assises* et des tribunaux, sont seules obligatoires. Celles relatives au mobilier de la préfecture et des sous-préfectures, ont perdu ce caractère (art. 10). Une simple délibération du conseil général fixera désormais la valeur réglementaire de ce mobilier spécial; et à cet égard, l'ordonnance du 7 août 1841 ne saurait plus recevoir d'application (circ. du 29 juillet 1867).

SOUS-CHAPITRE IV.

Routes départementales. — Le service des routes départementales, qui, d'après la loi du 10 mai 1838, était obligatoire en ce qui concerne l'entretien, et facultatif en ce qui touche les travaux neufs, faisait autrefois l'objet de deux sous-chapitres distincts, l'un à la première section et l'autre à la seconde. Aujourd'hui qu'il est devenu facultatif dans toutes ses parties, l'ancienne distinction n'aurait plus de raison d'être. Un même sous-chapitre comprend tous les travaux des routes. — Dans un intérêt d'ordre, le ministre a cependant dû le diviser en deux paragraphes. Le paragraphe 1er contiendra les crédits destinés à l'entretien annuel; le paragraphe 2, les allocations votées pour les travaux de construction, de rectification et de réparations extraordinaires (circ. du 29 juillet 1867).

En exécution de la disposition finale de l'art. 9 de la loi du 18 juillet, il a été ajouté au sous-chapitre IV, sous le titre de : *Réserve pour les travaux imprévus*, un article de dépense que la circulaire du 29 juillet signale en ces termes à l'attention des préfets : « Sous l'empire de la loi du 10 mai 1838, les conseils généraux pouvaient déjà voter un crédit pour les dépenses de cette nature, mais ils négligeaient fréquemment de faire usage de cette faculté, et il en résultait de regrettables embarras. Si, dans le courant de l'exercice, une route était endommagée par une inondation ou par un orage, l'autorité administrative ne pouvait, faute d'un crédit spécial, ni la faire réparer, ni rétablir la circulation interrompue. En vue de ces besoins impérieux, le conseil général reconnaîtra, sans doute, la nécessité de mettre à votre disposition un crédit dont il déterminera la quotité. L'application en sera restreinte *aux travaux véritablement urgents*, aux restaurations indispensables. Vous ne sauriez l'étendre à des entreprises nouvelles, puisqu'il appartient au conseil général seul d'approuver les plans et devis (loi du 18 juillet 1866, art. 1, 6°). »

Les mêmes considérations ont déterminé le ministre à

ouvrir un autre article de réserve au sous-chapitre V (*chemins vicinaux*), et à maintenir au sous-chapitre XVI l'article de réserve affecté aux *dépenses diverses* (circ. du 29 juillet).

SOUS-CHAPITRE V.

Chemins vicinaux. — Chemin de fer d'intérêt local. — Le sous-chapitre V a été ouvert pour l'inscription des crédits votés en vue des dépenses du service vicinal et de la construction des chemins de fer d'intérêt local, aux travaux desquels les ressources spéciales, créées en vertu de la loi du 21 mai 1836 et par la loi annuelle des finances, peuvent être appliquées (loi du 12 juillet 1865, art. 3, sur les chemins de fer d'intérêt local).

En ce qui concerne les travaux des chemins vicinaux de grande communication et d'intérêt commun, c'est au conseil général, on le sait, qu'il appartient aujourd'hui de fixer la répartition des subventions imputées sur le budget départemental. Des cadres ont été disposés au sous-chapitre V pour recevoir les propositions du préfet, ainsi que les allocations définitivement votées.

Un article a été prévu, comme à l'ancienne quatrième section, pour l'inscription des dépenses imputables sur les ressources éventuelles de la vicinalité (*contingents communaux, prestations rachetées en argent*, etc.).

On sait que le conseil général n'est pas appelé à délibérer sur l'emploi de ces ressources rattachées, pour ordre seulement, au budget départemental (circ. préc.).

SOUS-CHAPITRE VI.

Enfants assistés. — Le sous-chapitre VI comprend les dépenses dites *extérieures* des enfants assistés. Il complète les énonciations de l'ancien cadre par la prévision des

21

subventions que plusieurs conseils généraux allouent aux hospices dépositaires pour les aider à subvenir aux frais du *vestiaire* (*dépense intérieure*).

Un projet de loi, dont le conseil d'Etat a été saisi l'année dernière, propose de répartir entre tous les hospices du même département les dépenses *intérieures* des enfants assistés. Toutefois, comme le fait remarquer la circulaire du 29 juillet, il serait inopportun de supprimer, dès à présent, ou même de restreindre le concours généreusement accordé par les conseils généraux.

SOUS-CHAPITRE VII.

Aliénés. — Nous ne répèterons pas ce que nous avons déjà dit sur l'extension des attributions des conseils généraux à l'égard des établissements d'aliénés. Ces établissements conservent, du reste, leur ancien système de comptabilité. Ils ont leur caisse et leur budget spécial. Aussi, le budget du département n'a-t-il qu'à mentionner les crédits qui représentent les frais de transport, de traitement et d'entretien des indigents.

Du montant de ces frais, il faut toutefois déduire la part que les aliénés ou leurs familles peuvent fournir à l'aide de leurs propres ressources, la part mise à la charge des communes du domicile des aliénés, enfin celle laissée à la charge des hospices pour les aliénés qui s'y trouvaient avant d'être placés dans un asile spécial (1).

La portion de la dépense qui n'est pas couverte par ces différents concours est celle qui incombe au budget ordinaire du département.

(1) Loi du 30 juin 1838, art. 24, 26, 27, 28. — Circ. du 5 août 1839. — Décret du 25 mars 1852. — Circ. du 29 juillet 1867.

SOUS-CHAPITRE VIII.

Assistance publique. — Ce sous-chapitre contient divers articles de dépense ayant presque tous pour objet des subventions à des établissements de bienfaisance ou des secours à distribuer directement aux indigents.

SOUS-CHAPITRE IX.

Cultes. — Il peut contenir des subventions pour les dépenses des cultes.

SOUS-CHAPITRE X.

Instruction publique. — Ce sous-chapitre, de création nouvelle, devra comprendre, d'une part, les crédits que le conseil général votait autrefois pour le service de l'enseignement public, et qui étaient disséminés dans divers sous-chapitres du budget, et d'autre part, l'allocation destinée aux *dépenses de l'instruction primaire*, en exécution des lois du 15 mars 1850 et du 10 avril 1867.

Ce dernier crédit devra résumer, en un seul chiffre, les allocations que le conseil général inscrivait jusqu'à présent à la cinquième section de l'ancien budget. On sait, d'ailleurs, que l'art. 6 de la loi du 18 juillet a supprimé cette section et rangé parmi les ressources ordinaires du département le produit des centimes spéciaux de l'instruction primaire.

Le crédit que le conseil général aura à voter pour ce service ne sera que le résumé du budget détaillé et spécial, dont le réglement appartient, par délégation impériale, au ministre de l'instruction publique.

Ce budget, qui se divise aussi en *budget ordinaire* et *budget extraordinaire*, ne présente plus seulement les dépenses de l'instruction primaire, comme l'ancienne cin-

quième section, mais il s'étend encore, d'après ce qui a
été entendu entre les ministres de l'intérieur et de l'instruction publique, aux services des académies, de l'instruction secondaire et de l'instruction supérieure.

Les *ressources* du budget ordinaire sont de quatre
sortes : 1º produit des centimes spéciaux ; 2º prélèvement, s'il y a lieu, pour le même service, sur le produit
des centimes ordinaires autres que les centimes spéciaux ;
3º prélèvement sur ces mêmes centimes ordinaires pour
le service académique, etc.; 4º produits éventuels d'instruction publique.

Les *dépenses* du budget ordinaire départemental de
l'instruction publique sont réparties en quatre sous-chapitres :

Le premier comprend le *service académique* et les *dépenses d'instruction supérieure et secondaire* ; il est doté
par le conseil général sur les centimes ordinaires départementaux. Les trois autres sous-chapitres sont réservés
pour l'instruction primaire. Le deuxième et le troisième
comprennent des dépenses qui sont acquittées sur le produit des trois centimes spéciaux ; mais à des titres différents ; le quatrième est ouvert à des dépenses auxquelles
le conseil général affecte une portion de ses centimes ordinaires, lorsqu'il juge que les centimes spéciaux ne suffisent pas à encourager le développement de l'instruction
primaire dans toutes ses parties.

Les sous-chapitres II et III, avons-nous dit, sont destinés à recevoir, mais à des titres différents, les dépenses
à payer avec les centimes spéciaux. En effet, la loi du
15 mars 1850, pour certaines dépenses d'*instruction primaire*, impose une obligation solidaire aux communes,
aux départements et à l'Etat. Ce que la commune ne

peut pas payer dans la limite des sacrifices qu'elle doit faire, le département doit le payer avec les centimes spéciaux qu'il a dû s'imposer dans ce but, et enfin l'Etat vient au secours de l'un et de l'autre, lorsqu'ils ont épuisé les voies et moyens auxquels la loi leur a ordonné de recourir.

Ces dépenses sont celles qui, jusqu'à présent, ont toujours été désignées sous le titre de *dépenses ordinaires et obligatoires*, et qui, sous ce titre encore, figurent au sous-chapitre II, ce sont : 1° les dépenses ordinaires de l'école normale d'instituteurs; 2° les dépenses ordinaires de l'école normale d'institutrices; 3° les dépenses des commissions d'instruction primaire; 4° le complément des dépenses ordinaires des écoles primaires communales (1) et des classes communales d'adultes (traitements, frais de location et d'imprimés). Le sous-chapitre II ne laisse au sous-chapitre III (*dépenses facultatives*) que les crédits qui restent disponibles après qu'il a été satisfait à tous les services obligatoires.

Ce caractère obligatoire de certaines dépenses d'instruction primaire n'a pas été mentionné dans la loi du 18 juillet 1866; mais cette omission a été promptement réparée par la loi du 10 avril 1867, qui par son art. 14 ainsi conçu, fait revivre l'art. 40 de la loi du 15 mars 1850 : « Il est pourvu aux dépenses résultant des art. 1, 2, 3, 4, 5 et 7 ci-dessus, comme à celles résultant de l'art. 40 de ladite loi, augmentées d'un 3ᵉ centime départemental additionnel au principal des quatre contributions directes. »

Or, parmi les ressources énumérées dans l'art. 40, se trouve l'imposition des centimes spéciaux votée par le

(1) V. circ. ministérielle du 27 décembre 1867.

conseil général, ou, à défaut de ce vote, établie par décret.

Le budget ordinaire spécial de l'instruction primaire est délibéré par le conseil général, comme le budget départemental proprement dit, dans des conditions différentes, suivant qu'il s'agit de dépenses *obligatoires* ou *facultatives.*

Nous avons énuméré les dépenses obligatoires; toutes les autres sont facultatives; telles sont : les subventions aux communes pour acquisitions, constructions et réparations de maisons d'école; pour achat et renouvellement du mobilier des écoles, etc.

Nous dirons un mot plus loin du budget *extraordinaire* de l'instruction publique (1).

Les sous-chapitres **xi** (*archives départementales*), **xii** (*encouragements aux lettres, aux sciences et aux arts*), **xiii** (*encouragements à l'agriculture et à l'industrie*), et **xiv** (*subventions aux communes*), ne donnent lieu à aucune observation spéciale, et ne soulèvent aucune difficulté. — Ces dépenses sont purement facultatives, même celles des archives, dont on avait demandé vainement, lors de la discussion, le classement parmi les dépenses obligatoires.

SOUS-CHAPITRE XV.

Cadastre. — Les crédits votés pour le cadastre devront s'inscrire dans ce sous-chapitre, qui remplace l'ancienne sixième section de l'ancien budget. Mais le budget spécial du cadastre, dont le sous-chapitre XV n'est qu'un élément, continuera d'être réglé par le ministre des finances (circ. du 29 juillet 1867).

(1) V. circ. ministérielle du 27 décembre 1867.

SOUS-CHAPITRE XVI.

Dépenses diverses. — La circulaire du 29 juillet 1867 fait remarquer, dans ce sous-chapitre, la suppression de l'article qui y figurait autrefois, pour les dépenses afférentes aux frais d'inspection des pharmacies et des magasins de droguistes.

Conformément à un avis émis par le conseil d'Etat, cette dépense et la recette qui y correspond seront inscrites, à partir de l'exercice 1868, au budget du ministère de l'agriculture, du commerce et des travaux publics. Ce service cesse donc d'appartenir au budget départemental. La circulaire précitée fait observer, en outre, que les crédits que le conseil général pourrait voter pour les dépenses d'impressions seront, dans le nouveau cadre, centralisés en un même article, au lieu d'être disséminés dans les divers sous-chapitres du budget.

SOUS-CHAPITRE XVII.

Dettes départementales. — Les dettes contractées pour dépenses obligatoires, doivent être inscrites dans le premier sous-chapitre du budget. Le sous-chapitre XVII comprend exclusivement les dettes contractées pour les autres services.

Ces dernières dettes sont, d'ailleurs, régies par l'art. 20 de la loi du 10 mai 1838; et aux termes du § 2 de cet article, si un conseil général a omis ou refusé de les inscrire, il y est pourvu au moyen d'une contribution établie par une loi spéciale.

Nous passons au budget extraordinaire.

BUDGET EXTRAORDINAIRE.

Recettes du budget extraordinaire.

Indépendamment des fonds libres, qui, d'après l'ancien système, devaient être cumulés avec le nouveau budget, et qui, aux termes de la loi du 18 juillet, seront cumulés avec les ressources du budget en cours d'exécution, les recettes du budget extraordinaire se composent de trois éléments distincts : le produit des centimes, le montant des emprunts, et les produits éventuels.

Article 1.

Centimes extraordinaires. — Les centimes extraordinaires sont, d'une part, ceux que le conseil est autorisé à voter, en vertu de la loi du 18 juillet 1866, dans la limite d'un maximum déterminé chaque année par la loi de finances; et, d'autre part, ceux dont le vote a été autorisé par des lois spéciales, en sus de ce maximum (lois des 18 juillet 1866, art. 2 et 15, et 10 mai 1838, art. 33).

La loi de finances du 31 juillet 1867, art. 11, § 1, a fixé à douze le maximum des centimes extraordinaires, pour l'exercice 1868. Cette loi ajoute que « dans ce nombre de douze sont compris les centimes dont le recouvrement a été précédemment autorisé par des lois spéciales (art. 11, § 2). »

Il en résulte que, dans les départements où le chiffre des centimes autorisés, aux termes de l'art. 33 de la loi de 1838, était inférieur ou seulement égal à douze, ces autorisations particulières ont été remplacées, pour 1868, par une autorisation unique et générale; et les assemblées de département ont pu, en votant le budget de 1868, fixer la limite du maximum de douze centimes; elles ont pu aussi en déterminer l'emploi à leur gré; car les nouveaux centimes à l'égard desquels la loi de finances délègue des pouvoirs aux conseils généraux, en exécution de l'art. 2 de la loi du 18 juillet, sont sans destination spéciale. Sous ce rapport, ils participent du caractère qui appartenait, sous le régime de la loi de 1838, aux centimes facultatifs de la 2e section, et qui appartient aujourd'hui aux centimes ordinaires du budget ordinaire (loi du 18 juillet, art. 2 et 6).

Que si le nombre des centimes extraordinaires, précédemment autorisés, dépassait le maximum fixé par la loi de finances, ces centimes ont été confondus jusqu'à due concurrence avec les centimes compris dans la nouvelle délégation législative, et ils en ont pris le caractère.

Pour les centimes qui se trouvent en excédant, ils conservent l'affectation que leur avait donnée les lois particulières d'autorisation.

Mais quelle est au juste, sur le montant des centimes, la partie dont la destination primitive est maintenue? En d'autres termes, si dans un département plusieurs impositions successives avaient formé un total dépassant 12 c., sur lesquelles a dû s'imputer le maximum? Il nous paraît rationnel de décider que l'imputation s'est faite sur les impositions le plus anciennement autorisées; celles qui ont suivi ont dû produire l'excédant dans l'esprit de la disposition rétroactive de l'art. 11, § 2, de la loi de finances du 31 juillet 1867.

On voit, d'ailleurs, que par application de l'article précité, il a pu arriver qu'une imposition soit entrée pour partie dans la composition du maximum, et pour partie ait conservé l'affectation déterminée par la loi spéciale. Il a donc été permis au conseil général, à la session de 1867, et il lui sera permis, chaque année, pendant toute la durée de l'imposition (1), d'employer à d'autres dépenses une partie du produit de cette imposition. En fait, l'assemblée n'usera guère de cette faculté, que si l'entreprise ne paraît pas devoir absorber tout le produit destiné primitivement à en solder les frais.

Ce qui précède s'applique à un état de choses transitoire ; mais les principes sur lesquels nous avons fondé nos solutions continueront à s'appliquer désormais. En effet, de ce que la nouvelle loi d'attributions, par son art. 2, a établi qu'à l'avenir la loi de finances déterminera, chaque année, pour toute la France, le maximum des centimes extraordinaires que les conseils généraux pourront voter sans autre autorisation, il ne faut pas conclure que ce maximum ne pourra plus être dépassé ; la loi du 18 juillet ne contient ni explicitement ni implicitement aucune prohibition de ce genre.

En dehors des limites fixées, on retombe donc sous l'empire des art. 33 et 19 de la loi du 10 mai 1838 (loi du 18 juillet 1866, art. 2 et 15). Ainsi quand, pour des besoins exceptionnels, les assemblées départementales jugeront utile d'imposer des centimes en sus du maximum, le recouvrement de cette imposition restera subordonné à la sanction d'une loi spéciale.

Lorsqu'il s'agira de provoquer des autorisations particulières, le préfet devra, comme, par le passé, transmettre au ministre de l'intérieur la délibération du conseil général, un exemplaire du budget et toutes les pièces de l'affaire.

(1) En effet, la loi spéciale avait pu autoriser l'imposition pour plusieurs années.

La préparation et le vote de la loi entraînant toujours un certain délai, et l'émission de rôles spéciaux dans le cours d'un exercice devant, autant que possible, être évitée, le conseil général fera bien, comme il l'a fait jusqu'à présent, de voter les impositions extraordinaires un an à l'avance; il aurait donc à voter, dans la session de 1868, les impositions à recouvrer en 1870.

Au reste, la délégation demandée au législateur pourra, comme autrefois, être accordée pour plusieurs années. Mais à chaque session, le conseil général examinera, s'il y a lieu, de voter en tout ou en partie les centimes autorisés, ou de s'abstenir entièrement de les voter. La délégation n'a, en effet, pour l'assemblée départementale aucune force coërcitive.

Ces points ont été clairement établis lors de la discussion de la loi du 18 juillet (1), et, d'ailleurs, ce que nous venons de dire est conforme aux principes du droit public en matière de finances.

Nous avons vu que la loi du 31 juillet 1867 a fixé à douze le maximum des centimes extraordinaires que tous les conseils généraux de France ont pu voter pour 1868, sans autre autorisation. Il se peut que ce maximum ne soit pas augmenté d'ici à quelques années, mais il est plus probable qu'il ne sera pas diminué. La même observation est vraie *à fortiori* pour les *quatre* nouveaux centimes dont le budget ordinaire de 1868 a été doté.

On ne peut donc se dissimuler, qu'en fait, le nouvel ordre de choses n'ait ouvert une large carrière à la dépense. Cette liberté en elle-même, nous sommes loin de la trouver mauvaise; mais c'est à condition qu'elle sera sanctionnée par une responsabilité effective; or, nous ne

______
(1) *Monit.* du 20 mai 1866.

croyons pas que des conseillers généraux nommés pour neuf ans, délibérant à huis-clos, votant dans le mystère... soient suffisamment responsables. Nous voulons bien admettre que les hommes seront meilleurs que les institutions, mais l'abus n'en reste pas moins possible et facile, et il peut durer longtemps ; il peut même durer indéfiniment, puisque les électeurs, les mandants, n'ont aucun móyen de juger les faits et gestes de leurs mandataires.

Toutefois, le danger n'est pas le même pour tous les départements, dont la situation financière est essentiellement inégale. Ainsi, l'imposition de 12 centimes extraordinaires, légère pour quelques-uns, constituerait pour d'autres une charge qui, à raison de l'accroissement des centimes du budget ordinaire, pourrait paraître très-pesante aux contribuables. Le gouvernement lui-même l'a senti ; aussi la circulaire du 29 juillet 1867 a-t-elle recommandé aux préfets de ne pas porter brusquement leurs propositions de crédits jusqu'au maximum légal, de consulter les forces contributives du département, de s'enquérir du taux des frais de poursuite dans ses rapports avec la proportion moyenne (1,28), et de tenir compte de toutes les circonstances, comme de toutes les nécessités locales.

Art. 11.

Emprunts. — Aux termes de l'art. 34 de la loi du 10 mai 1838, tout emprunt départemental devait être autorisé par une loi. Nous avons constaté ailleurs que cette disposition a été modifiée par la loi du 18 juillet. L'art. 2, § 2, de cette loi, confère aux conseils généraux le droit de voter des emprunts sans qu'il soit nécessaire de recourir à la sanction législative ; mais nous rappelons que deux conditions ont été exigées pour l'exercice de

ce pouvoir : il faut, d'une part, que la durée de l'opération n'excède pas douze ans; d'autre part, que le remboursement du capital emprunté puisse être assuré sur
les ressources ordinaires ou extraordinaires que la loi de
finances met, chaque année, à la disposition de l'assemblée
départementale. — Quant aux emprunts qui ne rempli-
ront pas cette double condition, la loi du 10 mai 1838
continuera à les régir, et une loi spéciale sera nécessaire
(loi du 18 juillet 1866, art. 2, § 2, et 15). Le préfet devra
donc, dans ce dernier cas, transmettre au ministre de
l'intérieur la délibération du conseil général et toutes les
pièces du projet, c'est-à-dire les justifications de la dépense et l'indication des voies et moyens destinés à y faire
face.

Du reste, aux termes de la circulaire du 29 juillet 1867,
le préfet aura également à transmettre les délibérations
concernant les emprunts réalisables en exécution de
l'art. 2 de la loi du 18 juillet. Cet envoi devra être accompagné d'un tableau du jeu de l'emprunt soumis par
avance à l'examen du conseil général, et établissant que
les ressources normales du département suffisent pour
assurer, en douze ans, le remboursement du capital et le
service des intérêts. Cette question de l'amortissement
doit, en effet, être examinée et résolue par le conseil général, et l'emprunt ne pourrait être régulièrement voté,
si l'assemblée départementale ne déterminait, en même
temps, le montant de la somme à emprunter et les ressources qui doivent en assurer le remboursement (circ.
du 29 juillet 1867). « L'art. 2, ajoute la circulaire, n'ac-
corde pas aux départements le droit de contracter des
dettes; il leur permet seulement de réaliser, par anticipa-
tion, par la voie de l'emprunt, une partie des ressources

dont le recouvrement peut être considéré comme certain. »

Mais, a-t-on objecté, le plus souvent il sera pourvu à l'amortissement de l'emprunt au moyen de centimes extraordinaires. Or, comme le maximum fixé chaque année par le législateur sera variable, il pourra arriver que le produit de l'imposition devienne insuffisant et que les créanciers perdent les garanties sur lesquelles ils avaient pu compter.

Il a été répondu, au nom du gouvernement, que quand les ressources réalisées dans les limites du maximum annuel ne suffiraient pas pour satisfaire aux engagements contractés, il serait présenté au Corps législatif une loi spéciale pour mettre le conseil général à même de voter les centimes dont il aurait besoin. « Que le Corps législatif veuille bien, ajoutait M. Vuitry, ne pas perdre de vue que l'art. 2 n'a pas pour objet de supprimer les lois spéciales qui autoriseront les départements à voter des centimes extraordinaires; que ces lois spéciales subsisteront toujours pour un certain nombre de cas exceptionnels, et enfin que l'article ne doit s'occuper que des circonstances qui se présenteront le plus souvent. »

D'ailleurs, en fait, l'hypothèse prévue se présentera bien rarement; car, nous le répétons, il n'est pas probable que le législateur restreigne de sitôt le maximum qu'il a fixé pour la première fois, le 31 juillet 1867.

Sous le régime de la loi de 1868, la difficulté que nous venons de résoudre ne se présentait pas; car lorsque le pouvoir législatif autorisait un emprunt remboursable au moyen de centimes extraordinaires, il déterminait le maximum de ces centimes pour toute la durée de l'amortissement. Il continuera d'en être ainsi pour les emprunts

dont le service sera assuré au moyen de centimes extraordinaires autorisés en dehors du maximum annuel.

Qu'on remarque, au surplus, que l'art. 20 de la loi du
10 mai 1838 n'est pas abrogé : une imposition pourrait
donc être établie d'office, par une loi spéciale, sur le département qui refuserait de faire face à une obligation
régulièrement consentie.

Quant à la forme, « les emprunts, porte la circulaire
du 29 juillet 1867, pourront être contractés, soit avec
publicité et concurrence, soit par voie de souscription,
soit de gré à gré, avec faculté d'émettre des obligations,
soit directement à la caisse des dépôts et consignations
ou de la société du Crédit foncier de France. Dans ce
dernier cas, les conditions de l'emprunt sont fixées par
la loi du 6 juillet 1860 ; dans tous les autres, le taux de
l'intérêt ne doit pas dépasser 5 % (loi du 3 septembre 1807). Il appartient, d'ailleurs, au conseil général
de déterminer le mode d'emprunt qui lui paraîtra préfé-
rable. »

Ce que nous avons dit de la faculté de s'imposer s'applique à la faculté d'emprunter : la liberté est une chose
inappréciable, qu'il faut reconquérir à tout prix quand
on a eu le malheur de la perdre ; mais elle suppose la
responsabilité.

Art. 3.

Produits éventuels extraordinaires. — L'art. 6 de la
loi du 18 juillet 1866 a doté le budget extraordinaire de
produits éventuels qui, dans quelques départements, présentent une certaine importance. Ils se composent : 1° du
produit des biens départementaux aliénés ; 2° des dons et
legs ; 3° du remboursement des capitaux exigibles et des
rentes rachetées ; 4° de toutes autres recettes acciden-

telles (reversements...). Les dons et legs ont presque toujours une destination spéciale qui devra être rigoureusement maintenue. Quant aux autres produits éventuels, il appartient aux conseils généraux d'en déterminer l'emploi.

Les fonds libres à cumuler, pour 1868, avec chacun des trois articles de recettes du budget extraordinaire, ont été ceux de 1866; mais à l'avenir, grâce à une mesure de comptabilité qui a dû être prise en exécution de l'art. 9 de la loi du 18 juillet, et dont nous parlerons plus loin, les fonds libres de l'exercice pénultième seront cumulés avec ceux de l'exercice en cours d'exécution, pour recevoir l'affectation nouvelle qui pourra leur être donnée par le conseil général dans le budget *rectificatif* de l'exercice courant. La liberté du conseil général sera pleine et entière quant à l'emploi de ces ressources (loi du 18 juillet 1866, art. 1, 11°, et 9).

Dépenses du budget extraordinaire.

Nos trois articles de recette correspondent à trois sous-chapitres, dans lesquels sont réparties les dépenses qu'on a pu couvrir à l'aide des ressources disponibles du budget ordinaire, ou qui, par leur nature, ne se présentent qu'accidentellement.

Nous reprenons la suite des sous-chapitres, conformément au cadre dressé par le ministre de l'intérieur.

SOUS-CHAPITRE XVIII.

Dépenses imputables sur le produit des centimes extraordinaires. — Ce sous-chapitre est divisé en plusieurs paragraphes. Le premier est destiné à recevoir les crédits imputables, sur les centimes extraordinaires, que le con-

seil général est autorisé à voter, en exécution de l'art. 2
de la loi du 18 juillet, et dont le maximum est fixé par
la loi de finances. — Les paragraphes suivants ont été
indiqués pour le cas où ces centimes ne devant pas suffire,
des impositions extraordinaires ont été créées par des lois
spéciales. L'emploi du produit de ces impositions devra
être fait par le conseil général, conformément à la loi de
1838, c'est-à-dire sans sortir des limites tracées par les
lois d'autorisation. Rappelons, toutefois, qu'à la différence
de ce qui avait lieu antérieurement, l'art. 1 (princ. et 11°)
de la loi du 18 juillet 1866 porte que l'assemblée départementale pourra désormais, sans nouvelle intervention du
législateur, régler l'emploi des *fonds libres*, provenant de
centimes recouvrés ou à recouvrer dans le cours de
l'exercice; en d'autres termes, il pourra changer l'affectation primitive de la partie de ces centimes restés sans
emploi.

SOUS-CHAPITRE XIX.

Dépenses imputables sur fonds d'emprunts. — Le sous-
chapitre XIX est, comme le précédent, divisé en plusieurs
paragraphes. D'ailleurs, il convient de faire une distinction
analogue, quant à leur inscription, entre les crédits imputables, sur le produit des emprunts votés, conformément à
l'art. 2, § 2 de la loi du 18 juillet, et ceux imputables
sur les emprunts régis par la législation antérieure. Dans le
premier cas, en effet, le conseil général jouit d'une liberté
entière quant à l'emploi des fonds; dans le second, il doit
se renfermer dans le cercle tracé par la loi spéciale. Au
surplus, l'art. 1 (princ. et 11°) de la nouvelle loi s'applique aux fonds libres, provenant d'emprunts, comme à
ceux provenant d'impositions extraordinaires.

SOUS-CHAPITRE XX.

*Dépenses imputables sur les produits éventuels extraor-
dinaires.* — Comme ces produits, dans certains départements, présentent une importance réelle, on a dû prévoir,
au sous-chapitre XX, l'inscription des dépenses qui pourront être imputées sur ces ressources : on y a fait figurer,
notamment, les frais de ventes mobilières ou immobilières
et les frais d'enregistrement, à raison de la corrélation
qui existe entre ces dépenses et les recettes dont elles déterminent l'inscription au budget (circ. du 29 juillet 1867).

— On sait que chaque département a un budget spécial de l'instruction publique, et que ce budget est aujourd'hui divisé comme le budget départemental, en
budget *ordinaire* et budget *extraordinaire*.

Les *recettes* de ce budget extraordinaire se composent
du produit des impositions extraordinaires, spécialement
affectées à l'instruction publique, et d'allocations prélevées
sur des impositions extraordinaires, ou emprunts affectés
à des dépenses d'intérêt départemental.

Les *dépenses* imputables sur ces ressources sont réparties
en deux sous-chapitres, l'un contenant l'indication des
articles de dépenses relatives au service académique et
d'instruction supérieure et secondaire; l'autre l'indication
des dépenses d'instruction primaire (1).

— Nous avons fini d'exposer les éléments du budget
départemental suivant sa nouvelle division en budget ordinaire et en budget extraordinaire.

La loi du 18 juillet a incontestablement simplifié l'ancien ordre de choses; elle a conféré aux conseils généraux,
sur un point vital de leurs attributions, une liberté d'ac-

____

(1) Circ. du 27 décembre 1867.

tion considérable pour la création et l'emploi des ressources départementales : il y a donc un véritable progrès.
réalisé à cet égard. N'oublions pas toutefois que le budget délibéré par le conseil général est soumis à la sanction du chef de l'Etat, qui est maître de la refuser à telle
ou telle dépense, soit d'intérêt purement départemental,
soit d'intérêt mixte ou général (lois des 10 mai 1838,
art. 11, et 18 juillet 1866, art. 11 et 15). Or, comme
rien, ou presque rien, ne se fait sans argent, il faut bien
convenir que le droit de *veto absolu* réservé au pouvoir
exécutif, paralyse singulièrement l'effet décentralisateur
que les art. 1 et 2 de la nouvelle loi semblaient destinés
à produire.

Quand les délibérations du conseil général, qui se résument en articles de dépenses aux deux budgets, ont
été dûment approuvées, elles doivent, comme toutes
autres délibérations, être exécutées par l'autorité à laquelle
ce devoir incombe, c'est-à-dire par le préfet. Autrement,
tout serait incertitude et anarchie.

Il y a cependant lieu de faire la réserve des cas de
force majeure qui ne permettraient pas d'effectuer telle
ou telle dépense; il convient encore d'excepter des cas
très-rares, où le préfet reconnaîtrait que par une circonstance nouvelle et imprévue, la mise à exécution de
tel ou tel article du budget serait nuisible aux intérêts
départementaux. Dans ces différentes hypothèses, le préfet
pourrait en référer au ministre compétent, et le pouvoir
exécutif aurait à examiner s'il devrait convoquer extraordinairement l'assemblée départementale pour lui soumettre
l'affaire, ou prendre sous sa responsabilité morale (la
seule à peu près qu'il connaisse en fait), de ne pas donner cours à la dépense en question.

Les lois des 10 mai 1838 et 18 juillet 1866 ne contiennent que peu de chose sur l'exécution du budget départemental. Mais il y a été suppléé par des règlements d'administration publique et des instructions ministérielles.

L'ensemble des dispositions édictées sur la matière, forme ce qu'on peut appeler *la comptabilité départementale*.

Nous ne donnerons à cet égard que les indications qui nous paraissent strictement nécessaires pour expliquer certaines attributions des conseils généraux.

Avant de dépenser, il importe d'opérer la recette. Au point de vue du recouvrement, les ressources départementales se divisent en deux catégories : la première comprend les centimes départementaux de toute nature, et la seconde les produits éventuels.

Les *centimes départementaux* sont compris aux rôles généraux des contributions directes et recouvrés cumulativement avec la portion de ces contributions destinées aux dépenses de l'Etat.

Les *produits éventuels* ne sont recouvrés par le comptable chargé de ce soin, qu'après que les rôles et états de produits ont été rendus exécutoires par le préfet (loi du 10 mai 1838, art. 22) (1). On sait, d'ailleurs, de quelle manière est autorisée l'acceptation des dons et legs faits aux départements, et qui, aux termes de l'art. 6, sont comptés parmi les *produits éventuels* du budget extraordinaire.

Toutes les ressources départementales viennent se réunir dans la caisse du trésorier-payeur général du départe-

____

(1) L'art. 22 ajoute : « Les oppositions, lorsque la matière est de la compétence des tribunaux ordinaires, sont jugées comme affaires sommaires. »

ment, même celles qui ont une origine purement communale, comme les contingents des communes pour les chemins vicinaux de grande communication, les subventions volontairement offertes par elles pour travaux sur les routes départementales...

Le trésorier-payeur général remplit ainsi à l'égard du département, pour l'encaissement des ressources départementales, les fonctions que remplit, à l'égard de la commune, le receveur municipal, et il semblerait, quant aux dépenses, que de même que le maire délivre aux parties prenantes des mandats sur la caisse du receveur municipal, dans la limite des crédits ouverts au budget, et sans autre autorisation que celle résultant de l'approbation de ce budget ; de même le préfet pourrait en délivrer sur la caisse du trésorier-payeur général du département, dans la limite des crédits ouverts au budget départemental et au fur et à mesure de l'encaissement des ressources par ce comptable.

C'est, en effet, ce qui se pratiqua depuis la loi du 15 frimaire an VI et jusqu'à ce que l'ordonnance du 14 septembre 1822 ne fût venue changer le système de la comptabilité publique. A partir de la loi de finances du 10 mai 1823, les recettes et les dépenses des départements ont été comprises, pour ordre, au budget général de l'Etat, et les préfets, au lieu de disposer directement des ressources départementales, n'ont plus agi que comme ordonnateurs secondaires, comme délégués des ordonnateurs généraux. Ces ordonnateurs sont aujourd'hui le ministre de l'instruction publique pour les dépenses de *l'instruction primaire*, le ministre des finances pour celles du *cadastre*, et le ministre de l'intérieur pour *toutes les autres*.

D'après la loi de finances du 31 juillet 1867, rendue
en vue de l'ordre de choses établi par le législateur de
1866, le budget du ministère de l'intérieur, sur ressources
départementales et spéciales, ne comporte que trois chapitres, sans distinction d'articles de recette, savoir :

Chapitre I, *dépenses diverses ordinaires* (budget départemental, sous-chapitres I, II, III, IV, VI, VII, VIII, IX,
X, XI, XII, XIII, XIV, XV, XVI, XVII)..

Chapitre II, *dépenses des chemins vicinaux* (sous-chapitre V).

Chapitre III, *dépenses extraordinaires* (sous-chapitres
XVIII, XIX, XX).

Il résulte de cette disposition que les ordonnances qui
seront désormais expédiées aux préfets pour le service
départemental porteront indistinctement sur toutes les
recettes du chapitre, *centimes additionnels* ou *produits
éventuels* : non pas qu'il y ait lieu de renoncer à tenir
un compte particulier pour deux natures de produits si
distincts et dont le recouvrement ne s'opère pas dans les
mêmes conditions; mais il a paru que, sans préjudicier à
cette séparation, l'ordonnancement pouvait être simplifié,
en ce sens que les recettes d'un même chapitre étant solidaires au point de vue de la dépense, l'ordonnancement
devait naturellement être libellé en un titre unique.

Toutefois, une restriction doit être faite, il ne faudrait
pas employer des produits d'une destination spéciale à
couvrir des dépenses pour lesquelles ils n'ont pas été réalisés : par exemple, une subvention consentie pour la
construction de la route départementale n° 2, ne pourrait
pas sans irrégularité être affectée au paiement des travaux de la route n° 3 ou d'un hôtel de préfecture (circ.
du 24 décembre 1867).

Le recouvrement des centimes additionnels départementaux de toute nature étant exigible par douzième, l'ordonnancement en est effectué d'office dans la proportion d'un septième, *tous les deux mois*, et par avance.

Quant aux produits éventuels, à raison de l'inégalité de la marche de leur recouvrement, ils ne peuvent être ordonnancés que sur la demande des préfets.

L'expérience a démontré que les délégations sollicitées par ces administrateurs, *chaque trimestre*, en présentant les situations des produits éventuels, répondent en général aux besoins du service.

En dehors des conditions ordinaires, en cas d'urgence et pour cause majeure, les préfets peuvent réclamer les ordonnances dont ils ont besoin; mais dans tous les cas leurs demandes doivent être basées sur la certitude du recouvrement, quelle que soit d'ailleurs la nature des produits. Cela suppose que les préfets doivent surveiller les progrès du recouvrement (circ. du 24 décembre 1867). Les demandes d'ordonnances devront indiquer, pour chacun des trois chapitres, la nature des ressources, *centimes* ordinaires, spéciaux ou extraordinaires, ou *produits éventuels*, sur lesquelles elles sont délivrées. (*Ibid.*)

Le préfet mandate les dépenses dans la limite des délégations qui lui sont faites ou accordées, et il indique sur ses mandats les sous-chapitres et articles du budget départemental, au-dessous de la mention qui rappelle le chapitre du budget du ministère de l'intérieur, sur ressources spéciales. (*Ibid.*)

L'ingénieur en chef du département auquel le préfet a dû, aux termes du décret du 20 décembre 1849, sous-déléguer, dans *la mesure des besoins signalés par ce fonctionnaire*, les portions de crédits applicables aux dépenses du service des routes départementales, se conformera aux mêmes prescriptions pour la délivrance des mandats.

Ces précautions sont prises, afin de suivre l'emploi de chaque allocation, conformément au vote du conseil général.

Les erreurs commises dans le mandatement sont recti-. fiées soit par la *réimputation*, quand elle est praticable, soit par l'*annulation* du mandat, soit, au cas où le mandat a été acquitté, par le trésorier-payeur général, par le *reversement* de la somme indûment touchée. ·

Les reversements profitent au service qui a payé. Nous les avons énumérés parmi les *produits éventuels* du budget ordinaire et du budget extraordinaire. Ces ordres de reversement sont donnés, suivant les cas, par le préfet et l'ingénieur en chef du département; mais ceux délivrés par ce dernier doivent être rendus exécutoires par le préfet (arg. loi du 10 mai 1838, art. 22. — Circ. du 24 décembre 1867).

En ce qui concerne l'emploi et l'ordonnancement des ressources départementales, il importe de remarquer qu'aux termes de l'art. 23 de la loi du 10 mai 1838, *aucune dépense ne doit être payée hors de la limite des crédits ouverts aux budgets départementaux.*

Si cette limite avait été dépassée, il y aurait lieu à reversement, jusqu'à due concurrence, non plus au profit du département, mais au profit du trésor public.

Mais si les paiements sont limités, le recouvrement ne l'est pas : les produits inscrits en recette aux budgets départementaux n'étant admis qu'à titre de prévision, le recouvrement doit en être poursuivi au profit du département, quel qu'en soit le montant, et sans avoir égard au chiffre déterminé par le règlement du budget. Ces ex-

cédants de recette sur les prévisions budgétaires constituent des *plus-values*. Nous en parlerons tout à l'heure.

BUDGET RECTIFICATIF.

Le budget des recettes et des dépenses départementales
est préparé par le préfet et délibéré par le conseil général quatre mois à peu près avant qu'il soit mis à exécution. On comprend donc facilement qu'il devienne
parfois nécessaire que des modifications soient apportées
à certaines parties de ce budget pendant le cours de
l'exercice auquel il appartient.

Ces modifications peuvent être aujourd'hui de quatre
espèces :

1º Emploi de plus-values, soit de ressources prévues
au budget, soit de ressources non prévues au budget ;
2º virements de crédits ; 3º introduction de dépenses
nouvelles ; 4º emploi des fonds libres de l'exercice clos.

I. *Emploi des plus-values.* — La plus-value des *centimes additionnels* peut résulter, par exemple, de l'accroissement du nombre des personnes soumises à la pa-
tente.

La plus-value des *produits éventuels* peut également
tenir à diverses causes, telles que l'augmentation des revenus des propriétés départementales dans le courant de
l'année ; la réalisation d'un excédant sur le prix d'estimation lors de la vente d'un objet appartenant au département ; l'acceptation, dans le cours de l'exercice,
d'une subvention offerte au département, le plus souvent
avec désignation d'emploi, etc.

Sous l'empire de la loi du 18 juillet, aucune plus-
value ne peut en principe être rattachée au budget dé-

partemental, avant que le conseil général n'y ait consenti et n'en ait déterminé l'emploi. Cet emploi, d'ailleurs, est régi par les mêmes dispositions que celui des produits sur lesquels les plus-values ont été réalisées. (Voir ce qui a été dit plus haut sur les budgets ordinaire et extraordinaire.)

Pour ce qui est de l'emploi d'une recette réalisée dans le cours de l'exercice, sans avoir été prévue, même pour partie, au budget primitif, il y aurait lieu de rechercher si, par sa nature, elle devrait être rattachée au budget par l'administration ou par le conseil général; et dans ce dernier cas, l'assemblée aurait à examiner si la plus-value devrait être affectée à des dépenses ordinaires, ou extraordinaires, ou spéciales.

II. *Virements de crédits.* — Le virement de crédit est une opération faite pendant le cours de l'exécution du budget, et qui a pour but et pour effet d'appliquer à un sous-chapitre ou à un article dont les dépenses doivent dépasser le crédit ouvert, les fonds qu'on a la certitude de voir rester sans emploi à un autre sous-chapitre ou à un autre article (1).

L'art. 464 du décret du 31 mai 1862 donnait au préfet le droit d'opérer des virements de crédits dans la première section du budget affectée aux dépenses obligatoires. Mais le nombre de ces dépenses ayant été considérablement réduit par la loi du 18 juillet 1866, le droit du préfet se trouve circonscrit dans les mêmes limites et ne peut s'appliquer qu'aux articles du sous-chapitre I du nouveau cadre (voir ci-dessus). Hors de là, il appartient au conseil général seul de modifier ses votes dans le budget ordinaire et extraordinaire. Il en découlera pour

(1) Herman, *Traité d'administ. départ.*

le préfet une obligation impérieuse, celle de préparer en temps opportun les modifications qui lui paraîtraient utiles, afin que le conseil général en délibère dans la session ordinaire du mois d'août (circ du 24 décembre 1867).

Quant aux modifications à faire dans l'emploi des ressources inscrites au budget départemental, seulement pour ordre, tels que les contingents communaux, les prestations converties en argent..., elles peuvent s'opérer sans l'intervention de l'assemblée. (*Ibid.*)

Ce que nous avons dit des virements de crédits dans le sous-chapitre I et les autres sous-chapitres du budget départemental, s'applique, avec des distinctions analogues, aux virements de crédits au budget particulier de l'instruction publique; seulement, pour les dépenses obligatoires, ce n'est plus le préfet qui intervient, mais le ministre chargé du service spécial.

III. *Dépenses nouvelles.* — Le décret réglementaire du 31 mai 1862 n'accordait aux préfets le droit d'opérer des virements que dans les cas où il ne s'agissait point d'une *nouvelle dépense* à introduire. Quant aux virements relatifs à des dépenses nouvelles et aux augmentations d'allocations qui pouvaient être reconnues nécessaires, après le réglement du budget, ils devaient, aux termes de l'art. 464, § 2 du décret précité, être autorisés par des décisions ministérielles notifiées aux préfets.

Sous l'empire de la nouvelle loi d'attributions, cette disposition ne paraît pas devoir être appliquée, et en effet, la circulaire du 24 décembre 1867 porte que l'intervention ministérielle est entièrement supprimée. Désormais, aucune dépense nouvelle ne sera inscrite dans l'un ou l'autre budget, sans que le conseil général n'ait été appelé à délibérer.

IV. *Emploi des fonds libres.* — Les fonds libres proprement dits sont le résultat, soit de l'abandon définitif d'une dépense d'abord projetée, soit d'économies faites en cours d'exécution sur des dépenses allouées au budget. Ce n'est cependant qu'à la clôture de l'exercice et par l'apurement des comptes, que les fonds restés sans emploi ou économisés sont déclarés *fonds libres.*

Nous rappelons qu'aux termes de l'art. 9, § 2 de la loi du 18 juillet 1866, ces fonds sont aujourd'hui cumulés, suivant la nature de leur origine, avec les ressources de l'exercice en cours, pour recevoir l'affectation nouvelle qui pourra leur être donnée par le conseil général dans le budget rectificatif de l'exercice courant.

Les délibérations du conseil général, sur la répartition des fonds libres, comme ses délibérations relatives à l'emploi des plus-values, aux virements et aux dépenses nouvelles, ont absolument le même caractère que celles qui se résument en articles du budget primitif; elles doivent donc être sanctionnées par l'autorité qui règle le budget.

L'exécution de l'art. 9, § 2 de la loi du 18 juillet, n'était possible qu'à la condition de rapprocher la clôture de l'exercice départemental, de manière à donner, d'une part, aux préfectures, le temps nécessaire pour établir le compte de l'exercice clos et le report à l'exercice en cours, et, d'autre part, à laisser au ministre de l'intérieur assez de latitude pour examiner ces documents, régler le report, déterminer exactement les fonds libres et les mettre à la disposition du conseil général pour la session ordinaire du mois d'août.

En conséquence, porte la circulaire du 24 décembre 1867, la clôture de l'exercice départemental a été fixée

(y compris l'exercice 1867) au 31 mars pour le mandatement, et au 30 avril pour les paiements (1).

Ladite circulaire recommande aux préfets de faire parvenir au ministère de l'intérieur, avant le 10 mai, le
compte, le report et la situation définitive au 30 avril.

La comparaison de ces documents avec les ressources
de l'exercice fait généralement ressortir des reliquats qui
peuvent être de deux espèces :

Ou bien ils proviennent de crédits non employés ou
d'économies faites dans l'exécution de certaines dépenses;
ce sont alors des *fonds libres*, qui étaient cumulés avec
les recettes du *nouveau budget*, sous le régime de la loi
de 1838, art. 21; qui seront cumulés avec les ressources
de l'*exercice en cours*, aux termes de la loi du 18 juillet
1866;

Ou bien ils proviennent de crédits destinés à des dépenses qui n'ont pu être *exécutées*, ou *mandatées*, ou
payées avant la clôture de l'exercice; mais qui doivent
l'être ultérieurement.

A l'égard de cette dernière espèce de reliquats, l'art. 21
de la loi de 1838 s'exprime ainsi : « Les fonds qui n'auront pu recevoir leur emploi dans le cours de l'exercice
seront *reportés*, après clôture, sur l'exercice *en cours d'exécution*, avec l'affectation qu'ils avaient au budget voté
par le conseil général. »

Les fonds qui n'ont pu recevoir leur emploi pendant
l'exercice clos se répartissent dans trois paragraphes d'un
document qu'on appelle le *report*.

Le premier paragraphe a pour objet de constater le

(1) Ces dates ont remplacé celles des 31 mai et 30 juin. Le délai accordé
tant pour la délivrance que pour le paiement des mandats, constitue fictivement une prolongation de l'année financière ou *exercice*.

moutant des mandats délivrés par le préfet dans le cours
de l'exercice, mais qui *n'ont pu être soldés* par le trésorier-payeur général, pour divers motifs, présentation tar-
dive : justifications incomplètes, oppositions... Le deuxième
paragraphe a pour objet de constater le montant des dépenses effectuées, mais pour le paiement desquelles il *n'a
pu être délivré de mandats* avant la clôture de l'exercice.
Les retards dans le mandatement proviennent en général
de difficultés dans la liquidation des dépenses, notamment
lorsqu'il s'agit de travaux dont la réception donne lieu à
des contestations.

Le troisième paragraphe, enfin, a pour objet de faire
connaître les dépenses pour lesquelles des crédits ont été
ouverts au budget et qui, par divers motifs, n'ont pu
être, soit *entreprises*, soit *terminées* avant la clôture de
l'exercice, mais qui doivent être faites ultérieurement.

La récapitulation des sommes portées à 'chacun des paragraphes donne le total des dépenses créditées au budget
de l'exercice clos qui n'ont pu être exécutées, mandatées
ou payées et qui doivent être reportées sur l'exercice en
cours d'exécution.

Le report préparé par le préfet est réglé par le ministre compétent sans qu'il soit besoin de faire intervenir
l'autorité du conseil général ou celle du chef de l'Etat. Il
ne s'agit, en effet, que de continuer des dépenses déjà
votées et approuvées,

Les sommes reportées viendront s'ajouter, avec leur affectation primitive, aux crédits du budget rectifié, pour
former une nouvelle fixation de ces crédits.

Nous ne connaissons pas encore le cadre destiné à
constater les résultats obtenus comme il est dit ci-dessus
par application de la loi nouvelle ; mais apparemment il

reproduira les divisions et subdivisions du budget primitif.

En ce qui concerne le service spécial de l'instruction publique, la circulaire du 27 décembre 1867 contient un cadre du budget rectificatif et porte que ce budget comprendra :

1° Les fonds qui n'ont pas reçu d'emploi dans le cours de l'exercice précédent et qui, étant *annulés*, peuvent recevoir une affectation nouvelle du conseil général, cumulativement avec les ressources de l'exercice en cours d'exécution ;

2° Les nouveaux crédits qui seraient votés sur les centimes ordinaires pour dépenses non prévues au budget courant, et concernant soit le service académique et d'instruction secondaire ou supérieure, soit le service d'instruction primaire.

— Le trésorier-payeur général, qui est chargé de l'encaissement des ressources et du paiement des dépenses départementales, doit, on le comprend, être informé de tous les changements apportés aux budgets primitifs. A cet effet, il est nécessaire de lui faire parvenir des documents authentiques constatant ces changements et pouvant lui servir de justifications auprès de la cour des comptes (circ. du 24 décembre 1867).

Nous avons terminé nos explications sur le § 11 : le conseil général délibère sur les recettes et les dépenses des budgets départementaux.

§ 12.

COMPTES DÉPARTEMENTAUX.

L'art. 24 de la loi du 10 mai 1838 est ainsi conçu :

« Le conseil général *entend* et *débat* les comptes d'administration qui lui sont présentés par le préfet :

» 1º Des recettes et dépenses, conformément aux budgets des départements;

» 2º Des fonds de non-valeurs;

» 3ª Du produit des centimes additionnels, spécialement affectés, par les lois générales, à diverses branches du service public.

» Les observations du conseil général, sur les comptes présentés à son examen, sont adressées directement, par son président, au ministre chargé de l'administration départementale.

» *Ces comptes, provisoirement arrêtés par le conseil général, sont définitivement réglés par ordonnances royales* (aujourd'hui par décrets). »

C'est donc bien par *délibérations* proprement dites que l'assemblée statue à l'égard des comptes.

Les comptes du département, conformément au principe qui domine toute la comptabilité publique, sont de deux sortes : les *comptes d'administration* et les *comptes de deniers.*

Ceux-ci sont tenus, pour les recettes et pour les dépenses, par le trésorier-payeur général; l'art. 24 ne s'y applique pas et le conseil général n'a pas à s'en occuper.

Les comptes d'administration sont les seuls à l'égard desquels il ait à exercer son contrôle.

Les comptes à rendre par le préfet comprennent le compte d'emploi *du fonds de non-valeurs.* Ce fonds, qui ne fait pas partie des ressources départementales, est ainsi nommé parce qu'il a pour but de couvrir les pertes éprouvées sur le recouvrement des contributions directes.

Il se perçoit sur les quatre contributions, mais dans des proportions diverses. Il est d'un centime additionnel pour chacune des contributions foncière et personnelle-mobilière, de trois centimes pour la contribution des portes et fenètres, de cinq pour la contribution des patentes. Le produit en est recueilli par le ministère des finances, et un décret en met, chaque année, une partie à la disposition des préfets, pour être distribuée par eux en remises ou modérations au profit des contribuables. Il est donc assez naturel que ces administrateurs rendent compte aux conseils généraux de l'emploi de la partie de ce fonds qui lui est confiée.

Quant au compte des recettes et des dépenses départementales, il importe de saisir le véritable caractère de ce compte.'

Le préfet n'est pas un comptable proprement dit; il n'a pas le maniement des deniers ni pour la perception ni pour le paiement. Son rôle se borne à pourvoir, conformément aux lois et réglements, à l'exécution des différents services pour lesquels des crédits ont été ouverts aux budgets départementaux, à la constatation des droits qui résultent pour les fournisseurs ou entrepreneurs de cette exécution, et à délivrer des mandats de paiement sur le trésorier-payeur général.

« Le préfet est administrateur, dit M. Herman (1), et le compte qu'il a à rendre n'est pas un compte matériel; c'est, comme l'exprime l'art. 24, *un compte d'administration*, c'est-à-dire un compte moral par lequel le préfet porte à la connaissance du conseil général les faits de sa gestion administrative, faits desquels il peut résulter, ou bien qu'il aura dépensé la totalité des crédits ouverts

(1) Herman, *Traité d'administ. départ.*

pour telles ou telles dépenses, ou bien que, par des motifs qu'il fait connaître, une partie seulement des crédits ouverts a été employée, ou bien, enfin, que les nécessités de tel ou tel service l'ont contraint à dépasser les crédits ouverts, ce qui constituera une dette pour un exercice subséquent.

» En un mot, ce que doit le préfet, à l'égard du conseil général, c'est de justifier qu'il a employé les ressources mises à sa disposition, conformément au budget arrêté, et qu'il n'en a appliqué aucune portion à des dépenses autres que celles votées par le conseil général. »

A l'appui de ses comptes, le préfet doit produire les pièces nécessaires pour permettre au conseil de *débattre*, c'est-à-dire de juger en connaissance de cause, si telle dépense doit être admise ou rejetée comme irrégulière. Mais quelles sont ces pièces?

C'est ici qu'il est nécessaire de se rappeler le véritable caractère du compte que le préfet est appelé à rendre : « Vous n'êtes pas comptable, disait la circulaire du 31 juillet 1843; vous n'avez donc aucune justification à faire sous ce rapport; mais vous êtes ordonnateur, et c'est sous ce point de vue que le conseil général peut demander à s'éclairer sur les pièces qui ont déterminé l'ordonnancement des dépenses que vous avez faites, et dont vous présentez la situation. »

Pour qu'un compte puisse être facilement *entendu* et *débattu*, il faut qu'il soit, par sa forme, en rapport aussi exact que possible avec le budget dont il est destiné à constater l'exécution. C'est, en effet, ce qui a été observé dans la rédaction du cadre adopté pour le compte des recettes et des dépenses ordinaires, facultatives, extraordinaires et spéciales, en exécution de la loi du 10 mai 1838.

Le cadre pour l'exercice 1867, étant destiné à reproduire des faits de comptabilité accomplis sous le régime de la même loi, conserve encore cette année la même distribution intérieure. Mais à l'avenir, il n'en sera plus ainsi, et il faudra se conformer aux divisions du nouveau budget.

Le compte, ainsi que nous l'avons vu, doit être préparé et transmis au ministre de l'intérieur pour le 10 mai au plus tard, afin que ce ministre puisse déterminer les fonds libres et régler le report. Il est ensuite renvoyé pour être soumis au conseil général à sa session ordinaire. Cette assemblée nomme d'habitude une commission spéciale, qui est chargée d'examiner le compte dans toutes ses parties, et qui propose, soit l'approbation du compte, s'il lui a paru complétement régulier, soit le rejet des dépenses qui paraissent avoir été irrégulièrement faites, soit, enfin, les observations auxquelles certains articles pourraient donner lieu. Le conseil général délibère sur ce rapport, *hors la présence du préfet*, comme le veut l'art. 12 de la loi du 22 juin 1833 sur l'organisation des conseils généraux, et arrête le compte provisoirement. Les observations que le conseil général croit devoir faire sur les comptes, sont adressées directement par le président au ministre de l'intérieur.

Le compte des recettes et des dépenses départementales, provisoirement arrêté par le conseil général, est réglé définitivement par décret ; il est ensuite, en exécution de l'art. 25 de la loi du 10 mai 1838, rendu public par la voie de l'impression.

§ 13.

Le conseil général délibère « sur tous les autres objets

sur lesquels il est appelé à délibérer par les lois et réglements (loi du 10 mai 1838, art. 4, 16°). »

On voit que l'énumération des cas de délibération proprement dite n'est qu'énonciative, et que la loi suppose même que des réglements d'administration publique peuvent étendre à cet égard la sphère d'attributions des assemblées départementales. Aucun des documents législatifs de la matière ne confère un tel pouvoir à l'administration, quant aux cas de décision souveraine : on peut en conclure hardiment qu'il n'existe pas.

TITRE III

LE CONSEIL GÉNÉRAL AGIT COMME CONSEIL DE GOUVERNEMENT : IL DONNE DES AVIS.

Il résulte de l'art. 6 de la loi du 10 mai 1838, que l'assemblée départementale est consultée tantôt en *exécution des lois et réglements*, c'est-à-dire *obligatoirement*, et tantôt *spontanément*, c'est-à-dire que c'est pour l'administration une simple faculté.

CHAPITRE I

Le Conseil général est consulté en tant qu'auxiliaire du pouvoir législatif.

§ 1.

Le conseil général donne son avis « sur les changegements proposés à la circonscription du territoire du département, des arrondissements, des cantons et des communes, et à la désignation des chefs-lieux (loi du 10 mai 1838, art. 6, 1°). »

Il faut une loi pour autoriser ces changements : la constitution du 14 septembre 1791, et plus tard celle du 4 novembre 1848 posaient cette règle, sans y faire aucune exception; mais la nouvelle loi municipale du 24 juillet 1867, revenant aux errements suivis sous le premier Empire et consacrés par la loi du 18 juillet 1837, délègue de nouveau, sous quelques réserves, au pouvoir exécutif le droit de statuer sur les changements à la circonscription territoriale des *communes*. C'est ce qui résulte de l'art. 13 de cette loi, ainsi conçu : « Les changements dans la circonscription territoriale des communes faisant partie du même canton sont définitivement approuvés par les préfets après accomplissement des formalités prévues au titre I de la loi du 18 juillet 1837, en cas de consentement des conseils municipaux et *sur l'avis conforme du conseil général.* »

Dans les rapports du conseil et du préfet, c'est là quelque chose de plus qu'un simple avis; en effet, l'article 13 ajoute : « *Si l'avis du conseil général est contraire* ou si les changements proposés dans les circonscriptions communales modifient la composition d'un département, d'un arrondissement ou d'un canton, il est statué par une loi. »

Enfin, le dernier paragraphe dudit art. 13 porte que « tous autres changements dans la circonscription territoriale des communes sont autorisés par des *décrets* rendus dans la forme des réglements d'administration publique. »

<h2 style="text-align:center">§ 2.</h2>

L'assemblée départementale est consultée « généralement sur tous les objets sur lesquels elle est appelée à donner son avis en vertu des lois et réglements ou sur lesquels elle est consultée par l'administration (art. 6, 4°). »

L'art. 6 de la loi de 1838 énumère divers objets sur lesquels le conseil général est appelé à donner son avis : on voit que cette énumération n'a rien de limitatif; ainsi les assemblées de département pourraient être consultées sur des affaires d'intérêt général; sur les changements qu'il conviendrait d'introduire sur tel ou tel point de la législation; sur les inconvénients et les avantages au point de vue agricole, commercial, etc., d'une loi d'organisation militaire, d'une loi sur les chemins vicinaux, d'une loi sur l'instruction primaire, etc.

CHAPITRE II

Le Conseil général est consulté en tant qu'auxiliaire du pouvoir administratif.

§ 1.

L'assemblée départementale donne son avis « sur les difficultés élevées relativement à la répartition des travaux qui intéressent plusieurs communes (loi du 10 mai 1838, art. 6, 2°). »

C'est le préfet qui statue si les communes appartiennent au même département; dans le cas contraire, il faut un décret du chef de l'Etat (loi du 18 juillet 1837, art. 72).

§ 2.

Le conseil général donne son avis « sur l'établissement, la suppression ou le changement des foires et marchés (loi du 10 mai 1838, art. 6, 3°). »

Toute mesure de ce genre peut influer d'une manière plus ou moins considérable sur le mouvement commercial et agricole. La loi a donc fait sagement d'exiger l'examen du conseil général.

§ 3.

Le conseil général donne son avis sur tous les objets à l'égard desquels les lois ou réglements lui confèrent ce droit ou sur lesquels il est consulté par l'administration (art. 6, 4°).

Le gouvernement peut recourir aux lumières des conseils généraux aussi souvent qu'il le juge à propos, et il existe des cas où c'est pour lui l'accomplissement d'un devoir. Ces derniers cas peuvent être multipliés par le pouvoir législatif, et même par des réglements d'administration publique, ainsi que le suppose l'art. 6, 4°, de la loi de 1838.

Si l'administration a négligé de prendre l'avis du conseil général dans un cas où elle est tenue de le faire, l'acte entaché de ce vice pourra être déféré en conseil d'Etat par voie contentieuse (1).

TITRE IV

LE CONSEIL GÉNÉRAL AGIT COMME SURVEILLANT DES INTÉRÊTS DÉPARTEMENTAUX; IL ÉMET DES VŒUX.

§ 1.

Comme surveillant des intérêts départementaux, « le conseil général vérifie l'état des archives et celui du mobilier appartenant au département (loi du 10 mai 1838, art. 8). »

L'ordonnance du 7 août 1841 contient des dispositions

(1) Cabantous, *Droit public et administ.*

relatives à l'inventaire et aux récolements annuels du mobilier des hôtels de préfecture (1). La circulaire du ministre de l'intérieur du 29 juillet 1867 recommande aux préfets de s'y conformer et de « rendre soigneusement compte au conseil général des modifications qu'aura pu subir la situation du mobilier départemental. »

§ 2.

C'est comme surveillant que le conseil général entend les comptes d'administration du préfet, et qu'il transmet directement, par l'intermédiaire de son président, au ministre chargé de l'administration départementale, les observations auxquelles ces comptes ont donné lieu (loi du 10 mai 1838, art. 24). Rappelons, d'ailleurs, que les comptes du préfet, *débattus et arrétés provisoirement* par le conseil général, sont réglés définitivement par décret (art. 24. — Renvoi ci-dessus, tit. II).

§ 3.

C'est enfin en vertu de son droit de surveillance, que « le conseil général peut adresser directement au ministre chargé de l'administration départementale, par l'intermédiaire de son président, les réclamations qu'il aurait à présenter *dans l'intérét spécial du département*, ainsi que son opinion sur l'état et les besoins des différents services publics *en ce qui touche le département* (loi du 10 mai 1838, art. 7). »

L'assemblée possède, à cet égard, toute initiative; mais il résulte des termes mêmes employés par le législa-

(1) Le décret du 8 août 1852 renferme des dispositions analogues relativement au mobilier des hôtels de sous-préfecture. En ce qui concerne le mobilier des cours d'assises et tribunaux, il faut voir le décret du 20 juillet 1853.

teur, que cette initiative ne peut s'exercer sur ce qui est du domaine de la politique, sur ce qui est d'intérêt national. Ainsi, les conseils généraux n'auraient pas le droit d'émettre *spontanément* des vœux sur les réformes à introduire dans le système des impôts, dans l'organisation militaire, etc.

· Mais ces assemblées qui ont incontestablement le droit de constater les souffrances de l'agriculture dans le département, ne pourraient-elles pas énumérer parmi les causes du mal, le manque de bras provenant de l'exagération des contingents ou de la trop longue durée du service militaire?...

Nous inclinerions à le penser. Toutefois, on ne s'avancerait pas loin sur ce terrain, sans méconnaître la pensée du législateur, et il y a telle manière d'exprimer et de justifier son opinion sur l'*état et les besoins des différents services publics*, qui peut aisément paraître illégale. Aussi, faut-il convenir avec le rapporteur du projet de loi de 1851, que jamais loi n'a été violée plus ouvertement que l'art. 7 précité, et cette violation a lieu par la force des choses. De là l'urgence d'une réforme, que le rapport de M. de la Boulie indiquait et justifiait en ces termes : « Il a paru à votre commission que cet état de choses ne pouvait être toléré, que rien n'était plus funeste à la morale publique que de donner aux populations l'exemple de ce dédain de la loi ; qu'il convenait d'examiner s'il était bon que les conseils généraux touchassent à la politique, et ensuite de le leur défendre ou de le leur permettre, mais nettement, franchement, sans incertitude ni équivoque.

« On a dit, d'une part, que les assemblées départementales étaient des corps administratifs, et non point des

corps politiques; qu'il serait fâcheux que la politique les
envahît; qu'elle nuirait aux délibérations d'affaires et
jetterait dans leur sein des ferments de haine et de désordre.

» Mais on a répondu que dans le temps actuel la politique était partout; que non-seulement il était impossible de s'en affranchir; *mais que ce serait même une chose
fâcheuse et pleine de péril*, si les bons citoyens cessaient
de s'occuper de politique. Que les conseils généraux qui
vivaient parmi les électeurs et pouvaient suivre à chaque
instant les progrès de l'opinion publique, étaient souvent
précieux à consulter...

» La majorité de la commission s'est rendue à ces motifs et elle a voulu qu'une disposition expresse fût écrite
dans le projet qui vous est soumis; elle est ainsi conçue:

» *Le conseil général pourra aussi émettre des vœux dans
l'intérêt général du pays.* »

Cette solution nous paraît trop bien justifiée pour ne
pas l'admettre sans réserve. Aussi regrettons-nous qu'un
amendement de MM. Bethmont et Magnin, tendant à la
faire introduire dans le projet de 1866, ait été rejeté par
le législateur. Oui, il importe que les citoyens, sur tous
les points de la France, s'occupent non-seulement des affaires locales, mais aussi de celles qui concernent la communauté entière; autrement, la souveraineté du peuple
n'est qu'un vain mot, une détestable illusion. Et si les
simples particuliers ont le droit et le devoir de s'inquiéter
de la chose publique, quelle raison avouable peut-on invoquer pour interdire l'usage de ce droit et l'accomplissement de ce devoir à une réunion de personnes particulièrement investies de la confiance de leurs concitoyens?
C'est, d'ailleurs, une erreur funeste de croire qu'il faille

séparer la politique et les affaires. Si l'on fait de bonne politique, on aura de bonnes finances, et avoir de bonnes finances, c'est assurément posséder de grandes facilités pour les bonnes affaires. Les pays les plus libres sont aussi ceux qui jouissent de la prospérité la plus réelle et la plus durable.

Semez la liberté politique dans une lagune comme Venise à son origine, dans un marais comme en Hollande, dans un ilot comme l'Angleterre, dans un désert comme les Etats-Unis, il en sortira une nation riche et glorieuse et dont les citoyens seront honorés et respectés. Donnez à des despotes le monde entier, comme l'Empire romain fut donné aux Césars ou plutôt pris par eux, ils lèveront de grandes armées, ils construiront des monuments grandioses, ils s'entoureront de toutes sortes de magnificences pour exciter l'admiration d'un vulgaire stupide et insensé ; mais tout cela aboutira à la ruine et finalement à la mort.

Quidquid delirant reges plectunctur Achivi.

Nous avons fini d'exposer les attributions des conseils généraux que nous avons réparties en quatre classes :

1° Le conseil général statue définitivement ; ses membres possèdent l'initiative des projets concurremment avec le préfet, et les votes de l'assemblée, pour être exécutoires, n'ont pas besoin de sanction : il suffit qu'il se soit écoulé deux mois sans que la délibération ait été annulée pour violation d'une loi ou d'un réglement d'administration publique, et que, de plus, dans quatre cas déterminés, un droit de *veto*, d'ailleurs absolu, n'ait pas été exercé, dans le même délai, par le pouvoir exécutif.

Dans cet ordre d'attributions le pouvoir du conseil général, dans le département, paraît bien plus entier que celui du Corps législatif dans l'Etat ; puisqu'aujourd'hui le Sénat peut, indépendamment de la question de constitutionnalité, ajourner à une autre session un projet de loi adopté par la chambre élective, et que, d'autre part, l'empereur peut rendre la loi caduque en s'abstenant de la sanctionner ou de la promulguer ;

2° Le conseil général ne statue que sauf l'approbation d'une autorité supérieure. Ici son pouvoir est analogue à celui du Corps législatif, avec cette différence, au profit de la représentation départementale, c'est qu'elle partage encore avec l'organe du pouvoir exécutif l'initiative des résolutions à prendre ;

3° Le conseil général est consulté par l'administration, soit spontanément, soit obligatoirement. Nous ne connaissons aucune obligation de ce genre dans les relations constitutionnelles du gouvernement et du Corps législatif ;

4° Le conseil général émet des vœux dans de certaines limites qui, suivant nous, devraient être étendues. Le Corps législatif n'a plus ce qu'on appelait le droit d'adresse.

On a vu les pouvoirs qui appartiennent aux membres d'un conseil général réunis en corps ; mais sa qualité donne de plus à chaque membre droit :

1° A pouvoir être appelé par le préfet à remplacer temporairement le sous-préfet de l'arrondissement auquel on appartient (ord. du 29 mars 1821) ;

2° A faire partie du conseil de révision pour le recrutement de l'armée, sur la désignation du préfet (loi du 21 mars 1832, art. 15) ;

3° A siéger comme suppléant en conseil de préfecture, sur la désignation du conseil ou du ministre de l'intérieur, suivant les cas (arrêté du 19 fructidor an IX, et décret du 16 janvier 1808) ;

4° A pouvoir être nommé par le préfet membre de la commission instituée dans chaque arrondissement pour l'examen des comptes de deniers des hospices et autres établissements de charité (décret du 7 floréal an XIII);

5° A siéger au conseil départemental de l'instruction publique sur la désignation du ministre de l'instruction publique (loi du 15 mars 1850, art. 10; décret du 9 mars 1852, art. 3; loi du 14 juin 1834, art. 5);

6° A faire partie de la commission d'enquête, en matière d'expropriation pour cause d'utilité publique, sur la désignation du préfet (loi du 3 mai 1841, art. 8).

Ces prérogatives ne sont pas les seules qui soient attachées à la qualité de conseiller de département; mais elles sont les plus importantes et les plus usuelles (1).

(1) Cabantous, *Droit public et administ.*

APPENDIX.

Un mot sur les particularités que présente le régime des conseils généraux dans le département de la Seine, l'Algérie et les colonies.

Département de la Seine. — La première loi qui ait organisé d'une manière exceptionnelle le conseil général du département de la Seine fut celle du 20 avril 1834. Aux termes de cette loi, il devait y avoir trois conseillers, au lieu d'un, pour chacun des douze arrondissements ou cantons de Paris. Quant aux arrondissements de Saint-Denis et Sceaux, ils étaient représentés suivant les règles ordinaires : chacun d'eux comprenant quatre cantons nommait quatre conseillers généraux. Les trente-six membres du conseil général, nommés dans les douze cantons de Paris, formaient en même temps le conseil municipal de cette ville.

Après la révolution de février, le décret de l'Assemblée nationale du 3 juillet 1848, qui modifiait l'organisation des conseils généraux, statua de nouveau que la ville de Paris et le département de la Seine seraient l'objet d'un décret spécial et qu'en attendant la promulgation de ce décret, une commission *provisoire* municipale et départementale, instituée dans le plus bref délai par le pouvoir exécutif, remplacerait l'ancien conseil. La commission fut nommée le 8 septembre 1849 et composée de même que par le passé de quarante-quatre membres, dont trente-six pour la commission municipale provisoire de Paris.

Cet état de choses fut maintenu par l'art. 12 de la loi du 7 juillet 1852 et n'a été modifié depuis qu'en un point secondaire : le nombre des membres de la commission municipale a été porté à soixante par l'art. 6 de la loi du 16 juin 1859 sur l'extension des limites de la ville de Paris, ce qui élève à soixante-huit membres la commission départementale de la Seine (1).

Nous n'avons pas besoin de dire que le respect des principes de 89 demanderait qu'on mît promptement fin à une situation qui ne devait être que provisoire et qu'on rendît aux citoyens de Paris et de la Seine le droit de nommer leurs conseillers municipaux et généraux.

Quant aux attributions du conseil général de la Seine, l'art. 13 de la loi du 18 juillet 1866 porte : « Sont applicables à l'administration du département de la Seine les dispositions de la présente loi, celles de la loi du 10 mai 1838 et celles du 25 mars 1852. »

Mais l'art. 14 ajoute que « nonobstant les dispositions de l'article précédent, le département de la Seine ne pourra établir aucune imposition extraordinaire, ni contracter aucun emprunt sans y être autorisé par une loi. »

Algérie. — L'art. 16 de l'arrêté du pouvoir exécutif du 9 décembre 1848 posait en principe qu'il y aurait, dans chaque département de l'Algérie, un conseil général électif dont les attributions seraient les mêmes que ceux des conseils généraux de France. Un décret du 27 octobre 1858 a, en effet, organisé des conseils généraux algériens, mais sur des bases différentes de celles énoncées en 1848. Aux termes de ce décret, dont les dispositions sous ce rapport ont été expressément maintenues par celui du 10 décembre 1860, aussi bien que par celui du 7 juillet 1864, il y a dans chacune des trois provinces d'Algérie un conseil composé de douze membres au moins

____

(1) Cabantous, *Droit public et administ.*

et de vingt au plus. Ces membres sont nommés par l'empereur, sur la proposition du gouverneur général et sous le contre-seing du ministre de la guerre. Ils sont choisis parmi les notables européens ou indigènes résidant dans la province ou y étant propriétaires. Ils sont nommés pour trois ans et renouvelés par tiers tous les ans; ils peuvent être renommés.

Les règles de la session des conseils généraux d'Algérie sont à peu près les mêmes que celles de la métropole : la seule différence à noter, c'est que les droits et devoirs du préfet vis-à-vis du conseil général sont dévolus en Algérie au commandant militaire de la province (1).

Quant aux pouvoirs attribués aux assemblées dans les deux pays, ils étaient régis par des dispositions analogues avant 1866, avec cette différence, toutefois, c'est que la répartition des impôts n'appartient pas aux conseils généraux d'Algérie, mais à un conseil supérieur dont le gouverneur général est le président et qui est formé des principaux fonctionnaires et dignitaires de la possession française (2).

La loi du 18 juillet 1866 n'a pas touché au système provincial de l'Algérie.

Nous ne voyons aucun motif avouable qui s'oppose à ce qu'on applique à cette contrée les principes de l'arrêté précité de 1848, c'est-à-dire ceux du droit commun.

Colonies. — Les seules colonies qui aient aujourd'hui des conseils généraux sont la Martinique, la Guadeloupe et la Réunion.

Dans chacune de ces colonies, aux termes de l'art. 12

_____

(1) Cabantous, *l. cit.*

(2) Décrets des 10 décembre 1860, 7 juillet 1864, etc.

du sénatus-consulte du 3 mai 1854, il existe un conseil
général nommé, moitié par le gouverneur, moitié par les
membres des conseils municipaux. D'après le décret du
26 juillet 1854, chacun de ces conseils se compose de
vingt-quatre membres. Un arrêté du gouverneur détermine les circonscriptions électorales pour la nomination
des douze membres électifs et le nombre des conseillers
que chacune d'elles doit élire. Les membres des conseils
généraux sont nommés pour six ans et renouvelables par
moitié tous les trois ans. C'est le gouverneur qui con-
voque le conseil de la colonie en session ordinaire ou en
session extraordinaire; c'est le gouverneur qui, à la différence de ce qui a lieu dans la métropole, nomme les
membres du bureau, prononce, en conseil privé, l'annulation des délibérations illégalement prises et exerce, s'il y a
lieu, le droit de dissolution à l'égard de l'assemblée (1).

On voit que le principe despotique domine dans l'organisation des colonies comme dans celle de l'Algérie.
L'Angleterre a introduit le *self-government* dans la plupart de ses possessions coloniales, et elles sont beaucoup
plus prospères que les nôtres.

Les attributions des conseils généraux de la Martinique,
de la Guadeloupe et de la Réunion sont régies par le
sénatus-consulte du 3 mai 1854 et celui du 4 juillet 1866.
Ce dernier a eu pour but d'appliquer aux trois colonies
une grande partie des extensions de pouvoir conférées
aux assemblées départementales de la métropole par la
loi du 18 juillet 1866.

(1) V. Cabantous, *Droit public et administ.*

DES CONSEILS D'ARRONDISSEMENT.

La loi du 22 décembre 1789 avait divisé les départements en *districts* et confié l'administration de ces subdivisions territoriales à des corps électifs organisés sur le même plan que l'administration du département. (V. conseils généraux, *historique*.)

La constitution du 5 fructidor an III supprima le district et ne conserva que le département et la commune; mais elle agrandit la commune et la relia au canton qui devint la première subdivision administrative du département.

La loi du 28 pluviôse an VIII rétablit l'arrondissement avec un conseil d'arrondissement composé de onze membres, nommés par le premier consul, parmi les personnes qui étaient portées sur les listes de notabilité communale.

Sous la Restauration, les conseils d'arrondissement, comme ceux de département, furent nommés par le roi sans aucune condition de candidature élective.

Après la révolution de juillet, la loi du 22 juin 1833 rétablit l'élection pour les conseils d'arrondissement comme pour ceux de département.

La constitution du 4 novembre 1848, tout en conservant les sous-préfets, disposait que les conseils d'arrondissement seraient supprimés et leurs attributions transportées à des conseils cantonaux; mais les événements du 2 décembre survinrent avant que la loi organique sur la matière fût votée par l'Assemblée nationale, et les conseils d'arrondissement ont été maintenus par la loi du 7 juillet 1852.

Essayons de faire un exposé rapide, mais complet, des dispositions qui régissent actuellement ces assemblées.

LIVRE I.

ORGANISATION DES CONSEILS D'ARRONDISSEMENT.

Les lois en vigueur, en tout ou en partie, sur l'organisation des conseils d'arrondissement sont, comme pour les conseils généraux, la loi du 22 juin 1833, le décret de l'Assemblée nationale du 3 juillet 1848 et la loi du 7 juillet 1852.

TITRE I.

FORMATION DES CONSEILS D'ARRONDISSEMENT.

Aux termes de l'art. 20 de la loi du 22 juin, « il y aura, dans chaque arrondissement de sous-préfecture, un conseil d'arrondissement composé d'autant de membres que l'arrondissement a de cantons, sans que le nombre des conseillers puisse être au-dessous de neuf. »

L'art. 21 ajoute que « si le nombre des cantons d'un arrondissement est inférieur à neuf, une ordonnance royale (aujourd'hui un décret impérial) répartira entre les cantons les plus peuplés le nombre de conseillers d'arrondissement à élire pour complément. »

Chaque section élit un conseiller comme s'il était un canton.

Les conseillers d'arrondissement sont choisis par les mêmes électeurs qui nomment les conseillers de département et l'élection a lieu dans les mêmes formes (décret du 3 juillet 1848 et loi du 7 juillet 1852. — V. conseils gén., liv. I, tit. I, § 2).

Les élections pour le conseil d'arrondissement et pour le conseil général se font souvent le même jour et dans la même salle. Deux urnes, portant les suscriptions qui indiquent l'élection à laquelle elles sont destinées, reçoivent les votes des électeurs et la jurisprudence admet que cette façon de procéder est régulière, pourvu qu'il n'y ait pas de confusion entre les élections (1).

Les conditions d'éligibilité aux conseils d'arrondissement ne diffèrent de celles établies pour les conseils généraux qu'en des points peu importants. Ainsi les candidats au conseil d'arrondissement ne sont éligibles qu'autant qu'ils sont domiciliés dans l'*arrondissement* ou qu'ils y paient une contribution directe, tandis que, pour les candidats au conseil général, il suffit qu'ils soient domiciliés dans le *département* ou qu'ils y paient une contribution directe. D'un autre côté, le nombre des candidats non domiciliés n'est pas, pour le conseil d'arrondissement, limité au quart des membres, comme il l'est pour le conseil général. En effet, le texte de l'art. 14 du décret du 3 juillet 1848 n'applique cette limitation qu'aux conseils généraux. (Voir sur les conditions d'éligibilité le décret du 3 juillet 1848, art. 14, la loi du 22 juin 1833, art. 4 et 5, et ce qui est dit ci-dessus, conseils gén., liv. I, tit. I, § 3.)

Rappelons qu'aux termes de l'art. 24 de la loi du 22 juin 1833, « nul ne peut être membre de plusieurs conseils d'arrondissement, ni d'un conseil d'arrondissement et d'un conseil général. »

(1) Décret du 23 mars 1853, *Recueil des arrêts du conseil d'Etat*, 1853, p. 359.

Les difficultés relatives aux élections des conseillers d'arrondissement sont jugées suivant les mêmes principes que celles concernant les élections des conseillers de département (V. conseils gén., liv. I, tit. I, § 4).

Aux termes de l'art. 25 de la loi du 22 juin 1833, « les membres des conseils d'arrondissement sont élus pour six ans. Ils seront renouvelés par moitié, tous les trois ans. A la session qui suivra la première élection, le conseil général divisera en deux séries les cantons de chaque arrondissement. Il sera procédé à un tirage au sort pour régler l'ordre de renouvellement entre ces deux séries. Ce tirage sera fait par le préfet en conseil de préfecture et en séance publique. »

L'art 26 déclare applicables aux conseils d'arrondissement les art. 7, 10 et 11 de la même loi du 22 juin, sur les causes et délais des renouvellements individuels dans l'intervalle des renouvellements triennaux des conseils de département, et l'art. 9 sur le droit de dissolution appartenant au chef de l'Etat, et le renouvellement intégral de ces assemblées. On sait que le droit de dissolution, qui ne pouvait s'exercer que sur l'avis conforme d'un conseil d'Etat électif sous la constitution de 1848, a repris son ancien caractère sous l'empire de l'art. 6 de la loi du 7 juillet 1852 (V. conseils gén., liv. I, tit. I, § 5).

TITRE II.

RÈGLES POUR LA SESSION DES CONSEILS D'ARRONDISSEMENT.

Chaque conseil d'arrondissement a une réunion annuelle qui est appelée la *session ordinaire*. Cette session se divise en deux parties : la première précède et la seconde suit

la session du conseil général (loi du 10 mai 1838,
art. 39). Le conseil d'arrondissement peut, en outre, être
convoqué toutes les fois que les besoins du service l'exigent. Ces réunions accidentelles portent le nom de *sessions
extraordinaires*.

Aux termes de l'art. 27 de la loi du 22 juin 1833,
« les conseils d'arrondissement ne pourront se réunir
s'ils n'ont été convoqués par le préfet, en vertu d'une
ordonnance du roi (d'un décret) qui détermine l'époque
de la durée de la session.

» Au jour indiqué pour la réunion d'un conseil d'arrondissement, le sous-préfet donne lecture de l'ordonnance du roi (du décret), reçoit le serment des conseillers
nouvellement élus et déclare au nom du roi (de l'empereur) que la session est ouverte.

» Les membres nouvellement élus qui n'ont point
assisté à l'ouverture de la session, ne prennent séance
qu'après avoir prêté serment entre les mains du président
du conseil d'arrondissement. »

L'art. 27 ajoutait que le conseil formé sous la présidence du doyen d'âge, le plus jeune faisant fonctions de
secrétaire, nommerait, au scrutin et à la majorité absolue
des voix, son président et son secrétaire. — Sous l'empire de la loi du 7 juillet 1852, art. 5, les président,
vice-président et secrétaires sont choisis par le préfet
parmi les membres du conseil d'arrondissement.

Le sous-préfet a entrée au conseil d'arrondissement ; il
est entendu quand il le demande et assiste aux délibérations (art. 27, *in fine*). D'ailleurs, les séances des conseils
d'arrondissement sont soumises aux mêmes règles que les
séances des conseils généraux, ainsi qu'il résulte des

art. 13 et 28 de la loi du 22 juin 1833; nous ferons seulement remarquer que les séances des premiers n'ont jamais été publiques, tandis que celles des seconds étaient susceptibles de publicité sous l'empire du décret du 3 juillet 1848, art. 18.

D'autre part, l'art. 26 de la loi du 10 mai 1838 permet aux conseils généraux d'ordonner la publication de tout ou partie de leurs délibérations ou procès-verbaux, sous la condition de ne pas insérer les noms des membres qui ont pris part à la discussion, tandis qu'aucun texte n'autorise une semblable publication des procès-verbaux des séances des conseils d'arrondissement.

Toutes les dispositions prohibitives édictées à l'encontre des conseils généraux existent à l'égard des conseils d'arrondissement, et sous les mêmes sanctions. En effet, aux termes de l'art. 28 de la loi du 22 juin 1833, les art. 13, 14, 15, 16, 17, 18 et 19 de la même loi sont applicables à la session des conseils d'arrondissement (V. conseils gén., liv. I, tit. II, § 3).

—Avec la plupart des partisans du *self-government*, avec les constituants de 1848 et des hommes pratiques comme M. Vivien (1), nous pensons que les conseils d'arrondissement seraient utilement remplacés par des *conseils cantonaux*, le canton ayant une existence moins factice que l'arrondissement et pouvant avoir plus facilement des intérêts propres; mais si le législateur persistait à maintenir ces assemblées, il conviendrait d'introduire dans leur organisation des réformes pour assurer leur liberté d'action. Ces réformes ne seraient autres que celles que nous

(1) Vivien, *Etudes administratives*, t. I.

avons indiquées pour l'organisation des conseils généraux. (V. conseils gén., liv. I, tit. II, *in fine.*)

LIVRE II.

ATTRIBUTIONS DES CONSEILS D'ARRONDISSEMENT.

Sous le régime antérieur à la loi du 10 mai 1838, la
personnalité civile de l'arrondissement pouvait être sou-
tenue par des arguments sérieux : le décret du 9 avril
1811 lui avait formellement reconnu la qualité de propriétaire, en lui concédant la pleine propriété des édifices
et bâtiments nationaux, affectés à certains services publics. D'autre part, il résultait des art. 28 et 29 de la
loi du 16 septembre 1807 que l'arrondissement pouvait
avoir des ressources et des charges à lui propres, puisque
ces articles, en obligeant les arrondissements à contribuer
aux dépenses de certains travaux publics, les autorisaient, pour y pourvoir, à s'imposer des centimes additionnels. Mais lors de la discussion de la loi du 10 mai,
il fut reconnu et établi que l'arrondissement n'était pas
une personne civile, et pour qu'il ne restât aucun doute
à cet égard, la Chambre des députés rejeta deux articles
du projet qui avait été voté par la Chambre des pairs et
qui reproduisaient les dispositions des art. 28 et 29 de la
loi de 1807. Désormais donc nul doute n'est possible :
l'arrondissement n'est qu'une simple circonscription territoriale du département; c'est le département qui, pour
le compte de chaque arrondissement, contracte, acquiert,
possède, aliène, et este en justice. On comprend dès lors
que les attributions du conseil d'arrondissement présentent
beaucoup moins d'importance que celles du conseil de dé-

partement. Il ne les exerce, du reste, que sous le contrôle et l'autorité du conseil général dont il est l'auxiliaire, comme le sous-préfet est l'auxiliaire du préfet.

Les attributions des conseils d'arrondissement peuvent se répartir en trois classes, que nous comprendrons sous trois titres correspondants.

TITRE I.

LE CONSEIL D'ARRONDISSEMENT STATUE DÉFINITIVEMENT.

Le seul cas où le conseil d'arrondissement statue définitivement se présente en matière de répartition des contributions directes. Rappelons et au besoin complétons ce que nous avons déjà dit ci-dessus (V. conseils généraux, liv. II, tit. I, chap. I, sect. I, §§ 1 et 2) sur l'intervention du conseil d'arrondissement en cette matière.

On sait que la session ordinaire du conseil d'arrondissement se divise en deux parties, dont la première précède et la seconde suit la session du conseil général (loi du 10 mai 1838, art. 39).

Art. 40 : « Dans la première partie de sa session, le conseil d'arrondissement délibère sur les réclamations auxquelles donnerait lieu la fixation du contingent de l'arrondissement dans les contributions directes. Il délibère également sur les demandes en réduction de contributions formées par les communes. »

Mais ses délibérations, dans ces deux cas, ne sont en réalité que des actes d'instruction, des avis destinés à éclairer le conseil général, qui seul a qualité pour statuer définitivement (loi de mai 1838, art. 1, 2, 39 et 40).

Art. 45 : « Dans la seconde partie de sa session, le

conseil d'arrondissement répartit entre les communes les contributions directes. » Cette répartition a lieu suivant les mêmes règles que celle faite par le conseil général entre les arrondissements.

Art. 46 : « Le conseil d'arrondissement est tenu de se conformer, dans la répartition de l'impôt, aux décisions rendues par le conseil général sur les réclamations des communes. Faute par le conseil d'arrondissement de s'y être conformé, le préfet, en conseil de préfecture, établit la répartition d'après lesdites décisions. En ce cas, la somme dont la contribution de la commune déchargée se trouve réduite est répartie, au centime le franc, sur toutes les autres communes de l'arrondissement. »

Art. 47 : « Si le conseil d'arrondissement ne se réunissait pas ou s'il se séparait sans avoir arrêté la répartition des contributions directes, les mandements des contingents assignés à chaque commune seraient délivrés par le préfet, d'après les bases de la répartition précédente, sauf les modifications à apporter dans les contingents en exécution des lois. »

En dehors de la répartition des impôts, le conseil d'arrondissement ne prend jamais de décisions *exécutoires* par elles-mêmes ou en vertu de la sanction d'une autorité supérieure. La raison en est que l'arrondissement ne forme pas une personne civile. En effet, le caractère des matières sur lesquelles le conseil général est appelé aujourd'hui à statuer définitivement ou à délibérer est d'intéresser le département en qualité de personne civile. Cette qualité faisant défaut à l'arrondissement, le législateur a dû refuser au conseil d'arrondissement un droit qui n'avait pas de motif d'existence. S'il en est autrement de la répartition des impôts directs, c'est que cette attribution est exercée dans l'*intérêt national*, en vertu d'une délégation du pouvoir législatif, et en faisant abstraction de la personnalité civile de l'arrondissement.

TITRE II.

LE CONSEIL D'ARRONDISSEMENT AGIT COMME CONSEIL DE L'ADMINISTRATION DÉPARTEMENTALE : IL DONNE DES AVIS.

Les cas où le conseil d'arrondissement donne des avis sont énumérés, mais non limitativement par les art. 41 et 42 de la loi du 10 mai 1838. La lecture de ces articles révèle trois genres d'avis distincts : ceux que l'administration *doit* demander au conseil d'arrondissement; ceux qu'elle a la *faculté* de lui demander; ceux, enfin, qui péuvent être donnés par le conseil d'arrondissement sur sa *propre initiative*.

I. — Aux termes de l'art. 41 de la loi du 10 mai 1838, le conseil d'arrondissement doit être consulté :

« 1° Sur les changements proposés à la circonscription du territoire de l'arrondissement, des cantons et des communes, et à la désignation de leurs chefs-lieux ;

2° Sur le classement et la direction des chemins vicinaux de grande communication ;

3° Sur l'établissement et la suppression ou le changement des foires et des marchés ;

4° Sur les réclamations élevées au sujet de la part contributive des communes respectives dans les travaux intéressant à la fois plusieurs communes, ou les communes et le département ;

5° Et généralement tous les objets sur lesquels il est

appelé à donner son avis en vertu des lois et réglements... »

Parmi les objets ainsi indiqués d'une manière générale, il faut comprendre : la désignation des chemins vicinaux d'intérêt commun ; la désignation des communes qui doivent concourir à la construction et à l'entretien desdits chemins, ainsi qu'à la construction et à l'entretien des chemins de grande communication (loi du 18 juillet 1866, art. 1, 7°).

Si l'administration négligeait de prendre l'avis du conseil d'arrondissement dans le cas où cette formalité est requise, il commettrait un *excès de pouvoir* qui pourrait être déféré au conseil d'Etat.

II. — L'administration peut recourir aux lumières du conseil d'arrondissement toutes les fois qu'elle le juge utile aux intérêts de la circonscription, et le nombre de ces cas est illimité.

III. — Aux termes de l'art. 42 de la loi du 10 mai 1838, combiné avec les art. 4, 11, 12,... de la même loi et les art. 1, 2, 10, 11 et 15 de la loi du 18 juillet 1866, le conseil d'arrondissement peut émettre son avis en vertu de sa *propre initiative :*

1° Sur les travaux de routes, de navigation et autres objets d'utilité publique qui intéressent l'arrondissement ;

2° Sur les acquisitions, aliénations, échanges, constructions et reconstructions des édifices et bâtiments destinés à la sous-préfecture, au tribunal de première instance, à la maison d'arrêt, ou à d'autres services publics spéciaux à l'arrondissement, ainsi que sur les changements de destination de ces édifices ;

4° Et généralement sur tous les objets sur lesquels le conseil général est appelé à *statuer définitivement* ou à

délibérer, en tant que ces objets intéressent l'arrondissement.

Le caractère commun de tous ces cas est d'intéresser le
département comme personne civile : le conseil d'arrondissement a l'initiative des avis, comme le conseil général
a l'initiative des décisions.

Remarquons qu'à la différence ces conseils d'arrondissement, les conseils généraux n'émettent jamais des avis
que sur la proposition de l'administration.

TITRE III.

LE CONSEIL D'ARRONDISSEMENT AGIT COMME SURVEILLANT DES INTÉRÊTS DÉPARTEMENTAUX DANS L'ARRONDISSEMENT ; IL ÉMET DES VŒUX.

Art. 43 : « Le préfet communique au conseil d'arrondissement le compte de l'emploi des fonds de non-valeurs
en ce qui concerne l'arrondissement. »

Art. 44 : « Le conseil d'arrondissement *peut* adresser,
par l'intermédiaire de son président, son opinion sur
l'état et les besoins des différents services publics, *en ce
qui touche l'arrondissement.* » C'est là ce que l'on appelle
les *vœux.* D'après l'usage habituellement suivi, ce conseil
les formule dans la première partie de sa session ordinaire, et ils sont ensuite soumis au conseil général.

Les principales prérogatives attachées à la qualité de
conseiller d'arrondissement, sont :

1° De pouvoir être désigné par le préfet pour remplacer temporairement le sous-préfet de l'arrondissement
(ord. du 29 mars 1821, art. 3) ;

2º De faire partie du conseil de révision pour le recrutement de l'armée, sur la désignation du préfet (loi du 21 mars 1832, art. 15);

3º De pouvoir être nommé par le préfet membre de la commission instituée dans chaque arrondissement pour l'examen administratif des comptes de deniers des hospices et autres établissements de charité (décret du 7 floréal an XIII);

4º De faire partie de la commission d'enquête en matière d'expropriation pour cause d'utilité publique, sur la désignation du préfet (loi du 3 mars 1841, art. 8) (1).

(1) Nous empruntons cette nomenclature au *Traité de droit administratif* de M. Cabantous.

F. GOANVIC.

ERRATA.

Page 15, note 2, 6ᵉ ligne, au lieu de partis, lisez : *parties*.

Page 58, 2ᵉ alinéa, 3ᵉ ligne, lisez : *extraordinariæ*.

Page 68, 4ᵉ alinéa, 14ᵉ ligne, au lieu de *duumviris*, lisez : *duumvirs*.

Page 88, 3ᵉ alinéa, 2ᵉ ligne, au lieu de *capitalio*, lisez : *capitatio*.

Page 127, 2ᵉ alin., 3ᵉ ligne, au lieu de *judicium*, lisez : *judicum*.

Page 138, 2ᵉ alin., 2ᵉ ligne, au lieu de touchent, lisez : *touche*.

Page 160, note 2, 5ᵉ ligne, au lieu de séculaires, lisez : *séculiers*.

Page 199, 1ʳᵉ ligne, i, lisez : *il*.

TABLE DES MATIÈRES

CONSEILS GÉNÉRAUX.

CONSEILS D'ARRONDISSEMENT.

9 782016 120712